Johannes Lehmann

MOSES –
DER MANN AUS ÄGYPTEN

Religionsstifter, Gesetzgeber, Staatsgründer

Hoffmann und Campe

Karten: Katharina Joanowitsch

CIP-Kurztitelaufnahme der Deutschen Bibliothek

Lehmann, Johannes:
Moses – der Mann aus Ägypten : Religionsstifter, Gesetzgeber, Staatsgründer /
Johannes Lehmann.
– 1. Aufl. – Hamburg : Hoffmann und Campe, 1983.
  ISBN 3-455-08724-8

Copyright © 1983 by Hoffmann und Campe Verlag, Hamburg
Lektorat: Wolfgang Schuler
Schutzumschlaggestaltung: Jan Buchholz und Reni Hinsch
unter Verwendung eines Fotos von Fred J. Maroon
Gesetzt aus der Garamond
Satzherstellung: Fotosatz Otto Gutfreund, Darmstadt
Druck und Bindearbeiten: Richterdruck, Würzburg
Printed in Germany

Inhalt

Hypthee + Interpretation: S. 208f

Einführung

Moses, der einst die Israeliten zu jenem Gelobten Land führte, auf dem sich heute der Staat Israel befindet, war höchstwahrscheinlich gar kein Jude, sondern ein Ägypter. Er stammte, nach dem mosaischen Gesetz, aus einer illegitimen Ehe und hatte eine Negerin zur Frau. Mit Sicherheit hat der »Mann Gottes«, der die Zehn Gebote verkündete, einen Menschen erschlagen.

Was hier nach Rufmord klingt, steht in der Bibel und gehört zu den Stellen, die auf dem überlieferten Bild des Religionsstifters für gewöhnlich übermalt sind. Es sind nicht die einzigen. Merkwürdig war auch sein Tod. Wegen einer anderen Verfehlung, die nicht näher beschrieben wird, durfte er am Ende der Wüstenwanderung das Gelobte Land nur von ferne sehen: »Schaue das Land Kanaan, das ich den Kindern Israel zum Eigentum geben werde«, hörte Moses seinen Gott sagen und: »dann stirb auf dem Berge...« In knappen Worten fährt die Bibel fort: »So starb Moses, der Knecht des Herrn, daselbst im Lande Moab auf Geheiß des Herrn. Und er [also Gott selbst!] begrub ihn im Tal, im Lande Moab gegenüber Beth-Peor. Und niemand hat sein Grab erfahren bis auf den heutigen Tag.«

Das ist natürlich eine Legende, denn wann hat Gott seine Heiligen schon selbst begraben. Aber ganz gleich, ob darin ein historischer Kern steckt: Was ist das für eine Legende, die das Grab ihres Helden vergißt (obwohl es einem heute, durchaus touristenfreundlich gelegen, im Wadi unterhalb des Berges Nebo gezeigt wird)? Was ist das für eine Geschichte, die den Mann der Zehn Gebote als Mörder schildert und ihn, der immerhin das »Angesicht Gottes« sehen durfte, wegen einer Verfehlung sterben läßt, bevor er das Ziel seines Lebens erreicht?

Was ist das für eine Biographie, in der Gott seinen auserwählten Diener plötzlich töten will, weil er noch nicht beschnitten ist? Was ist das für ein »Mann Gottes«, der wegen seiner »schweren Zunge« einen Dolmetscher braucht, um sich verständlich zu machen, und dem sein Schwiegervater erst unterwegs in der Wüste beibringen muß, wie er seine Schar zusammenhalten kann? Was ist das für ein Volksführer, der ständig an Gott verzweifelt, weil ihm sein Volk nicht gehorcht, den aber die Nachfahren eben dieser Juden bis auf den heutigen Tag »mosche rabbénu«, »Moses, unseren Meister«, nennen? Mit Sicherheit war Moses, der Mann mit dem ägyptischen Namen, nicht nur der ehrwürdige Patriarch, den wir aus dem Religionsunterricht kennen. Wer aber war dieser Moses wirklich, dieser älteste bekannte Religionsstifter aus der Bronzezeit?

Für die theologische Forschung ist Moses ein Objekt der Traditions- und Überlieferungsgeschichte, das man seziert, bis sich der Wundermann der Kindertage in eine Gestalt verwandelt hat, über die man nichts historisch Verläßliches sagen kann: Moses als »literarische Fiktion«, als erfundene Figur, die es nie gegeben hat. Für die Juden dagegen ist er bis heute eine historische Person geblieben, wirklich und – trotz aller Widersprüche – wahr. Wie sollten sie sonst auch ihren Glauben und ihren Anspruch auf ihr Land begründen?

Je nach Methode und Motiv kann man völlig verschiedene Mosesbilder zeichnen. Selbst wenn man – gleich ob als Jude oder als Christ – die Bibel wörtlich nimmt, kann man mit denselben biblischen Texten ganz verschiedenartige Biographien des Moses schreiben, wenn man nicht – wie es das Alte Testament tut – die zahlreichen nicht auflösbaren Widersprüche einfach stehenläßt. Die Probleme beginnen bereits bei Kleinigkeiten, etwa bei der Frage, ob Moses' Schwiegervater nun Reguël oder Jitro hieß (die Bibel nennt beide Namen); sie setzen sich in dem nicht enden wollenden Streit fort, auf welchem Weg Moses seine Schar vierzig Jahre lang durch die Wüste geführt hat (die Bibel macht sehr widersprüchliche Angaben). Selbst die Frage, auf welchem Berg denn überhaupt die Zehn Gebote verkündet wurden, ist bis heute nicht geklärt (die Bibel gibt verschiedene Namen an).

Niemand kann heute verbindlich sagen, was sich da vor über dreitausend Jahren wirklich zugetragen hat. Wohl aber läßt sich inzwischen mit den Erkenntnissen der Archäologie, der vergleichenden Religionswissenschaft und der alttestamentlichen Forschung begründen, warum das eine möglich erscheint und das andere, wenn man nicht an permanente Wunder glauben will, unmöglich ist. So heißt es zum Beispiel in der Bibel, Moses sei mit sechshunderttausend Mann, Kinder und Frauen nicht mitgerechnet, aus Ägypten gezogen. Zu keiner Zeit hat es aber auf der Halbinsel Sinai so wasserreiche Oasen und Brunnen gegeben, um jeweils auch nur tausend, geschweige denn mehr als eine Million Menschen und ihr Vieh auf einmal mit Wasser zu versorgen. Aus wieviel Menschen konnte also das »ganze Volk Israel« bestehen, wenn heute schätzungsweise nur sieben- bis zehntausend Nomaden auf der Sinaihalbinsel ihr mühsames Auskommen finden? War Moses vielleicht nur der Anführer einer kleinen Gruppe von Flüchtlingen? Wie ist er dann aber zu solcher Bedeutung gekommen, und warum hat die Bibel ihn zum Retter eines ganzen Volkes gemacht?

Wenn man nicht nur die Biographie einer Legende schreiben will, dann muß die Geschichte des Moses und seines Volkes eine Biographie des Wahrscheinlichen und Möglichen sein. Es liegt in der Natur der Sache, daß dabei vieles Mutmaßung und Hypothese bleiben muß; manches ist in der Tat wahrscheinlich, aber nach über dreitausend Jahren nicht im strengen Sinn beweisbar. Eine Biographie des Moses muß die biblischen Quellen kritisch sichten und an den Ergebnissen der Forschung messen, auch wenn sich dabei altvertraute Vorstellungen auflösen, denn: So recht hat die Bibel nun auch nicht immer.

MOSES DER ÄGYPTER

Der biblische Bericht

Zunächst wollen wir uns den biblischen Bericht vor Augen führen, denn er ist, im Für und Wider, die Grundlage aller Annäherung an den Mann Moses. Was im zweiten, vierten und fünften Buch Moses mit ständigen Wiederholungen, widersprüchlichen Varianten und Unterbrechungen durch Gesetzestexte steht, fasse ich dabei zu einer geradlinigen Erzählung zusammen, wie man sie etwa im Religionsunterricht zu hören bekommt.

Das Volk

Das zweite Buch Moses beginnt mit einer Situationsschilderung der Juden in Ägypten, die im Lauf der Zeit ins Nildelta gezogen waren, um hier ihren Lebensunterhalt zu verdienen. Die Bibel personifiziert diese Einwanderung mit Josef, der, von seinen Brüdern nach Ägypten verkauft, dort zu Amt und Würden gekommen war und seine Landsleute nachgeholt hatte.

Nach Josefs Tod, so berichtet die Bibel, haben sich die Israeliten in Ägypten so vermehrt, daß die einst willkommenen Arbeitskräfte für den Pharao zum Risikofaktor werden, »denn wenn ein Krieg ausbräche, könnten sie sich auch zu unseren Feinden schlagen und gegen uns kämpfen und aus dem Lande ziehen«.

Der Pharao beschließt daher, sie »mit List niederzuhalten«, indem er ihnen harte Fronarbeit auferlegt und den hebräischen Ammen befiehlt, alle männlichen Nachkommen bei der Geburt zu töten. Da aber die Hebammen den Befehl mit der Ausrede umgehen, die hebräischen Frauen hätten immer schon geboren, wenn sie dazugerufen würden, nimmt die Zahl der Israeliten zu, so daß der Pharao schließlich noch einmal befiehlt, alle neugeborenen Söhne der Juden im Nil zu ertränken.

Damit ist die Disposition für alles Weitere gegeben. Das persönliche Schicksal des Moses, aber auch der spätere Auszug der »Kinder Israel«, wie die Bibel die Israeliten immer nennt, hängen aufs engste mit der Tatsache zusammen, daß sich der Pharao bedroht fühlt.

Ohne Übergang berichtet die Bibel weiter, daß ein »Mann aus dem Hause Levi« hingeht und ein »Mädchen aus dem Hause Levi« zur Frau nimmt: die Eltern des Moses. Als Moses geboren wird, kann ihn die Mutter drei Monate lang im Hause vor dem Pharao verbergen. Danach versteckt sie ihn in einem mit Pech abgedichteten Körbchen im Nilschilf. Dort entdeckt ihn die Tochter des Pharao und bekommt Mitleid mit dem weinenden Kind, obwohl sie sofort merkt, daß es »eins von den hebräischen Kindlein« ist. Als die Pharaonentochter nach einer Amme sucht, meldet sich die Schwester des Moses, die alles neugierig beobachtet hat, und erzählt, sie kenne zufällig eine hebräische Frau, die ein Kind stillen könne. Sie empfiehlt natürlich ihre eigene Mutter. Auf diese Weise – so jedenfalls die Bibel – wird Moses zu Hause aufgezogen, bevor er, wie ausgemacht, später der Pharaonentochter zur weiteren Erziehung übergeben wird.

Der Mann

Eines Tages sieht der herangewachsene Moses, wie ein Ägypter einen seiner Landsleute bei der Fronarbeit schlägt. »Da schaute er sich nach allen Seiten um, und als er sah, daß kein Mensch da war, erschlug er den Ägypter und verscharrte ihn im Sande.« Offenbar ist Moses aber doch beobachtet worden, denn am nächsten Tag schon wird er gefragt: »Willst du mich auch umbringen, wie du den Ägypter umgebracht hast?« Moses bekommt Angst, und da ihn der Pharao zur Rechenschaft ziehen will, flieht er außer Landes. Es ist eine Flucht quer durch die Sinaihalbinsel bis in die Nähe des Golfs von Elat, wo der Stamm der Midianiter wohnt.

An einem Brunnen trifft er auf die sieben Töchter des Priesters der Midianiter und hilft ihnen beim Viehtränken. Die Töchter erzählen zu Hause, sie hätten am Brunnen einen »ägyptischen Mann« getroffen. Daraufhin lädt der Priester Moses zum Essen ein und gibt ihm Zippora (»Vögelchen«), eine seiner Töchter, zur Frau. So wird Moses zum Viehnomaden.

Eines Tages treibt Moses seine Herde über die Steppe hinaus bis »an den Berg Gottes, den Horeb«. Dort hat er ein eigenartiges Erlebnis: Er sieht einen Dornbusch brennen, ohne daß der Busch wirklich verbrennt. Neugierig kommt er näher, als ihn plötzlich Gott anruft: »Mose, Mose!« Er antwortet: »Hier bin ich«, und Gott spricht weiter: »Tritt nicht herzu, ziehe deine Schuhe von deinen Füßen; denn der Ort, darauf du stehst, ist heiliges Land.«

Die fromme Tradition hat den heiligen Ort mit dem brennenden Dornbusch an jener Stelle im Sinai lokalisiert, wo heute das ehrwürdige Katharinenkloster steht. Aber wo auch immer Moses seine Begegnung mit Gott gehabt haben mag: Wir müssen sie uns in der Einsamkeit einer heroischen Bergwüste vorstellen, in deren steinübersäten Tälern und Wadis die Herden dahinzogen.

Hier, fern von Menschen und irdischen Mächten, erhält Moses den Auftrag: »Ich will dich zum Pharao senden, damit du mein Volk, die Kinder Israel, aus Ägypten führst.« Aber Moses weigert sich mit dem Argument, er habe eine schwere Zunge und eine schwere Sprache: »Sende, wen du willst.« Da wird Gott, der am Dornbusch auch zum erstenmal seinen Namen »Jahwe« bekanntgibt, zornig und verweist Moses an Aaron: »Er soll für dich zum Volk reden«.

Von Gott mit einem zaubermächtigen Stab ausgerüstet, der sich in eine Schlange verwandeln kann, wird Moses entlassen. Er verabschiedet sich von seinem Schwiegervater, nimmt »seine Frau und seinen Sohn und setzte ihn auf einen Esel und zog wieder nach Ägyptenland«.

Der Anführer

Unterwegs kommt es zu der unheimlichen Szene, daß Gott ihm entgegentritt, um ihn zu töten, doch Zippora rettet ihn. Später trifft er auf Aaron, und beide ziehen zusammen nach Ägypten, wo sie ihre Landsleute durch Reden und Wunderzeichen zur Flucht überreden. So die eine Version. Nach der anderen zieht Moses allein nach Ägypten, um sie zum Auszug zu bewegen, »aber sie hörten nicht auf ihn vor Kleinmut und harter Arbeit«.

Daraufhin befiehlt ihm Gott, zum Pharao zu gehen, aber Moses hat berechtigte Einwände: »Siehe, die Kinder Israel hören nicht auf mich; wie sollte der Pharao auf mich hören: Dazu bin ich zu ungeschickt zum Reden.« Nun wurde Aaron geholt, und »Mose war achtzig Jahre und Aaron dreiundachtzig Jahre alt, als sie mit dem Pharao redeten«. Dabei kommt es zunächst zu einem Wettzaubern zwischen Aaron und ägyptischen Magiern. Jeder wirft seinen Stab zu Boden, der sich in eine Schlange verwandelt. Aber obwohl Aarons Schlange die der Ägypter verschlingt, wird das Herz des Pharao »verstockt«, wie Luther übersetzt, d.h., er will nicht einsehen, daß der Gott des Moses und Aaron stärker ist als seine Götter.

Die bekannte Geschichte von den zehn Plagen ist im Grunde nichts anderes als die Fortsetzung dieser Zauberei. Zuerst werden durch Aarons Stab alle Gewässer in Blut verwandelt, darauf folgt die Froschplage, danach die Stechmücken- und die Stechfliegenplage. Die fünfte Plage bringt eine Viehpest, die sechste die Blattern, die siebente Hagel, die achte Heuschrecken und die neunte die sprichwörtliche »ägyptische Finsternis« – und jedesmal scheint der Pharao bereit, die Kinder Israel ziehen zu lassen, wenn ihm nicht Gott »das Herz verstockt« hätte, womit er seinem auserwählten Volk das Schicksal freilich nicht gerade erleichtert.

Erst bei der zehnten Plage sieht Gott voraus, daß der Pharao die Juden ziehen lassen wird. Es ist die Tötung der Erstgeburt bei Menschen und Vieh, von der allein die Juden ausgenommen sein sollen. Damit Gott nun die Wohnungen der Israeliten erkennt, sollen sie an einem bestimmten Tag ein Lamm schlachten und ihre Türpfosten mit Blut bestreichen, denn – so die Bibel: »Ich will in derselben Nacht durch Ägyptenland gehen und alle Erstgeburten schlagen in Ägyptenland unter Mensch und Vieh und will Strafgericht halten über alle Götter der Ägypter. Ich, Jahwe. Dann soll das Blut euer Zeichen sein an den Häusern, in denen ihr seid: wo ich das Blut sehe, will ich an euch vorübergehen und die Plage soll euch nicht widerfahren...«

An dieses »Vorübergehen« des Gottes Israels erinnern sich seitdem die Juden in jedem Jahr am 14. Tag des Monats Nisan. Es ist, abgeleitet von dem hebräischen Wort für Vorübergehen, das Pessachfest, oder wie wir sagen: das Paschafest, das wegen der Kreuzigung Christi vor dem jüdischen Feiertag mit dem christlichen Ostern praktisch zusammenfällt.

In jener Nacht läßt der Pharao Moses und Aaron rufen: »Macht euch auf und ziehet hinweg aus meinem Volk, ihr und die Kinder Israel... Und die Ägypter drängten das Volk und trieben es eilends aus dem Lande.«

Der Auszug

Der Exodus hat begonnen, und er beginnt so schnell und überraschend, daß die Frauen noch nicht einmal Brot backen können: »Das Volk trug den rohen Teig, ehe er durchsäuert war, ihre Backschüsseln in ihre Mäntel gewickelt, auf ihren Schultern.« Auch daran erinnern sich die Juden alljährlich: Das Paschafest ist das »Fest der ungesäuerten Brote«.

Der Weg, den die Flüchtenden »Schar um Schar« zurücklegten, ist aus den Berichten der Bibel nicht eindeutig zu rekonstruieren. Die Erzählung hält sich an Wunder und berichtet, daß Gott ihnen den Weg zeigte, indem er am Tag in einer Wolkensäule und in der Nacht in einer Feuersäule vor ihnen herzog.

Inzwischen hat der Pharao seinen Entschluß längst bereut: »Warum haben wir das getan und haben Israel ziehen lassen?« Mit seinem Heer, mit Rossen und Wagen, jagte er ihnen nach. Als die Flüchtenden die Ägypter am Horizont auftauchen sahen, haderten sie zum erstenmal mit ihrem Führer Moses: »Warum hast du uns das angetan, daß du uns aus Ägypten geführt hast? Haben wir's dir nicht schon in Ägypten gesagt: Laß uns in Ruhe, wir wollen den Ägyptern dienen? Es wäre besser für uns, den Ägyptern zu dienen, als in der Wüste zu sterben.«

In dieser prekären Situation muß Gott erneut eingreifen. Er läßt Moses den Zauberstab heben, das Meer teilt sich und die Kinder Israel ziehen durch, während das Wasser wie eine »Mauer zur Rechten und zur Linken« steht. Als ihnen die Ägypter folgen, läßt Moses die Wassermauern wieder zusammenstürzen, und das gesamte Heer des Pharao kommt darin um – eine Katastrophe, die freilich in der ägyptischen Geschichtsschreibung keine Bestätigung findet.

Die Wüste

Immerhin ist Moses nun mit seinen Leuten auf der Halbinsel Sinai in Sicherheit, denn von einer weiteren Verfolgung durch die Ägypter ist nie wieder die Rede. Statt dessen beginnt der Kampf ums Überleben in der Wüste. Das Volk leidet Hunger und Durst, und jedesmal meutert es gegen Moses: »Wollte Gott, wir wären in Ägypten gestorben durch die Hand Jahwes, als wir bei den Fleischtöpfen saßen und hatten Brot die Fülle zu essen...«

Jetzt muß Gott seinem auserwählten Volk beweisen, daß er wirklich zu ihm steht und stärker ist als die anderen Götter. Er läßt Moses mit seinem Stab Wasser finden, er läßt Wachteln und Manna regnen, er muß ständig mit großen und kleinen Wundern eingreifen, denn »so schrie Mose zum Herrn und sprach: Was soll ich mit dem Volk tun? Es fehlt nicht viel, so werden sie mich noch steinigen...«

Der biblische Bericht schildert damit recht anschaulich die Schwierigkeiten, mit denen die bisher Seßhaften als Nomaden in der Wüste zu kämpfen hatten. Andere Erzählungen machen deutlich, daß auch Moses durchaus nicht der geborene Volksführer war, der mit neuen Situationen ohne Wunder fertig geworden wäre. So wird erzählt, daß sein Schwiegervater ihn bei der

Schlichtung von Streitigkeiten beobachtet hatte und ihn daraufhin tadelte: »Warum mußt du ganz allein da sitzen, und alles
Volk steht um dich her von Morgen bis zum Abend?... Es ist
nicht gut, wie du das tust.« Er rät ihm daher, Helfer einzusetzen:
»So mach dir's leichter und laß sie mit dir tragen.« Moses
gehorcht und beginnt, obwohl sie schon Wochen unterwegs
sind, das Volk in überschaubare und lenkbare Gruppen aufzuteilen.

Die Gebote

Das große und herausragende Ereignis dieser ersten Monate ist
die mehrfach und in widersprüchlichen Varianten erzählte Geschichte, wie Moses auf den Gottesberg steigt und die Zehn
Gebote erhält, während das Volk unten zum alten Stierkult
zurückkehrt und sich ein Goldenes Kalb macht, weil Moses zu
lange wegbleibt. Moses wird, selten genug, zornig, zerschlägt die
Tafeln und muß sie noch einmal von Jahwe erbitten.

Bei diesem zweiten Aufenthalt auf dem Berg Gottes versucht
Moses, Vergebung für sein Volk zu erhalten: »Vergib ihnen doch
ihre Sünde; wenn nicht, dann tilge mich aus deinem Buch, das du
geschrieben hast.« Doch der Gott des Moses will die stellvertre-
tende Sühne nicht annehmen und keine Gnade walten lassen:
»Ich will den aus meinem Buch tilgen, der an mir sündigt... ich
werde aber die Sünde heimsuchen, wenn meine Zeit kommt.«
Damit begründet die Bibel, daß Jahwe zwar mit seinem Volk ein
Treuebündnis geschlossen und versprochen hat, es ins Gelobte
Land zu führen, daß aber diese Generation wegen ihrer Halsstar-
rigkeit die neue Heimat nicht betreten wird. Tatsächlich aber
dürfte die vierzigjährige Wüstenzeit darauf zurückzuführen sein,
daß die bisherigen Bewohner des Gelobten Landes – »die Amori-
ter, Kanaaniter, Hethiter, Perisiter, Hewiter und Jebusiter« –
natürlich gar nicht daran dachten, Moses und seine Leute ins
Land zu lassen. Nach einem vergeblichen Eroberungsversuch
blieben die Juden deshalb lange Jahre in der Oase Kadesch-
Barnea nahe der Grenze zum Lande Kanaan, bis sie allmählich

Kraft und Mut fanden, die Gegner zu besiegen und das Land in Besitz zu nehmen.

In all den Jahren kam es immer wieder zu Aufständen gegen Moses und zu Straf- und Gnadenakten Jahwes. Mittlerweile war Aaron gestorben und die nächste Generation herangewachsen. Moses war der alleinige Führer, als die Juden nach vierzigjähriger Wüstenzeit am Ostufer des Toten Meeres vor dem Jordantal standen.

Das Ende

Da wandte sich Moses an sein Volk, um einen Nachfolger einzusetzen, denn »ich bin heute 120 Jahre alt, ich kann nicht mehr aus- und eingehen. Dazu hat Jahwe zu mir gesagt: Den Jordan hier sollst du nicht überschreiten!... Und Mose rief Josua und sprach zu ihm vor den Augen von ganz Israel: Sei getrost und unverzagt, denn du wirst das Volk in das Land bringen, das Jahwe ihren Vätern geschworen hat.«

Nachdem die Nachfolge geordnet war, wandte sich Gott an Moses: »Siehe, deine Zeit ist herangekommen, daß du sterben mußt...« Vorher aber sollte Moses noch alles aufschreiben, damit die Kinder Israel auch in Zukunft wüßten, was Gott an ihnen getan hatte. Moses schrieb daraufhin »die Worte des Gesetzes vollständig in ein Buch«.

Daraus entstand der Glaube, die fünf Bücher Moses seien der authentische, unter göttlicher Erleuchtung geschriebene Bericht des Moses selbst. Fromme Gemüter späterer Jahrhunderte folgerten logisch weiter, daß Moses auch seinen eigenen Tod vorausschauend aufgezeichnet haben müsse, da er doch am Ende der fünf Bücher beschrieben wird: »Und der Herr redete mit Mose am selben Tag und sprach: Geh auf das Gebirge Abarim, auf den Berg Nebo, der da liegt im Lande Moab gegenüber Jericho, und schaue das Land Kanaan, das ich den Kindern Israel zum Eigentum geben werde. Dann stirb auf dem Berge..., denn ihr habt euch an mir versündigt unter den Kindern Israel bei dem Haderwasser zu Kadesch in der Wüste Zin...« Und dann der in seiner

Einfachheit großartige Schluß: »Und Mose stieg aus dem Jordantal der Moabiter auf den Berg Nebo, den Gipfel des Gebirges Pisga, gegenüber Jericho. Und Jahwe zeigte ihm das ganze Land...: Dies ist das Land, von dem ich Abraham, Isaak und Jakob geschworen habe: ich will es deinen Nachkommen geben. – Du hast es mit deinen eigenen Augen gesehen, aber du sollst nicht hinübergehen. So starb Mose ... und er begrub ihn im Tal, im Lande Moab gegenüber Beth-Peor. Und niemand hat sein Grab erfahren bis auf den heutigen Tag.«

Damit war das Leben eines Mannes zu Ende, dessen Name und Schicksal die Bibel untrennbar mit dem Volk der Juden verbunden hat. Ohne ihn und seinen neuen Gott wären die Stämme nie zu einer Nation zusammengewachsen. Ohne das Volk der Juden und seinen Gott gäbe es kein Christentum.

Moses, der Verkünder eines Gottes, der keine anderen Götter neben sich duldete; Moses, der Führer eines auserwählten Volkes, Gesetzgeber und Prophet zugleich, der Mann Gottes vom Berg Sinai mit den beiden Tafeln, der oft an seinem Volk ebenso verzweifelte wie an seinem Gott; Moses, der Knecht Gottes, der am Ende vor dem Ziel zu den Vätern versammelt wird und von dem es im letzten Kapitel des fünften Mosesbuches heißt: »Und es stand hinfort kein Prophet auf in Israel wie Mose...«

Legende und Spiegelbild: der Findling

Faßt man zusammen, was die Bibel über mehrere hundert Seiten hinweg an biographischen Details über Moses aufzählt, so ist das bei genauerer Nachprüfung nicht allzuviel und dann auch noch ziemlich verwirrend. Allerdings fällt das meist nicht auf, weil durch die zahlreichen Episoden der Eindruck entsteht, daß ständig Neues über diesen Mann erzählt wird.

So lenkt beispielsweise die lebendig erzählte Geschichte vom Schilfkörbchen und der Pharaonentochter von der erstaunlichen Tatsache ab, daß wir nicht einmal die Namen seiner Eltern erfahren. Wie in einem Märchen ist nur die Rede von einem »Mann aus dem Hause Levi«, der ein »Mädchen aus dem Hause Levi« zur Frau nahm, »und sie ward schwanger und gebar einen Sohn«. Auch die Hoffnung, die Namen vielleicht später zu erfahren, wird enttäuscht: Nach diesem Satz werden in diesen Geschichten die Eltern des Moses niemals wieder erwähnt. Nur von der Mutter ist noch einmal die Rede, als die Pharaonentochter nach einer Amme für das Kind sucht. Aber kein Wort darüber, wann die Eltern den Moses verabredungsgemäß an die Pharaonentochter übergeben, ob sie ihn je wiedergesehen haben, ob sie mit ihm auf die Wüstenwanderung gegangen, wann und wie sie gestorben sind.

Das ist höchst ungewöhnlich, denn in der Bibel, wie überhaupt im antiken Schrifttum, ist es üblich, die Namen der Eltern zu nennen. In Zeiten, als es noch keine Familiennamen gab, war dies die einzige Möglichkeit, Verwandtschaftsbeziehungen und Familienzusammenhänge auszudrücken. Dieser Mangel wurde natürlich auch schon bei der späteren Niederschrift des Alten Testaments empfunden. Aus diesem Grund wurden in zwei der zahlreichen und oft so unsäglich langweiligen Geschlechtsregister vom Typ »a zeugte b, b zeugte c...« schließlich nachträglich auch die Eltern des Moses mit Namen eingefügt: Amram und Jochebed. So heißt es einmal: »Kehat zeugte Amram. Und

Amrams Frau hieß Jochebed, eine Tochter Levis, die ihm geboren wurde in Ägypten. Und sie gebar dem Amram Aaron, Mose und ihre Schwester Mirjam.« Die andere Stelle läßt Mirjam aus, gibt dafür aber, was sonst nicht üblich ist, die genaue Verwandtschaft der Frau an: »Amram nahm Jochebed, die Schwester seines Vaters, zur Frau; die gebar ihm Aaron und Mose; und Amram wurde 137 Jahre alt.«

Das macht die Sache nicht besser, denn unversehens informiert diese Mitteilung über einen schweren Makel. Ausdrücklich wird erwähnt, daß Amram die Schwester seines Vaters, also seine Tante heiratete. Damit aber hatte Amram ein mosaisches Ehegesetz übertreten, wenn es heißt: »Du sollst mit der Schwester deines Vaters keinen Umgang haben.« Warum wird das eigens erwähnt? Hätte man es dem Helden zuliebe nicht besser weglassen sollen, um ihn als Kind einer normalen und legitimen Ehe hinzustellen?

Aber daß die Eltern des Moses nachträglich ins Geschlechtsregister eingefügt und dann auch noch in kompromittierendem Zusammenhang erwähnt werden, ist nicht die einzige Merkwürdigkeit.

Der ägyptische Name

Noch seltsamer ist, daß auch der Held der Geschichte zunächst ohne Namen bleibt. Wenn es sonst oft genug stereotyp heißt: »Und er nannte ihn…« oder wenn Gott selbst den Auftrag gab, einem Kind einen bestimmten Namen zu geben – bei Moses fehlt jeder Hinweis dieser Art. Wir erfahren nur, daß ein »Mann aus dem Stamm Levi« einen Sohn bekam.

Erst als das heranwachsende Kind zur Pharaonentochter gebracht wurde, gab sie ihm einen Namen und nannte ihn »Mose«, »denn sie sprach: ich habe ihn aus dem Wasser gezogen«. Damit will die Bibel den Namen »Mose« erklären, indem sie ihn auf das hebräische Wort »Maschah« zurückführt, das »herausziehen« bedeutet. Die Form »Moscheh« heißt aber aktiv »der Herauszieher«, »der, der herausreißt« und gerade nicht, wie die Bibel meint, »der, der herausgezogen worden ist«. Ganz offensichtlich ist also diese etymologische Ableitung aus dem Hebräischen falsch und künstlich.

Der Name bekommt aber sofort einen Sinn, wenn man bedenkt, daß es eine Ägypterin war, die dem Kind seinen Namen gab. Im Ägyptischen heißt »Mose« ganz einfach »Kind«, »Abkömmling« im wörtlichen und übertragenen Sinne, wie wir es zum Beispiel von den Pharaonennamen Thut-Moses oder Tutmosis (»Kind des Thot«) oder Ramses (Ra-Moses, »Kind des Re«) kennen. Nur daß die Hebräer für das »s« ein »sch« setzten und »Mosche« sagten. (Unser Wort »Moses« geht auf die griechische Schreibung des Namens zurück.)

Wenn diese Ableitung stimmt, dann trug Moses einen ägyptischen Namen. Das war sicher nichts Ungewöhnliches. Es ist durchaus denkbar, daß die seit Generationen in Ägypten ansässigen Juden allmählich auch gängige ägyptische Namen für ihre Kinder verwendet haben. Wir können ja auch heutzutage nicht aus Rufnamen wie Daniel oder René darauf schließen, daß die Träger Juden oder Franzosen sind. Daß es schon früher Mode war, fremde Namen zu übernehmen und mit ihnen sogar fremde Götter zu ehren, beweist die Bibel oft genug. So sind »typisch jüdische« Namen wie Mordechai und Ester nichts anderes als Reverenzen an den babylonischen Gott Marduk und die babylonisch-assyrische Göttin Ischtar.

Daß ein ägyptischer Name bei Juden nichts besagt, erzählt die Bibel sogar selbst. Im ersten Buch Moses berichtet sie, daß sogar Josef, der Lieblingssohn eben jenes »Israel«, nach dem sich später ein ganzes Volk »Streiter Gottes« nannte, einen ägyptischen Namen hatte und als Ägypter galt. Es ist die Geschichte von den neidischen Brüdern, die Josef nach Ägypten verkauften, wo er wegen seiner Deutung der Träume von den sieben fetten und den sieben mageren Kühen als gute und schlechte Jahre das Wohlwollen des Pharao gewann. Der setzte ihn daraufhin als Verwalter »über ganz Ägyptenland«, verheiratete ihn mit Asnat, der Tochter eines ägyptischen Priesters, und gab ihm den ägyptischen Namen Zaphnat-Paneach (»Gott spricht: Er lebt«). Es ist jener Josef, der als assimilierter Ägypter seine Verwandtschaft nach Ägypten holte und im Land Goschen in der Nilmündung ansiedelte.

Wir müssen also vorsichtig sein, aus dem ägyptischen Namen »Moses« allzuviel abzuleiten.

Das Märchen vom Schilfkörbchen

Aber nehmen wir einmal an, Moses sei tatsächlich ein Ägypter gewesen, da er einen ägyptischen Namen trug. Dann müßten wir, um nicht nur eine aparte These aufzustellen, Anhaltspunkte dafür im Text finden oder bestimmte Stellen in der Bibel besser oder zumindest genausogut erklären können wie unter der Voraussetzung, der Mann Moses sei ein Hebräer gewesen.

Schauen wir uns die Geschichte vom Schilfkörbchen im Nil etwas genauer an. Da vorher erzählt wird, daß der Pharao aus Angst vor einer zu starken Zunahme der Israeliten die männlichen Nachkommen töten lassen wollte, mußte das Kind versteckt gehalten werden. Drei Monate lang konnte ihn die Mutter zu Hause verbergen. Aber »als sie ihn nicht länger verbergen konnte, verschaffte sie sich für ihn ein Kästchen aus Papyrusschilf und dichtete es mit Asphalt und Pech. Dann legte sie das Kind hinein und setzte es in das Schilf am Ufer des Nils. Seine Schwester aber stellte sich in einiger Entfernung hin, um zu sehen, was mit ihm geschehen würde.

Da kam eine Tochter des Pharao an den Nil herab, um zu baden, während die Dienerinnen am Nilufer auf und ab gingen. Sie sah das Kästchen im Schilf und schickte ihre Leibmagd hin, und diese holte es. Sie öffnete es und sah ein Kind, das weinte. Da empfand sie Mitleid mit ihm; sie dachte: ›Das ist eines von den Kindern der Hebräer!‹

Da sagte seine Schwester zu der Tochter Pharao: ›Soll ich gehen und dir eine Amme von den Hebräern holen, damit sie dir das Kind stillt?‹ Die Tochter des Pharao antwortete ihr: ›Ja, gehe!‹ Das Mädchen ging hin und holte die Mutter des Kindes. Die Tochter des Pharao sprach zu ihr: ›Nimm dieses Kind und stille es mir; ich will dir dafür Lohn geben.‹ Die Frau nahm das

Kind und stillte es. Als der Knabe größer geworden war, brachte sie ihn der Tochter des Pharao. Diese nahm ihn als Sohn an und nannte ihn Mose…«

Diese Geschichte hat so viel Lokalkolorit und paßt so logisch in den Ablauf der biblischen Erzählung, daß man sie spontan für wahr halten möchte, wenn sich nicht nachweisen ließe, daß gerade sie ein oft benutztes Motiv der Sagen und Mythen ist. So erzählt Sargon von Akkad, der Begründer der semitischen Herrschaft in Babylon um 2300 v. Chr., also Jahrhunderte vor Moses, nahezu die gleiche Geschichte, nur daß sie diesmal auf dem Euphrat spielt: »Sargon, der mächtige König von Akkad bin ich, meine Mutter war eine Vestalin, meinen Vater kannte ich nicht … im Verborgenen gebar sie mich. Sie legte mich in ein Gefäß von Schilfrohr, verschloß mit Erdpech meine Türe und ließ mich nieder in den Strom, welcher mich nicht ertränkte. Der Strom führte mich zu Akki, dem Wasserschöpfer. Akki, der Wasserschöpfer, als seinen eigenen Sohn zog er mich auf. Akki, der Wasserschöpfer, zu seinem Gärtner machte er mich. In meinem Gärtneramt gewann Istar [die Göttin] mich lieb, ich wurde König und 45 Jahre übte ich die Königsherrschaft aus.«

Ähnliches erzählt das indische Epos *Mahabharata* von dem indischen Helden Karna. Er stammt aus einer Liebesbeziehung zwischen dem Sonnengott Surja und einer jungfräulichen Fürstentochter, die das Kind in einem Fluß aussetzt, wo es von einem Wagenlenker gefunden und von ihm und seiner Frau aufgezogen wird.

Man kann dieses Aussetzungsmotiv nahezu überall finden, auch wenn es nicht immer mit einem Fluß verbunden ist. So wird der babylonische Held Gilgamesch als Kind vornehmer Eltern ebenso ausgesetzt, wie Romulus und Remus, die Begründer Roms. Das gleiche Schicksal haben in der griechischen Mythologie Ödipus, Paris, Telephos, Perseus, Herakles, Amphion und Zethos, um nur einige zu nennen.

Der Zweck dieser immer gleichen Geschichte ist, den Helden durch seine besondere Herkunft zu legitimieren. So wurde Kyros, der für die Meder ein fremder Eroberer war, durch den Aussetzungsmythos zum Enkel des Mederkönigs gemacht, und

Romulus, ein unbekannter Eroberer, erscheint als Abkomme des Mars und Erbe des Königshauses von Alba Longa.

Elisabeth Frenzel schreibt dazu in ihren *Motiven der Weltliteratur*: »Dem Eroberer, Staatengründer und Religionsstifter, von dem man nur sein Werk kennt, wird eine Jugendgeschichte angedichtet, die ihn als Kind besonderer Eltern, vor allem eines göttlichen Vaters und damit als zu Großtaten bestimmt ausweist. Die Mutter des Kindes ist fast immer unvermählt und setzt es aus, worauf es, von mitleidigen Menschen oder Tieren gerettet, seinen eigenen Weg geht.« Das Schema ist dabei, daß die unbekannte oder unbedeutende wahre Familie des Helden in der Sage durch eine vornehme Abstammung ersetzt wird.

Die vertauschten Eltern

Wenn wir nun zur Mosesgeschichte zurückkehren, merken wir, daß hier dieses Schema versagt. Es ist genau umgekehrt, wie Sigmund Freud in seiner Studie *Der Mann Moses* zusammenfaßt: »Hier ist die erste Familie, sonst die vornehme, bescheiden genug. Er ist das Kind jüdischer Leviten. Die zweite aber, die niedrige Familie, in der sonst der Held aufwächst, ist durch das Königshaus von Ägypten ersetzt; die Prinzessin zieht ihn als ihren eigenen Sohn auf.«

Die Umkehrung des üblichen hat daher zur Überlegung geführt, ob die Geschichte in der Bibel nicht verdreht worden ist. Sie hätte zum Beispiel viel besser gepaßt, wenn der Pharao etwa durch einen Traum vor dem Sohn seiner Tochter gewarnt worden wäre, weil er ihm das Reich streitig machen werde. Daraufhin hätte ihn die Pharaonentochter im Nil ausgesetzt, wo ihn einfache Leute, in diesem Fall Juden, gerettet und aufgezogen hätten. »Aber« – so wieder Freud – »die nächste Überlegung lehrt, daß eine solche ursprüngliche Mosessage … nicht bestanden haben kann. Denn die Sage ist entweder ägyptischen oder jüdischen Ursprungs. Der erste Fall schließt sich aus; Ägypter hatten kein Motiv, Moses zu verherrlichen, er war kein Held für sie.«

Wenn die Sage aber jüdischen Ursprungs war und zur Verherrlichung ihres Helden dienen sollte, gab es die nächste Schwierigkeit: Aus welchem Grunde hätten die Juden ihren Moses gerade dem Volk zuschreiben sollen, unter dessen Fron sie litten? Oder wie Freud formulierte: »Was sollte dem Volke eine Sage fruchten, die seinen großen Mann zu einem Volksfremden macht?«

Aus dem Dilemma fand Freud durch die Annahme heraus, Moses als historische Person habe tatsächlich ein anderes Schicksal gehabt, als es die übliche Sage voraussetzte, denn »in der Regel fällt die reale Familie mit der niedrigen, die erdichtete mit der vornehmen zusammen. Im Falle Moses schien irgend etwas anders zu liegen. Und nun führt vielleicht der neue Gesichtspunkt zur Klärung, daß die erste Familie, die, aus der das Kind ausgesetzt wird, in allen Fällen, die sich verwerten lassen, die erfundene ist, die spätere aber, in die es aufgenommen wird und aufwächst, die wirkliche.«

Freud, der selbst Jude war, hat lange gezögert, bis er daraus den Schluß zog: »Haben wir den Mut, diesen Satz als eine Allgemeinheit anzuerkennen, der wir auch die Mosessage unterwerfen, so erkennen wir mit einem Male klar: Moses ist ein – wahrscheinlich vornehmer – Ägypter, der durch die Sage zum Juden gemacht werden soll.«

Danach wären Amram und Jochebed die erfundenen, die wahren Eltern des Moses aber Ägypter gewesen. Die anscheinend so harmlose Geschichte vom Schilfkörbchen hätte uns damit schneller als vermutet einen ersten Anhaltspunkt für die Ägypterthese geliefert, die uns zudem die wunderbare Errettung als gängiges Sagenmotiv erklärt.

Wie aber paßt das zur übrigen Geschichte? Wenn Moses tatsächlich ein Ägypter war, dann würde diese Voraussetzung ganz gut die Farblosigkeit der levitischen Eltern erklären und auch den Märchenstil, mit dem sie eingeführt werden: Ein Mann aus dem Hause Levi nahm eine Frau, und die bekam einen Sohn. Das reicht aus, um das Sagenmotiv der Aussetzung in Gang zu bringen; mehr ist nicht nötig, und mehr erfahren wir auch nicht. Die Eltern bleiben so namenlos wie das Kind und verschwinden so schnell aus der Erzählung, wie sie gekommen sind.

Was machen wir aber mit den Geschwistern des Moses, wenn die ganze Familie nichts weiter als eine Erfindung ist? Im Gegensatz zu den Eltern spielen Aaron und Mirjam in der weiteren Mosesbiographie mehrfach eine entscheidende Rolle. Sie sind handelnde Personen, keine Schemen. Aber so seltsam es klingt: Gerade wenn man annimmt, daß es die Mosesfamilie gar nicht gab und Aaron und Mirjam nicht die Geschwister des Moses waren, löst sich mancher Widerspruch auf, den offensichtlich auch schon die Bibelschreiber selbst empfunden haben. Warum werden in den Geschlechtsregistern einmal Aaron *und* Mirjam, ein anderes Mal nur Aaron als Geschwister genannt? Aaron wird in der Bibel häufig ausdrücklich als Bruder des Moses bezeichnet, Mirjam dagegen nur als die Schwester des Aaron. Und gerade sie taucht, wenn auch namenlos, in der Schilfkörbchengeschichte auf und vermittelt die eigene Mutter als Amme. Dabei gerät aber wieder die Logik durcheinander. Eben war Moses noch als erstes Kind von Amram und Jochebed genannt worden, und jetzt ist eine ältere Schwester da, die auf den kleinen Moses aufpaßt. Alle diese Schwierigkeiten lösen sich auf, wenn man die ganze Familie vergißt. Dann bleibt allerdings die Frage, warum die Bibel Mirjam und Aaron als Geschwister ausgibt.

Das Besondere am Stamm Levi

Bleibt noch die Merkwürdigkeit, daß die Bibel zwar das Elternpaar anonym und schemenhaft läßt, es dann aber einem ganz bestimmten Stamm zuordnet, und zwar ausgerechnet dem Stamm Levi, von dem ein amerikanischer Nachkomme durch die »Levi's Jeans« zu Ruhm und Geld gekommen ist, auch wenn er sich zum Erstaunen der Erzväter jetzt »Liwai« ausspricht.

Warum gerade jener Stamm, nach dem das tadelnde »Levitenlesen« zur Redensart geworden ist, seit um das Jahr 760 n. Chr. der Bischof Chrodegang von Metz zur moralischen Besserung der verwilderten Geistlichkeit bei Buß- und Betübungen gern aus dem dritten Buch Moses, dem *Leviticus*, lesen ließ, das vor allem die mosaischen Gesetze für den Priesterstand enthält?

Tatsächlich stellten nach der Bibel die Leviten die Priester, denn sie waren ein ausgewählter Stamm des Auserwählten Volkes. Seltsamerweise waren die Leviten aber auch der einzige Stamm der Kinder Israel, der zwar als treuer Anhänger des neuen Gottes Jahwe eine große Rolle bei der Wüstenwanderung spielte, aber im Gelobten Land kein Stückchen Boden zugeteilt bekam, obwohl Landnahme und Landzuteilung – so jedenfalls die Bibel – der einzige Sinn des Exodus waren. Lapidar heißt es dazu in der Bibel: »Sie wurden nämlich nicht gezählt zusammen mit den Kindern Israel; denn man gab ihnen kein Erbe unter den Kindern Israel.«

Das wird gern damit erklärt, daß die Leviten durch Besitz keine ähnliche wirtschaftliche und politische Vorherrschaft wie die ägyptische Priesterschaft erhalten sollten. Doch diese Begründung leuchtet nicht ganz ein. Zwar waren alle Priester Leviten, aber durchaus nicht alle Leviten Priester. Die spätere Priesterschaft leitete sich nur noch von den Söhnen Aarons ab, alle anderen Leviten gingen leer aus und durften bestenfalls bescheidene Tempeldienste verrichten.

Dagegen kann die Feststellung, daß sie nicht mit den Kindern Israel mitgezählt wurden, viel einfacher damit begründet werden, daß sie gar keine Israeliten waren und deshalb auch von der Landverteilung ausgeschlossen blieben. Das ist nicht nur eine kühne Behauptung, um etwas sonst Unverständliches zu erklären; es gibt dafür vielmehr einen handfesten Hinweis: Wir kennen aus nordarabischen Inschriften um das Jahr 1000 vor der Zeitenwende Kultdiener, die »lwj« genannt wurden und die südlich von Palästina die Wüsten durchzogen. Es spricht einiges dafür, daß diese »lwj« mit den Leviten identisch sind, die ebenfalls – vokallos – »lwj« geschrieben werden. In diesem Fall hätten die Leviten kein Land bekommen, weil sie gar keine Juden waren. Was aber waren sie dann?

Für Sigmund Freud, der in Moses einen hochgestellten Ägypter sieht, ist der Fall klar: Es waren Ägypter, denn »es ist nicht glaubhaft, daß ein großer Herr wie der Ägypter Moses sich unbegleitet zu dem ihm fremden Volk begibt. Er brachte gewiß sein Gefolge mit, seine nächsten Anhänger, seine Schreiber, sein

Gesinde. Das waren die ursprünglichen Leviten. Die Behauptung der Tradition, Moses sei ein Levit, scheint eine durchsichtige Entstellung des Sachverhalts: die Leviten waren die Leute des Moses. Diese Lösung wird durch die ... Tatsache gestützt, daß einzig unter den Leviten später noch ägyptische Namen auftauchen.«

Auch wenn man nicht glaubt, daß Moses gleich mit kleinem Hofstaat und Gesinde zu den Israeliten übergewechselt ist, bleibt es wahrscheinlich, daß Moses ägyptische Gesinnungsgenossen mitbrachte. Im Exodusbericht wird ja ausdrücklich vermerkt, daß auch »viel fremdes Volk« mitzog. Warum sollten aber gerade die Kultpriester »lwj« und Leute aus dem »fremden Volk« die treuesten Anhänger des neuen Moseskults sein und sogar Priesterfunktionen übernehmen? Der Gedanke liegt nahe, daß sie mit dem neuen Gott des Moses vertrauter waren als die Israeliten.

Das alles klingt logisch und höchst verlockend – und was wäre das für eine Biographie, die plausibel machen könnte, daß ein Ägypter die Isrealiten ins Gelobte Land führte und ihnen einen ägyptischen Gott verkündete, der die Juden zu seinem Auserwählten Volk machte!

Wir müssen sehen, ob sich diese Theorie Freuds erhärten läßt. Daß die Bibel auf all diese Fragen keine klaren Antworten gibt, darf nicht verwundern. Sie hat oft genug Dinge verändert oder weggelassen, die die Forschung später rekonstruieren konnte, und oft genug erzählt sie Geschichten, ohne Schlußfolgerungen daraus zu ziehen.

Mord und Flucht

Angst ohne Reue

Unmittelbar auf den legendenhaften Anfang folgt – für die Biographie eines Religionsstifters befremdlich genug – ein Mord. Die Bibel erzählt es in zwei Sätzen, nüchtern und ohne Entrüstung: »Zu der Zeit, als Mose groß geworden war, ging er hinaus zu seinen Brüdern« – gemeint sind seine »Landsleute« – »und sah ihren Frondienst und nahm wahr, daß ein Ägypter einen seiner hebräischen Brüder schlug. Da schaute er sich nach allen Seiten um, erschlug den Ägypter und verscharrte ihn im Sande.«

Interpreten nehmen diese Stelle gern zum Anlaß, um über das Temperament des Moses zu reden, den der gerechte Zorn hier ebenso übermannte wie später, als er die beiden Gesetzestafeln zerschlug, weil sein Volk das Goldene Kalb anbetete: Moses der zürnende Gottesmann, Moses der jähzornige Choleriker.

Dies alles mag Moses gewesen sein, aber deswegen wird die Episode nicht erzählt, denn an keiner Stelle der Bibel wird sie jemals wieder erwähnt. Sie hat auch keinerlei moralische Auswirkung auf den Mann, der immerhin mit den Zehn Geboten zusammengebracht wird. Sie spielt auch keine Rolle bei der Bestrafung des Moses am Ende der Wüstenwanderung, als er nicht ins Gelobte Land darf.

Das einzige, was dieser Mord bewirkt, ist die Flucht des Moses aus Ägypten: »Am anderen Tage ging er wieder hinaus und sah zwei hebräische Männer miteinander streiten und sprach zu dem, der Unrecht hatte: Warum schlägst du deinen Nächsten? Er aber sprach: Wer hat dich zum Aufseher oder Richter über uns gesetzt? Willst du mich auch umbringen, wie du den Ägypter umgebracht hast? Da fürchtete sich Mose und sprach: Wie ist das bekannt geworden? Und es kam vor den Pharao; der trachtete danach, Mose zu töten. Aber Mose floh vor dem Pharao und hielt sich auf im Lande Midian.«

Von einem schlechten Gewissen des Moses ist hier nicht die Rede, Moses flieht vielmehr aus Angst vor dem Pharao. Ist es Zufall, daß Angst und Flucht auch die Motive einer in vielen Abschriften erhaltenen altägyptischen Erzählung sind, die nachweislich bereits 1900 Jahre vor der Zeitenwende geschrieben wurde und jahrhundertelang vor Moses zu den beliebtesten Stoffen gehörte? Gemeint ist die Geschichte des Sinuhe, die der Finne Mika Waltari in seinem Roman *Sinuhe der Ägypter* verarbeitete, der, 1945 erschienen, ebenfalls ein Weltbestseller wurde.

In der altägyptischen Erzählung ist Sinuhe ein Beamter am Pharaonenhof. Auf einem Feldzug erfährt er, daß der Pharao ermordet worden ist. Obwohl er selbst mit dem Mord nichts zu tun hat, flieht er aus Angst, mit hineingezogen zu werden. Er kommt nach Kleinasien, nach Syrien und Palästina – auch damals schon, wie später in der biblischen Verheißung, »ein gutes Land« voll Feigen und Weintrauben, mit »mehr Wein als Wasser«. Er heiratet dort die Tochter eines Scheichs und wird zu einem »Asiaten, der geboren ist in Ägypten«. Er verbringt viele Jahre in der Fremde, seine Söhne wachsen heran, und als er erfährt, daß der Nachfolger des ermordeten Pharao keinen Verdacht gegen ihn hat, kehrt er hochbetagt nach Ägypten zurück. Der König empfängt ihn mit den Worten: »Siehe, da ist Sinuhe. Er ist gekommen als ein Asiat, zu dem ihn die Beduinen gemacht haben.« Im Gegensatz zu Moses, dessen Geschichte der des Sinuhe streckenweise auffallend ähnelt, stirbt Sinuhe in Ägypten, und ihm wird »eine Pyramide aus Stein inmitten der Pyramiden gebaut«.

Nachdem sich schon die Schilfkörbchengeschichte als eine Wandersage herausgestellt hat, könnte man natürlich auch hier annehmen, daß die Schreiber der Bibel auf ein bekanntes Motiv zurückgegriffen und es verändert auf die Mosesbiographie projiziert haben. Die Mordgeschichte wäre dann eingefügt worden, um Moses außer Landes zu bringen, auch wenn wir jetzt noch nicht sehen können, wozu das gut sein soll.

Überhaupt muß man sehr vorsichtig sein, wenn man den persönlich-historischen Gehalt alter biographischer Texte herausdestillieren will, denn bis ins europäische Mittelalter hinein sollten Biographien weniger die Individualität eines Menschen als vielmehr den Typus beschreiben. Der Träger einer bestimmten Aufgabe oder Funktion hatte das Anrecht auf eine bestimmte Biographie. So geht etwa die Charakterbeschreibung Friedrich Barbarossas (1152–1190) wie die zahlreicher anderer deutscher Könige und Kaiser auf die Beschreibungen von König David und König Salomo im Alten Testament zurück, weil sie als Vorbilder eines von Gott gesegneten Herrschers galten.

Darüber hinaus gibt es Szenen, die in Heldenbiographien immer wieder auftauchen. So macht es sich allemal gut, wenn der Held schon in jungen Jahren die Aufmerksamkeit der Herrscher erregt: Nicht irgendwer, sondern der Pharao selbst, will Moses beseitigen, so daß er außer Landes gehen muß. Ganz ähnlich liegt der Fall, wenn Herodes das Jesuskind töten will, weshalb seine Eltern mit ihm diesmal in umgekehrter Richtung nach Ägypten fliehen. Auch Klugheit schadet dem Helden nichts. Die Bestürzung, die der zwölfjährige Jesus durch seine Weisheit im Tempel auslöst, wird ebenso von Buddha erzählt wie in altägyptischen Quellen von Königssöhnen. Übrigens steht es auch einem jugendlichen Helden von der Art eines Moses gut an, bereits in jungen Jahren einen Feind zu erschlagen.

Moses und Zippora

Die Flucht des Moses führt, wie bei Sinuhe, über weite Strecken. Es ist ein Szenenwechsel vom Nildelta zum Golf von Elat, wo die Midianiter am Ostufer ihre Stammesgebiete haben, auf einem Gebiet also, das heute zum norstwestlichen Saudi-Arabien gehört und vom Nildelta etwa dreihundert Kilometer Luftlinie entfernt liegt. Die Weidegebiete der Midianiter scheinen jedoch bis in den Sinai hineingereicht zu haben. Der Weg dorthin führt endlos durch steinige Gebirgswüsten. Ohne Führer und ohne genaue Kenntnis der Quellen und Oasen wäre er nur durch ein Wunder zu bewältigen.

Dabei hätte es für den Ablauf der Geschichte vollauf genügt, wenn sich Moses bei einem näher gelegenen Beduinenstamm in Sicherheit gebracht hätte. Auf halbem Weg, bei der Oase Kadesch-Barnea zum Beispiel, saßen die Amalekiter. Moses hätte auch am Mittelmeer hinauf nach Gaza oder am Roten Meer entlang den Sinai hinunterziehen können, wo es reiche Türkis- und Kupferminen und damit Überlebenschancen gab. Die Bibel liefert keinerlei Begründung, warum er gerade so weit weg nach Midian ging.

Sie erzählt lediglich, daß Moses eines Tages an einem Brunnen sitzt und die sieben Töchter des Priesters von Midian kommen, um ihre Schafherden zu tränken. Als andere Hirten sie abdrängen wollen, hilft ihnen Moses, schöpft das Wasser und füllt die Trinkrinnen. Da die sieben Töchter deshalb zeitiger nach Hause kommen als sonst, fragt ihr Vater: »Warum seid ihr heute so bald gekommen? Und sie sprachen: Ein ägyptischer Mann stand uns bei gegen die Hirten und schöpfte für uns und tränkte die Schafe.« Moses wird daraufhin zum Essen eingeladen und – so schnell kann das gehen – der Priester »gab Mose seine Tochter Zippora zur Frau«. Mit diesem vorläufigen Happy-End ist für die Bibel Mord und Flucht erledigt. Moses ist etabliert und in den Stamm der Midianiter aufgenommen.

Die jüdischen Sagen, die sonst die Geschichten der Bibel ziemlich genau, wenn auch mit anderen Worten nacherzählen, geben hier eine interessante Variante, mit der sie eine sonst nur schwerverständliche andere Bibelstelle erklären wollen.

Moses und die Mohrenfrau

Bei einem Streit während der späteren Wüstenwanderung machten nämlich die angeblichen Geschwister Aaron und Mirjam dem Moses Vorwürfe »um seiner Frau willen, der Kuschitin, die er genommen hatte«.

Diese *Kuschitin* kann aber nie und nimmer Zippora sein, obwohl jüdische Autoren wie Martin Buber und moralisch argumentierende Alttestamentler dies immer wieder zu suggerieren versuchen. Die Bibel lokalisiert das Land Kusch nämlich eindeutig im Niltal südlich von Ägypten. Die griechische Übersetzung gibt daher Kusch als Äthiopien wieder, während Luther ganz plastisch, aber geographisch diffus, »Mohrenland« übersetzt: Gemeint ist Nubien, das Land südlich des ersten Nilkatarakts, das heute durch den Assuanstaudamm großenteils überschwemmt und verschwunden ist.

Wenn es also in der Bibel heißt, Moses habe eine Kuschitin zur Frau gehabt, dann ist damit ganz schlicht und einfach gesagt, daß er mit einer Nubierin verheiratet war, einer Angehörigen aus einem ursprünglich äthiopiden, heute stark mit Sudannegern vermischten Stamm.

Da nun der Vorwurf des Aaron und der Mirjam die einzige Bibelstelle ist, in der von einer Kuschitin die Rede ist, wirkt sie wie eines jener übersehenen Indizien, die auf eine verdrängte und vertuschte Geschichte hinweisen. Und nach der Regel, daß solche, meist versprengt und einzeln stehende Aussagen, die nicht in das übliche Schema passen, eher einen historischen Kern enthalten als Wandersagen, könnte es also durchaus auf Wahrheit beruhen, daß Moses eine »Mohrin« zur Frau hatte. Es wäre dies eine der Stellen, auf die Sigmund Freud mit der Bemerkung anspielt: »Es ist bei der Entstellung eines Textes ähnlich wie bei einem Mord. Die Schwierigkeit liegt nicht in der Ausführung der Tat, sondern in der Beseitigung der Spuren.«

Wann aber soll Moses diese Kuschitin geheiratet haben, wenn sonst immer von der Midianiterin Zippora die Rede ist? Genau diese Frage versuchen nun die jüdischen Sagen zu beantworten. Sie lassen Moses nämlich in Midian erzählen, daß er vorher »vierzig Jahre lang der König der Mohren« war, nachdem er wegen des Mordes hatte fliehen müssen.

Dazu gehört eine andere Begebenheit in den Sagen, die auch der jüdische Historiker Flavius Josephus, ein Zeitgenosse des Apostels Paulus, wiedergibt. Es heißt dort nämlich, daß Moses den »Mohren« bei der Eroberung einer Stadt geholfen habe und daß man ihn, nachdem der Mohrenkönig gestorben war, aus Dankbarkeit zu dessen Nachfolger gewählt und ihm die Königswitwe Adonia zur Frau gegeben habe. Mit ihr hat Moses freilich, so wollen es die Sagen, aus Furcht vor dem »Gott seiner Väter«

ebensowenig geschlafen wie nach der christlichen Legende Josef mit Maria.

Nach vierzig Jahren kam es zu einer Palastrevolte. Königin Adonia rief ihre Hofleute zusammen und gab bekannt: »Wohlan denn, ihr Mohren, es soll fürder keiner über euch herrschen, der nicht eures Blutes ist.« Sie schlug ihren inzwischen erwachsenen Sohn aus erster Ehe als Herrscher vor, denn »es ist besser, ihr dient dem Sohn eures Fürsten, als daß ihr einem Fremdstämmigen untertan seid, einem Knecht des Königs von Ägypten«. Moses wurde abgesetzt, durfte aber in Ehren abziehen. Nach der Sage war er da schon 67 Jahre alt.

Erst jetzt und in diesem Alter soll Moses nach Midian gegangen sein. In diesem Zusammenhang schildert die Sage den in der Bibel so hochgeschätzten Schwiegervater des Moses als eine Art erpresserischen Gauner. Denn kaum hatte der Priester von Midian die Geschichte des Moses gehört, da »sprach er in seinem Herzen: Ich will diesen Mann ins Gefängnis stecken und will mir so die Mohren geneigt machen, denn er ist vor ihnen geflohen. Und er warf Moses in eine Grube.«

Dort vergaß ihn der Priester von Midian, nicht aber Zippora, die ihm heimlich zu essen und zu trinken gab. Zehn Jahre später erinnerte Zippora ihren Vater wieder an den Gefangenen, aber der wunderte sich zu Recht: »Ist's möglich, daß ein Mensch, der zehn Jahre im Gefängnis liegt und nichts zu essen bekommt, lebendig bleibe?« Er ging hin, und da stand, wie sich das gehört, Moses glaubensstark »aufrecht in der Grube und ließ Lobgesänge und Gebete zu dem Gott seiner Väter erschallen«. Von diesem und einigen weiteren Wundern war der Priester von Midian so beeindruckt, daß er dem inzwischen siebenundsiebzigjährigen Moses seine Tochter Zippora zur Frau gab.

Man sieht hier, wie die jüdischen Sagen durch absurde Details unglaubwürdig werden, auch wenn vielleicht an der Geschichte selbst etwas dran ist. Dagegen ist die Bibel manchmal so wortkarg und nüchtern, daß man gern etwas mehr erführe, so auch bei Zippora. In der Bibel spielt sie weiter keine besondere Rolle. Nicht nur im Alten Testament vergessen die Biographen meist die Ehefrauen und deren Glück und Ungemach, das sie mit großen Männern haben. Seltsam ist es aber doch, daß sie ebenso sang- und klanglos aus der Geschichte verschwindet wie die Mohrenfrau aus den jüdischen Sagen. Moses schickt sie eigentlich immer nur zu seinem Schwiegervater zurück. Es ist keine Rede davon, daß sie etwa auf dem Wüstenzug dabei war, man hört nichts von ihrem Tod – wohl aber wird man genau darüber informiert, wann und wo Aaron und Mirjam das Zeitliche segneten. Lediglich daß sie einen Sohn oder zwei Söhne hatte, erfährt man, aber selbst das ist nicht ganz klar. Zunächst berichtet die Bibel, daß Zippora nach der Heirat den Gerschom gebar. Einige Kapitel später wird aber als bekannt vorausgesetzt, daß es noch einen Bruder Eliëser gibt, der jedoch möglicherweise mit dem später erwähnten Eleasar identisch ist und damit nicht ein Sohn des Moses, sondern des Aaron wäre.

In den fünf Büchern Moses spielen die Nachkommen des Moses jedenfalls keine Rolle und werden nie wieder erwähnt – im Gegensatz zu den Söhnen Aarons, die nach dessen Tod das Priestererbe ihres Vaters übernehmen. Nichts dergleichen geschieht mit den Mosessöhnen. Sie bleiben schemenhaft wie Zippora und die Eltern des Moses.

Sind also auch Zippora und die Söhne des Moses nur Steinchen aus dem Legendenbaukasten? Ist die Kuschitin echt und Zippora erfunden, oder gab es beide?

Der Schwiegervater

Merkwürdig ist auch, daß der Schwiegervater des Moses in der einen biblischen Überlieferung ebenso namenlos bleibt, wie es Moses' Eltern sind – dort ist immer von dem »Priester von Midian« oder gar nur von »dem Mann« die Rede –, und daß er in anderen Erzählungen drei ganz verschiedene Namen hat: Reguël, Jitro und Hobab.

Das läßt sich allerdings leicht damit erklären, daß die Bibel, wie wir noch oft genug sehen werden, auch hier Geschichten und Sagenkreise mehrerer Stämme zusammengebracht hat, die ursprünglich nichts miteinander zu tun hatten. Daraus ist in der

Bibel keineswegs eine neue einheitliche Erzählung geworden, vielmehr wurden die einzelnen Überlieferungen nur miteinander verzahnt, so daß man noch heute an den verschiedenen Namen des Priesters die Nahtstellen erkennen kann.

Doch eine solche Erklärung stiftet erst recht Verwirrung. Hat hier jede Erzähltradition ihren eigenen Priester gehabt, wie die verschiedenen Namen nahelegen? Ist der »Priester von Midian« aus mehreren Personen zusammengesetzt? Gab es diesen »Priester von Midian« überhaupt, den die Bibel als den Schwiegervater des Moses hinstellt? Oder ist auch er eine Erfindung, wie die Schilfkörbchengeschichte und möglicherweise auch der Mord?

Doch auch eine erfundene Geschichte will ja etwas über die Person aussagen, die beschrieben wird. Man muß sich dann allerdings fragen, warum gerade diese Geschichte und keine andere gewählt wurde und was sie für die Biographie aussagen soll.

Daher möchte ich die Fragestellung ändern: Ich will jetzt nicht mehr wissen, *wer* der Priester von Midian war und ob er eine historische Figur ist, sondern *was* für eine Funktion er in der Mosesgeschichte hat und was die Geschichte über den Helden aussagen soll.

Die Verwandlung des Helden

Erinnern wir uns noch einmal an die Geschichte von Sinuhe dem Ägypter. Auch Sinuhe war aus Angst vor der Strafe des Pharao geflohen. Auch Sinuhe war nach »Asien« gegangen, also in das Gebiet östlich von Ägypten. Auch Sinuhe hatte dort die Tochter eines einflußreichen Mannes (die Tochter eines Scheichs) geheiratet. Auch Sinuhe kehrte nach Ägypten zurück, als er erfuhr, daß ihm dort niemand mehr nach dem Leben trachtete. Auch bei Sinuhe erfahren wir nichts über seine Familie, abgesehen von ihrer bloß formelhaften Existenz.

Doch es gibt noch eine weitere Parallele, die uns nur deswegen nicht sofort ins Auge fällt, weil wir mit den alten Stammessitten nicht vertraut sind. Es heißt in der Bibel nur, daß der midianitische Priester seine Tochter dem »ägyptischen Mann« gab, den sie am Brunnen getroffen hatte. Es wird nicht gesagt, was das für Folgen hatte. Genau das aber erfahren wir mit deutlichen Worten in der Geschichte des Sinuhe: Durch seine Heirat mit einer Nichtägypterin und die Aufnahme in deren Stamm wurde Sinuhe zu einem »Asiaten, der geboren ist in Ägypten«.

Auch Moses dürfte so zu einem »Asiaten« geworden sein, und damit wird überhaupt erst die geheime Pointe der Geschichte sichtbar. Ob nun Moses ägyptisch erzogen oder tatsächlich als Ägypter geboren war – durch seine Heirat mit Zippora wurde er zu einem »Bruder der Hebräer«, zum Stammesgenossen der Kinder Israel, deren Führer er sein sollte.

Die Funktion des midianitischen Priesters als Schwiegervater des Moses wäre demnach gewesen, ihn für sein Volk akzeptabel zu machen und ihn vom Makel eines Ausländers zu befreien. Die asiatische Heirat bedeutete die Verwandlung des fremden Helden in einen Israeliten. Wenn wir Freuds Deutung akzeptieren, daß schon die Schilfkörbchengeschichte ein Versuch war, den Ägypter Moses zu einem Juden zu machen, dann hätten wir hier noch einmal den gleichen Versuch, nur mit anderen Mitteln. Wenn die Geschichte mit Zippora und dem Priester erfunden sein sollte, dann aus diesem psychologischen Grund.

Der Priester von Midian

Die Gelehrten allerdings sind sich so einig wie selten, daß der Priester von Midian keine bloße Erfindung sei. Er mag nicht Jitro und nicht Reguël geheißen haben, vielleicht war er auch nicht der Schwiegervater des Moses – ein besonderer Priester war er jedoch allemal, denn auffällig viele Einzelheiten der neuen Religion des Moses stehen in engem Zusammenhang mit dem Priester von Midian.

In Midian erfuhr Moses den Namen Gottes: Jahwe. In Midian wurde er von Gott beauftragt, die Kinder Israel aus Ägypten zu führen. Als Gott Moses töten wollte, rettete die Priestertochter Zippora ihm das Leben. Nach dem Auszug aus Ägypten brachte der Priester von Midian das erste öffentliche Opfer dar und führte eine neue Rechtsordnung ein. Möglicherweise hat er auch den Israeliten ihr Heiligtum, die Bundeslade, übergeben. Auf dem Weidegebiet der Midianiter lag schließlich auch der Gottesberg, wo Moses die Zehn Gebote erhielt.

Das hat verschiedentlich zu der Annahme geführt, daß der eigentliche Stifter der jüdischen Religion dieser Priester aus Midian gewesen sei und daß Moses sie nur übernommen und weiterentwickelt habe. So schreibt der Alttestamentler Rudolf Smend: »Es fällt schwer, angesichts dessen die sogenannte Midianiter ... hypothese abzulehnen, nach der Jahwe ursprünglich der Gott der Midianiter ... war und durch Mose zum Gott der aus Ägypten Herausgeführten wurde.«

Unterstützt wird die Midianiterthese auch durch ägyptische Texte aus dem 14. und 13. Jahrhundert v.Chr., die von einem »Land der Schasu [der Beduinen] jhw« berichten, das östlich von Ägypten und südlich des Negev im Sinai lag. Das »jhw« klingt fast wie der Gottesname »JHWH«, und die geographische Lage könnte die Midianiter meinen.

Ist also der Priester von Midian, jene nebelhafte Gestalt, der eigentliche Schöpfer des jüdischen und damit auch des christlichen Gottes, der keine Götter neben sich duldet?

Bis zum Jahre 1972 hätte man damit in der Tat jede andere Theorie leicht niederstimmen können. Da aber veröffentlichte Beno Rothenberg seinen Grabungsbericht über Timna, die sogenannten Kupferminen Salomos bei Elat, und teilte darin mir, daß er dort ein ägyptisches Heiligtum entdeckt habe, das offenbar auch von den Midianitern benutzt wurde. »Nach Ausweis des Fundmaterials im Tempel«, schreibt Rothenberg, »scheinen in Timna die ortsansässigen Midianiter und Amalekiter nicht nur Arbeits-, sondern auch Kultpartner der Ägypter gewesen zu sein...« Es wäre also möglich, daß die Bibel Moses und den Priester von Midian auf Grund dieser damals behaupteten Beziehungen zusammenbringt. Die Frage ist nur, ob die Bibel erst nachträglich eine solche Verbindung zwischen Moses und dem Priester hergestellt hat oder ob sie die Zusammenhänge einigermaßen historisch richtig erzählt.

In jedem Fall war der Priester von Midian offenbar eine so beherrschende religiöse Figur seiner Zeit, daß die Bibel den Moses fast wie einen Schüler des Priesters darstellt. Vielleicht hat Moses seine Gottesidee bei ihm bestätigt gefunden, vielleicht hat er einiges von ihm übernommen. Die Geschichte in Midian will jedenfalls deutlich machen, daß der »Jude« Moses den neuen Gott da kennenlernte, wo auch die Kinder Israel schon den Gott ihrer Väter verehrt haben: nicht in Ägypten, sondern in den Bergwüsten »Asiens«.

DER AUFTRAG

Der neue Gott

Zunächst erleben wir in Midian eine Idylle: Moses ist Schafhirte. Geruhsam treibt er die Schafe und Ziegen seines Schwiegervaters über die Steppen und durch die Wadis, damit sie ihr spärliches Futter finden. Es ist ein Leben in der Einsamkeit der Steinwüste, abhängig von Quellen und geheimen Brunnen. Flachland gibt es kaum, das Land ist vor allem Bergwüste, bizarr, tot, bunt von Gesteinen. Es hat etwas Heroisches an sich in seiner Stille unter der sengenden Sonne am Tag und den unzähligen Sternen der Nacht.

Wie lange Moses dieses Leben geführt hat, sagt die Bibel nicht, und auch die Sagen sind sich da nicht einig. Auf der einen Seite legen sie nahe, daß er höchstens drei Jahre in Midian war, da er erst mit siebenundsiebzig Jahren Zippora heiratete und später vierzig Jahre lang bis zu seinem Tode durch die Wüste zog. Andererseits reden sie von vierzig Jahren, aber das ist auf durchsichtige Weise falsch. Sie wollen einfach das Lebensalter des Moses auffüllen, das in der Bibel mit hundertzwanzig Jahren angegeben wird: Vierzig Jahre dauerte der Zug durch die Wüste, vierzig Jahre lang war Moses der »König der Mohren« (offenbar von Geburt an!), und vierzig Jahre war er Hirte bei Jitro, dem Priester von Midian.

Doch die Zahl Vierzig darf man nicht wörtlich nehmen, sie bedeutet nur »sehr lange«: Vierzig Tage dauerte die Sintflut, vierzig Tage war Moses, ohne zu essen und zu trinken, auf dem Gottesberg, vierzig Jahre waren die Kinder Israel unterwegs, und vierzig Tage fastete Jesus in der Wüste. Wenn in der Bibel ein Bösewicht mit Schlägen bestraft wurde, kam er nur knapp am Höchstmaß vorbei: Er erhielt »vierzig weniger eins«. Die Zahl Vierzig können wir also in jedem Falle als echte Zahlenangabe ausschalten.

Aber die Frage bleibt: Wie alt war Moses, als er – nach der Bibel – nach Midian kam, wie alt war er, als er starb?

Wie alt war Moses?

Es gibt einen Psalm, den neunzigsten, der angeblich von Moses stammt, denn er wird eingeführt als »ein Gebet des Mose, des Mannes Gottes«. In diesem Psalm, der die Ewigkeit Gottes und die Vergänglichkeit des Menschen beschreibt, ist von hundertzwanzig Jahren keine Rede:

> »Herr, du bist unsre Zuflucht für und für.
> Ehe denn die Berge wurden
> und die Erde und die Welt geschaffen wurden,
> bist du, Gott, von Ewigkeit zu Ewigkeit...«

Dann wird die Vergänglichkeit beschrieben:

> »Denn tausend Jahre sind vor dir
> wie der Tag, der gestern vergangen ist,
> und wie eine Nachtwache.
> Du lässest sie dahinfahren wie einen Strom,
> sie sind wie ein Schlaf,
> wie ein Gras, das am Morgen noch sproßt,
> und des Abends welkt und verdorrt.«

Und dann die berühmtem Verse:

> »Unser Leben währet siebzig Jahre,
> und wenn's hoch kommt, sind's achtzig Jahre,
> und was daran köstlich scheint,
> ist doch nur vergebliche Mühe...«

Nach dieser realistischen Einschätzung des Psalms können wir vielleicht ein Alter von achtzig Jahren annehmen, als Moses starb. Wenn wir für die Wüstenwanderung aus bestimmten Gründen eine Generation, also rund dreißig Jahre, ansetzen, dann war Moses höchstens fünfzig Jahre alt, als er mit den Israeliten aus Ägypten auszog.

Das ist in jedem Falle vernünftiger als die Vorstellung, der bereits achtzigjährige Moses habe den Wüstenzug begonnen: Wie alt soll dann erst sein Schwiegervater Jitro gewesen sein, wenn er noch nach dem Exodus in der Wüste auftaucht, um das erste Opfer abzuhalten und eine neue Rechtsordnung einzuführen?

Das hieße also, wenn wir bei diesen fiktiven Zahlen bleiben, daß Moses nicht ganz fünfzig Jahre alt war, als er am Dornbusch von Gott den Auftrag bekam, die Kinder Israel herauszuführen und sie mit dem neuen Gott bekanntzumachen. Das wäre im Vergleich zu anderen Religionsstiftern relativ spät. Jesus lehrte bereits als Dreißigjähriger (eine stillschweigende Übereinkunst, denn die Bibel gibt kein Alter an), Buddha wurde etwa im gleichen Alter erleuchtet, und Mohammed stand im vierzigsten Lebensjahr, als er die ersten Visionen empfing und sich für den einzig wahren Propheten Allahs zu halten begann.

Rechnet man nun umgekehrt von der Geburt nach vorn und folgt der biblischen Angabe, daß Moses seinen Mord beging, als er »groß geworden war«, dann kommt praktisch jedes beliebige Jahr dafür in Frage. Moses kann ebensogut sechzehn wie sechsundzwanzig gewesen sein, als er aus Ägypten floh. Die jüdischen Sagen errechnen an einer Stelle ein Alter von achtzehn Jahren, aber was man von diesen Zahlen halten kann, wissen wir inzwischen.

So oder so bleiben zwischen Mord und Exodus, zwischen Flucht aus Ägypten und Rückkehr fünfundzwanzig bis fünfunddreißig Jahre, über die wir nichts sagen können. Vielleicht hat er tatsächlich einen Teil davon bei den Kuschiten verbracht, vielleicht war er die längste Zeit davon Viehnomade im Sinai – wir wissen es nicht.

Die Bibel allerdings geht offenbar von einem kürzeren Aufenthalt in Midian aus, denn als Moses aus Midian nach Ägypten zurückkehrt, scheint sein Sohn Gerschom noch klein zu sein, da Moses seine Frau und seinen Sohn auf einen Esel setzt. Ein erwachsener Sohn hätte auf einen zweiten Esel aufsteigen können.

Wie dem auch sei, Moses scheint erst in relativ spätem Alter seine große Vision gehabt zu haben, die die Bibel mit dem brennenden Dornbusch zusammenbringt. Wenn er die Idee des *einen* Gottes schon in Ägypten kennengelernt hat, wofür einiges spricht, dann hat er den Gedanken lange in sich getragen, bis er Folgen hatte. Vielleicht hat ihm auch die Einsamkeit der Wüste geholfen, einen längst vergessenen Gedanken neu zu erfahren oder zu ergrübeln. Vielleicht haben ihm auch die Gespräche mit dem Priester von Midian geholfen, wenn die Bibel mit ihrer Geschichte recht haben sollte. In jedem Fall aber schildert die Bibel die Gottesbegegnung als ein Ereignis, auf das Moses nicht vorbereitet war.

Der brennende Dornbusch

Es war ein Tag wie jeder andere: »Mose aber hütete die Schafe Jitros, seines Schwiegervaters, des Priesters in Midian, und trieb die Schafe über die Steppe hinaus und kam an den Berg Gottes, den Horeb.« Hier sah er plötzlich einen Dornbusch in Flammen, ohne daß er vom Feuer verzehrt wurde, und neugierig ging Moses näher heran, um die »wundersame Erscheinung zu besehen, warum der Busch nicht verbrennt«.

Heute würde man dem guten Mann erklären, er habe sich entweder von einem tauglitzernden Strauch im Gegenlicht narren lassen oder habe elektrische Erscheinungen wie das St. Elmsfeuer gesehen oder vor dem etwa ein Meter hohen Gewächs Dictamnus Albus L. gestanden, dessen ausströmende ätherische Öle sich in der Hitze entzünden können und wie ein »brennender Dornbusch« aussehen. Zwar hat das Gewächs keine Dornen, und seine Heiligmäßigkeit läßt rapide nach, wenn man erfährt, daß dieses kalkliebende Gewächs bei uns zulande schlicht unter Spechtwurz oder Diptam bekannt ist. Aber es stimmt immerhin, daß seine ätherischen Öle sich an warmen Tagen entzünden lassen.

Doch es bringt wenig, die eine Hälfte des Wunders rational zu erklären und die andere Hälfte ein Wunder sein zu lassen. Denn kaum, daß Moses näher kommt, ist es Gott, der aus dem Busch spricht. Mit dem Anruf: »Mose, Mose!« und der Antwort: »Hier bin ich« wird nach alttestamentarischem Ritual die Gottesbegegnung eröffnet, die Moses ohne jede Verwunderung erlebt. In geradezu archaischer Einfachheit, handgreiflich und unvorstellbar zugleich, begegnen sich hier Ewiges und Vergängliches: »Gott sprach: Tritt nicht herzu, zieh deine Schuhe von deinen Füßen; denn der Ort, darauf du stehst, ist heiliges Land! Und er sprach weiter: Ich bin der Gott deines Vaters, der Gott Abrahams, der Gott Isaaks und der Gott Jakobs. Und Mose verhüllte sein Angesicht; denn er fürchtete sich, Gott anzuschauen.«

Darauf erhält Moses den Auftrag, die Kinder Israel aus der Fronarbeit in Ägypten zu erlösen: »... so gehe nun hin, ich will dich zum Pharao senden, damit du mein Volk, die Kinder Israel, aus Ägypten führst« – aber diese wichtige Stelle wirkt hier eher wie eine unliebsame Unterbrechung des Gedankens. Denn seltsamerweise scheinen weder Moses noch die Kinder Israel diesen »Gott der Väter« zu kennen, denn wie könnte Moses sonst gleich fragen: »Siehe, wenn ich zu den Kindern Israel komme und spreche zu ihnen: Der Gott eurer Väter hat mich zu euch gesandt! Und sie mir sagen werden: Wie ist sein Name? was soll ich ihnen sagen?«

Wenn jetzt alles mit rechten Dingen zuginge, müßte Gott erstaunt zurückfragen, wieso denn Moses diesen Namen nicht wisse, er habe ihn ja gerade damit angeredet, als er vom »Gott der Väter« sprach: Der Gott der Väter hieß »El«, wie wir ihn aus vielen biblischen Namen wie Isra-el (Streiter des Gottes El), Natana-el (El hat gegeben), Gabri-el (Held des Gottes El) oder Micha-el (wer ist wie El?) kennen.

Aber so unsinnig die Frage des Moses auch klingt, die Schreiber der Bibel wußten schon, warum sie Moses so fragen ließen. Denn jetzt hört Moses plötzlich einen ganz anderen Namen, den ich ohne Vokale hinschreibe, wie es im Semitischen üblich ist: »So sollst du zu den Kindern Israel sagen: JHWH, der Gott eurer Väter, der Gott Abrahams, der Gott Isaaks, der Gott Jakobs, hat mich zu euch gesandt. Das ist mein Name auf ewig, mit dem man mich anrufen soll von Geschlecht zu Geschlecht.«

Und jetzt ist heraus, was die Geschichte vom Dornbusch vor allem will: Es geht darum, mit einem neuen Namen mehr oder weniger geschickt einen anderen Gott einzuführen und so zu tun, als wenn er schon immer der Gott der Väter gewesen wäre. Was hier geschehen ist, ist ein theologischer Staatsstreich: Der Gott JHWH hat sich an die Stelle des Gottes El gesetzt. Oder anders gesagt: JHWH ist der neue Gott, den *Moses* an die Stelle des alten gesetzt hat, mit dem er die Kinder Israel aus Ägypten führen und der die Juden zu »seinem« Volk machen wird.

Der rätselhafte Name

Die Schwierigkeit mit dem neuen Gottesnamen – wegen seiner vier Buchstaben griechisch Tetragramm genannt – beginnt schon bei seiner Aussprache. Zwar hatte Gott am Dornbusch seinen Namen genannt, damit man ihn von Geschlecht zu Geschlecht anrufen könne. Wenn die Juden diesem Befehl gefolgt wären, wüßten wir heute, wie sich der Name ausspricht.

Kurioserweise ist das Judentum aber die einzige Religion, die den Eigennamen ihres Gottes schon vor so langer Zeit mit einem Aussprachetabu belegt hat, daß heute niemand mehr verbindlich sagen kann, welche Vokale der Name hatte und wie er infolgedessen klang. Die Aussprache »Jahwe« ist lediglich eine nach den hebräischen Lautgesetzen erschlossene mögliche Vokalisierung der vier Konsonanten, wie sie auch schon in alten griechischen Übersetzungen auftaucht.

Das Namenstabu hat seinen Grund in der Angst der Juden, mit der Aussprache des Gottesnamens eine Sünde zu begehen und dadurch schuldig zu werden, denn ausdrücklich heißt es in den Zehn Geboten: »Du sollst den Namen Jahwes, deines Gottes, nicht mißbrauchen; denn Jahwe wird den nicht ungestraft lassen, der seinen Namen mißbraucht.« Um jedem Mißbrauch aus dem Wege zu gehen, sind die Juden im Laufe der Zeit dazu übergegangen, den Namen vorsichtshalber überhaupt nicht mehr auszusprechen. Das geschah spätestens im 3. vorchristlichen Jahrhundert.

Was aber, um Himmels willen, sagte man anstelle des Tetragramms JHWH? Die Lösung stand seit dem 2. vorchristlichen Jahrhundert in der Septuaginta, der griechischen Übersetzung des Alten Testaments. Aber es dauerte zweitausend Jahre, bis es jemand begriff. Die ganze Zeit hatte man ohne Argwohn auf den hebräischen Text gestarrt und war in die Irre geführt worden.

Bekanntlich wird das Hebräische, wie alle semitischen Sprachen, ohne Vokale geschrieben. In den Jahren zwischen 750 und 1000 n. Chr. hatten jüdische Gelehrte begonnen, über oder unter die Konsonantenzeichen die dazugehörigen Vokale mit Strichen oder Punkten anzudeuten. Das sollte helfen, die korrekte Aussprache zu bewahren, nachdem das jüdische Volk in der Diaspora verstreut lebte und die Gefahr bestand, daß einzelne Gemeinden ihre eigene Aussprache entwickelten. Auch der Gottesname hatte Vokalzeichen erhalten, und seitdem las man klar und eindeutig »JeHoWaH«. Die Übersetzer der Septuaginta allerdings schrieben keineswegs Jehova, wenn im hebräischen Text das Tetragramm stand; sie gebrauchten statt dessen stets das griechische Wort »Kyrios«, das »Herr« bedeutet. Jahrhundertlang hat dies offenbar niemanden stutzig gemacht. Doch als man eines Tages das griechische Wort »Kyrios« ins Hebräische rückübersetzte, entdeckte man, daß die Erfinder der Vokalzeichen, die Masoreten, die Vokale des hebräischen Wortes für Herr »Adonai« (verwandt mit dem Götternamen Adonis) unter das Tetragramm gesetzt hatten. Nach den hebräischen Lautgesetzen werden die Vokale von Adonai in der Verbindung mit den Konsonanten JHWH etwas verändert, so daß der unselige Jehova entstand. In Wirklichkeit deuteten die Vokalzeichen lediglich an, daß man anstelle des Gottesnamens Jahwe »Herr« lesen und sagen sollte. Auf diese Weise sollte verhindert werden, daß der Gottesname beim Lesen doch einmal versehentlich richtig ausgesprochen wurde. Diese Umschreibung ist (neben einigen anderen) auch heute noch im Judentum üblich und nicht nur dort: In welche Sprache die Bibel auch übersetzt wurde, stets nahm man das Wort für »Herr« statt des Gottesnamens »Jahwe«, nur daß es im Deutschen im Unterschied zum bürgerlich-profanen Herr »HErr« geschrieben wird.

Was aber bedeutet das Wort »Jahwe«? Die Bibel hilft hier nicht weiter. Ja, sie führt uns geradezu in die Irre. Zwar erklärt sie, der Gottesname bedeutet »Ich werde sein, der ich sein werde«, aber das ist genauso falsch wie die biblische Erklärung des Namens »Moses«. Hier wie dort hat man sich durch die Ähnlichkeit der Buchstabenfolge zu einer falschen grammatischen Erklärung verleiten lassen. Es gibt nämlich ein Wort, das dem Tetragramm יהוה zum Verwechseln ähnlich sieht. Es ist die Form יהיה, die »*Er* wird sein« bedeutet. Doch so übersetzt die Bibel den Namen Gottes ja eben nicht, sondern meint, es hieße »*Ich* werde sein«. Wie aus den vier Buchstaben JHWH der ganze Satz »Ich werde sein, der ich sein werde« abgeleitet wird, ist vollends rätselhaft. Offenbar wußten die Verfasser der Bibel schon damals nicht mehr, was der Gottesname bedeutet.

Auch die Wissenschaftler sind sich bei der Ableitung und Erklärung des Wortes nicht einig. So meinen die einen, der Name »Jahwe« gehe, wie auch bei anderen Religionen, auf einen ehrfürchtigen Ausruf wie »Jah!« oder »Jo!« zurück, der später zur feierlich-kultischen Form »Jahwe« oder gar »Jahéwehé« verlängert worden sei. Für diese Ansicht spricht, daß die Bibel tatsächlich zahlreiche Personennamen mit dieser kurzen Gottesbezeichnung kennt. Hatten wir schon den Natana-el, so haben wir jetzt mit dem neuen Gottesnamen den Jo-nathan, die Jo-chebed (»Deren Ruhm Jahwe ist«), den Jo-chanan (»Jahwe ist gnädig«), den Jesa-ja (»Jahwe ist Heil«) und den Obad-ja (»Knecht des Jahwe«).

Andere leiten den Gottesnamen von dem Wortstamm »HWH« ab, der noch heute im Arabischen »wehen« bedeutet. Von der ursprünglichen Wortbedeutung her entspräche dann Jahwe dem nordischen Wotan oder dem indischen Windgott Vaju, die beide auf das indoeuropäische Wort für »wehen« zurückgeführt werden können. Danach wäre Jahwe die Erinnerung an einen Naturgott.

Es ist aber auch möglich, daß der Gottesname tatsächlich mit dem Wort für »Sein«, »Wirken« zusammenhängt, denn sprachgeschichtlich stammt das Wort »JHWH« aus einer vorhebräischen Schicht, in der nach Klang und Schreibweise eine engere Verwandtschaft zum Wort für »Sein« bestanden haben könnte, als man ihm heute ansieht. Dann könnte das Tetragramm vielleicht mit »der Seiende« übersetzt werden, was der biblischen Deutung »Ich werde sein, der ich sein werde« am nächsten käme. Das erklärt freilich immer noch nicht, warum die Bibel aus den vier Buchstaben einen ganzen Satz macht, der durch nichts begründet ist. Warum gibt die Bibel eine Übersetzung an, die jeder, der Hebräisch kann, als unsinnig empfinden muß?

Hier bietet sich als Lösungsmöglichkeit an, daß der Gottesname einmal länger war und mehr ausdrückte als die Kurzform »Jahwe«. Auch der Name »Moses« ist ja nur die eine Hälfte eines längeren Namens wie bei Thut-moses. Der erklärende Satz in der Bibel wäre dann also die Erinnerung an einen ursprünglich längeren Namen.

Solche formelhaften Abkürzungen längerer Gottesnamen kennen wir aus Ägypten. Dazu meint der amerikanische Gelehrte Albright: »Diese Parallelen machen es wahrscheinlich, daß der Name die Abkürzung einer Formel ist, die dem ›Ich bin, der ich bin‹ entspricht ... mit anderen Worten: Der volle Name mag ursprünglich bedeutet haben ›Er ist der Eine, der zum Dasein bringt, was er will‹; für diesen Satz gibt es mehrere genaue Parallelen in nahezu gleichzeitiger ägyptischer Literatur.« Folgt man dieser Deutung, wäre Jahwe ein Schöpfergott. Zugleich wird damit unsere Aufmerksamkeit wieder auf das Land der Pharaonen gelenkt, woher ja auch der Name »Moses« stammt.

Die zwei Götter der Bibel

Wer das Alte Testament in der Ursprache, also auf hebräisch, lesen kann, merkt bald, daß mit der Offenbarung des neuen Gottesnamens »Jahwe« irgend etwas nicht stimmen kann, denn auch in den chronologisch früheren Erzählungen, selbst in der Schöpfungsgeschichte am Anfang der Bibel, kommt dieser Jahwe ständig vor. Moses' Frage, wie der Gott der Väter denn nun heißt, kann an dieser Stelle also eigentlich gar nichts Neues bringen; und doch tut die Bibel so, als wenn der Name »Jahwe« am Dornbusch zum erstenmal genannt würde. Daneben taucht in den Geschichten allerdings auch der Name »Elohim« (die Mehrzahlform von El) auf, und verschiedentlich kommen beide Bezeichnungen abwechselnd innerhalb einer einzigen Erzählung vor.

Ohne diesen Widerspruch aufklären zu können, hat man bis vor rund zweihundertfünfzig Jahren gemeint, die Bezeichnung »Jahwe« sei der Eigenname, während »Elohim« sozusagen die Berufsbezeichnung »Gott« bedeute. So jedenfalls steht es bis heute in den Übersetzungen. Dort, wo die Bibel »Elohim« schreibt, übersetzt man »Gott«, wo »Jahwe« steht, umschreibt man meist mit »der HErr«.

Die Entdeckung

Da entdeckte im Jahr 1711 der Hildesheimer Pfarrer Henning Bernhard Witter, daß die Verwendung von »Elohim« und »Jahwe« offenbar doch nicht ganz so planlos war. Ihm war aufgefallen, daß von zwei parallellaufenden Stellen der Schöpfungsgeschichte die eine immer von Elohim, die andere stets von Jahwe spricht. So wird auch die Erschaffung des Menschen zweimal erzählt. Im ersten Buch Moses (1,27) erscheint Elohim den Menschen, wenige Verse weiter (2,7) ist es dagegen Jahwe.

In seinem lateinisch geschriebenen Buch *Jura Israelitarum in Palaestinam...* (der vollständige Titel ist sechs Zeilen lang!) vertrat Pfarrer Witter daher die These, die Doppelungen und Wiederholungen in der Schöpfungsgeschichte seien auf zwei verschiedene »Urkunden« zurückzuführen, die Moses beim Abfassen der fünf Bücher vorgelegen hätten. Die eine Urkunde – wir würden heute »Quelle« sagen – habe immer Elohim, die andere, die Moses einfach angefügt habe, immer Jahwe gesagt.

Witters Buch blieb völlig unbeachtet und wurde erst 1924 wiederentdeckt. So konnte unabhängig von Witter der Pariser Leibarzt Ludwigs XIV., Jean Astruc, 1753 dieselbe Entdeckung machen und über ein Jahrhundert lang als der Vorläufer der modernen Bibelkritik gelten. In seinem anonym erschienenen Buch *Conjectures sur les mémoires dont il paroit que Moyse s'est servi, pour composer le livre de la Genèse* versucht Astruc, der Sohn eines evangelischen Pfarrers jüdischer Abstammung, das ganze erste Buch Moses, die Genesis, in zwei Quellen aufzuteilen. Er merkte aber bald, daß das nicht voll aufging, und führte deshalb eine dritte Quelle ein, die er wieder mehrfach unterteilte. Doch es dauerte einhundert Jahre, bis dann Hermann Hupfeld 1853 mit seinem Band *Die Quellen der Genesis und die Art ihrer Zusammensetzung* die Quellentheorie in der Fachwelt durchsetzen konnte.

Jetzt stürzten sich ganze Scharen von Alttestamentlern auf den Pentateuch (das »Fünf-Rollenbuch«), wie man die fünf Bücher Moses wissenschaftlich nennt, und begannen, ihn auseinanderzunehmen und verschiedenen Quellen und Schreibern zuzuordnen. Längst war nicht mehr die Rede davon, daß Moses selbst den Pentateuch geschrieben habe.

Die historisch-kritische Forschung

Zahlreiche Theorien entstanden, mit denen sich die Gelehrten bekämpften, an einem Buch aber schieden sich die Geister. Es hieß ganz einfach *Geschichte Israels* und stammte von dem vierunddreißigjährigen Greifswalder Ordinarius Julius Wellhausen. Das Buch, 1878 erschienen, gilt bis heute als der erste Höhepunkt der historisch-kritischen Forschung.

Wie kein anderer Alttestamentler des letzten Jahrhunderts wurde Wellhausen von den verschiedensten Seiten bekämpft und beschimpft. Man nannte ihn Umstürzler, Glaubensfeind und Leugner aller Offenbarung. Wellhausen resignierte, verließ die theologische Fakultät und wechselte zu den Philosophen über. Aber wie es so oft geht: Seine revolutionären Ansichten von damals sind noch heute im wesentlichen die anerkannte Grundlage der Pentateuchkritik, wie man die wissenschaftliche Auseinandersetzung mit dem biblischen Text nennt.

Was seinerzeit den Aufruhr gegen die historisch-kritische Forschung ausgelöst hatte, war das Gefühl, daß hier der Glaube wegrationalisiert werde wollte. Wenn die Bibel aus Berichten verschiedener Schreiber zusammengeflickt war – wo blieb dann das kindliche Vertrauen in die Offenbarung Gottes und in »Gottes Wort«?

So schrieb ein junger Gelehrter jener Tage verzweifelt an seinen Professor: »Die Wissenschaft befriedigt die Seele nicht, und welchen Ersatz hat sie mir gewährt für die schönen Gefühle, die ich opferte?« Und der Professor antwortete bekümmert: »Oh, ihr Brief hatte mich tief verwundet! Etwas Entsetzlicheres kann ich mir nicht denken, als angeklagt zu sein, einem Jüngling seinen Glauben entrissen und ihn leer in die Welt geschickt zu haben!« Doch dann versuchte er ihn zu trösten: »Die alte Buchstaben-Orthodoxie ist unwiederbringlich überwunden; die Schwachköpfe allein brauchen sie. Jetzt gilt's, dem Rationalismus, der sie getötet hat, vom Herzen aus einen Lebensodem einzuhauchen, daß er nicht als untüchtig verworfen werden müsse.«

Dabei hatte die historisch-kritische Methode nichts anderes im Sinn, als »den religiösen Inhalt des Alten Testaments als geschichtlich Gewordenes zu erfassen«, wie Wellhausen einmal sagte, um sich damit endgültig von der ohnehin nicht haltbaren Vorstellung zu trennen, der Pentateuch sei ein einheitlich konzipiertes, von Gott inspiriertes und von einem einzigen Autor, am liebsten von Moses, geschriebenes Werk.

Jahwist und Elohist

Zu offensichtlich bestand der Pentateuch mindestens aus zwei Erzählsträngen oder »Urkunden«, die das gleiche auf verschiedene oder gar widersprüchliche Weise und damit doppelt erzählten. Man unterschied zwischen einem »Jahwisten« und einem »Elohisten«, wie man die unbekannten Autoren nach ihrer Verwendung der Gottesbezeichnung nannte. Ihre beiden Erzählungen waren später von einem dritten, einem sogenannten »Redaktor« zum heute bekannten Bibeltext zusammengestellt worden.

Dabei hatte der Redaktor die zwei Versionen entweder wie bei der Schöpfungsgeschichte einfach hintereinandergestellt oder sie versweise so kunstvoll an den passenden Stellen ineinandergeschoben, daß eine einzige Geschichte daraus wurde, in der allerdings hin und wieder Wiederholungen und Widersprüche vorkommen.

Trennt man die Erzählstränge wieder, so erhält man zwei mehr oder weniger durchlaufende Berichte – einen mit Jahwe und einen mit Elohim als Gottesname. Dabei lösen sich meist auch die Widersprüche auf, die man bisher in den fünf Büchern nicht erklären konnte und die man im wahrsten Sinne als gottgegeben hingenommen hatte.

Die zwei Erzählungen vom Dornbusch

Gliedert man die Geschichte vom brennenden Dornbusch in eine Jahwisten- und eine Elohistenerzählung, wird plötzlich klar, warum Moses nach dem Namen seines Vätergottes fragt, obwohl er in der Gesamtgeschichte schon früher oft genug genannt wurde: Es ist nur der Moses des Elohisten, der diese Frage stellt und etwas Neues erfährt, weil sein Gott bisher Elohim war. In der Jahwistenerzählung dagegen fehlt die Frage logischerweise, denn dort ist der Name »Jahwe« ja längst bekannt.

Die Unterscheidung der Quellen löst noch andere Unstimmigkeiten auf. Daß beispielsweise derselbe Gottesberg einmal

Sinai und einmal Horeb heißt, liegt ganz einfach daran, daß jeder Erzähler einen anderen Berg meint. Der Jahwist redet vom Sinai, der Elohist vom Horeb. Der Jahwist gebraucht stets die Formulierung »König von Ägypten«, der Elohist sagt »Pharao«, der Jahwist erwähnt nur die »Ältesten Israels«, während der Elohist vom ganzen Volk spricht. Solche Stileigenheiten verraten also selbst dann die Zugehörigkeit eines Verses zu einem bestimmten Erzähler, wenn gar kein Gottesname vorkommt.

Das wird deutlich, wenn man die ineinanderverschachtelte Dornbuschgeschichte einmal optisch auseinanderrückt. Links steht die Erzählung des Jahwisten, im Deutschen kenntlich an der Umschreibung »Herr« statt Jahwe, rechts die des Elohisten. Einschübe und Überleitungen des Redaktors, also desjenigen, der beide Geschichten zur heute bekannten Fassung vereinigt hat, stehen in Klammern in der Mitte.

Jahwist	Redaktor	Elohist
Mose aber hütete die Schafe Jitros, seines Schwiegervaters, des Priesters in Midian, und trieb die Schafe über die Steppe hinaus.		
		Und kam an den Berg Gottes, den Horeb.
Und der Engel des Herrn erschien ihm in einer feurigen Flamme aus dem Dornbusch. Und er sah, daß der Busch im Feuer brannte und doch nicht verzehrt wur-		

Jahwist	Redaktor	Elohist
de. Da sprach er: Ich will hingehen und die wundersame Erscheinung besehen, warum der Busch nicht verbrennt. Als aber der Herr sah, daß er hinging, um zu sehen		
		da rief Gott ihn aus dem Busch und sprach: Mose, Mose! Er antwortete: Hier bin ich.
Und er sprach: Tritt nicht herzu, ziehe deine Schuhe von deinen Füßen; denn der Ort, darauf zu stehst, ist heiliges Land!		
		Und er sprach: Ich bin der Gott deines Vaters, der Gott Abrahams, der Gott Isaaks und der Gott Jakobs. Und Mose verhüllte sein Angesicht, denn er fürchtete sich, Gott anzuschauen.
Und der Herr sprach: Ich habe das Elend meines		

Jahwist	Redaktor	Elohist
Volkes in Ägypten gesehen und ihr Geschrei über die Bedränger gehört; ich habe ihre Leiden erkannt. Und ich bin herniedergefahren, daß ich sie errette aus der Ägypter Hand und sie herausführe aus diesem Land in ein gutes und weites Land, in ein Land, darin Milch und Honig fließt.		
	(in das Gebiet der Kanaaniter, Hethiter, Amoriter, Perisiter, Hewiter und Jebusiter)	
		Weil denn nun das Geschrei der Kinder Israel vor mich gekommen ist und ich dazu ihre Not gesehen habe, wie die Ägypter sie bedrängen, so gehe nun hin, ich will dich zum Pharao senden, damit du mein Volk, die Kinder Israel, aus Ägypten führst. Mose sprach zu

Jahwist	Redaktor	Elohist
		Gott: Wer bin ich, daß ich zum Pharao gehe und führe die Kinder Israel aus Ägypten? Er sprach: Ich will mit dir sein. Und das soll dir das Zeichen sein, daß ich dich gesandt habe: Wenn du mein Volk aus Ägypten geführt hast, werdet ihr Gott opfern auf diesem Berge. Mose sprach zu Gott: Siehe, wenn ich zu den Kindern Israel komme und spreche zu ihnen: Der Gott eurer Väter hat mich zu euch gesandt! Und sie mir sagen werden: Wie ist sein Name, was soll ich ihnen sagen? Gott sprach zu Mose: *Ich werde sein, der ich sein werde.* Und sprach: So sollst du zu den Kindern Israel sagen: *Ich werde sein*, der hat mich geschickt.

Jahwist	Redaktor	Elohist
		Und Gott sprach weiter zu Mose:
	(so sollst du zu den Kindern Israel sagen: Jahwe, der Gott eurer Väter, der Gott Abrahams, der Gott Isaaks, der Gott Jakobs, hat mich zu euch gesandt. Das ist mein Name auf ewig, mit dem man mich anrufen soll von Geschlecht zu Geschlecht).	
Darum gehe hin und versammle die Ältesten von Israel und sprich zu ihnen: Der Herr, der Gott eurer Väter, ist mir erschienen, der Gott Abrahams, der Gott Isaaks, der Gott Jakobs, und hat gesagt: Ich habe mich euer angenommen und gesehen, was euch in Ägypten widerfahren ist und habe gesagt: Ich will euch aus dem Elend Ägypten führen		

Jahwist	Redaktor	Elohist
	(in das Land der Kanaaniter, Hethiter, Amoriter, Perisiter, Hewiter und Jebusiter)	
in das Land, darin Milch und Honig fließt. Und sie werden auf dich hören. Danach sollst du mit den Ältesten Israels hineingehen zum König von Ägypten und zu ihm sagen: Der Herr, der Gott der Hebräer, ist uns erschienen. So laß uns nun gegen drei Tagereisen weit in die Wüste, daß wir opfern dem Herrn, unserm Gott.		

Die Quellen und die Wissenschaft

Mit unendlicher Mühe haben die Wissenschaftler jeden einzelnen Satz des Pentateuch auf seine Zugehörigkeit zu einer der Quellen untersucht, ohne freilich immer zu eindeutigen Ergebnissen zu kommen.

Die Schwierigkeit war, daß es nicht nur den Jahwisten und den Elohisten gab. Schon Astruc, der Hofarzt, hatte ja bemerkt, daß es mindestens noch einen dritten Erzählstrang gibt. Dieser war vor allem auf Gesetzesvorschriften, detaillierte Beschreibung von

Kultgeräten und die Wiedergabe von Stammbäumen, kurz: auf das spezialisiert, was die Bibel stellenweise so langweilig und unlesbar macht. Da er offenbar von Priestern geschrieben war, nannte man ihn Priesterkodex oder Priesterschrift. Auch ihn konnte man wieder in einzelne Überlieferungen auflösen, so daß man, zusammen mit den verschiedenen anderen Quellen, allmählich ein buntes Gewirr von ineinander verdrehten Fäden hatte.

Bald lasen sich theologische Abhandlungen über den Pentateuch wie eine Sammlung chemischer Formeln. Da unterschied man den Jahwisten in J_1 und J_2, den Elohisten E, den Priesterkodex P^G und P^S sowie den Redaktor R, um nur einige Kürzel anzuführen. So nicken Kenner beifällig bei Sätzen wie: »E steht viel näher bei J als bei P und ist von J... oft viel weniger leicht zu unterscheiden als JE gemeinsam von P.«

Die Erkenntnisse, die man bei dieser Textzertrümmerung gewann, brachten nicht nur das Ende einer naiven Bibelgläubigkeit, die gern alles wörtlich nahm, sondern lösten neue Fragen aus. Wenn es schon verschiedene Quellen gab: Wann und wo waren sie entstanden, wann und warum waren sie mehr oder weniger gewaltsam vereinigt worden, wenn sie doch noch nicht einmal vom selben Gott sprachen?

Einen Teil der Fragen beantworten die Quellen selbst, zum Beispiel die Frage, wo sie entstanden sein könnten. So berichtet der Elohist immerhin von Ereignissen, die im Norden Palästinas spielen. Dafür fehlen bei ihm wichtige Episoden, die im Süden oder in der Wüste handeln. Beim Elohisten erfahren wir beispielsweise nichts über den Erzvater Abraham und Frau Lot, es fehlt die Josefsgeschichte, es fehlen die Erzählungen über die ägyptischen Plagen und die eigentliche Wüstenwanderung.

All das wiederum bringt der Jahwist, so daß man mit einiger Sicherheit die Elohim-Tradition mehr in den Norden und die Jahwe-Überlieferung mehr im Süden ansiedeln kann. Mit anderen Worten: Der Gott El stammt offenbar aus dem palästinensisch-syrischen Raum, der Gott Jahwe aus dem Wüstengebiet.

Beide Erzähltraditionen haben auch unterschiedliche Tendenzen. Der Elohist betont im ganzen mehr die Gottesfurcht, während es der Jahwist, mit den Worten eines Lexikons, eher darauf anlegt, »das Werden Israels in der Funktion eines Großreichs in der Heilsgeschichte von der Schöpfung bis zur Landnahme zu verankern«. Und schließlich kann man auch die ungefähre Zeit der Entstehung aus einzelnen Texthinweisen erschließen, wenn sich etwa der Elohist mit bestimmten datierbaren nordkanaanäischen Fragen auseinandersetzt.

Allgemein gilt der Jahwist als die älteste Quelle. Sie ist etwa in der Zeit zwischen 900 bis 850 v.Chr. entstanden. Der Elohist ist etwas jünger und wird meist im 8. Jahrhundert datiert. Der Priesterkodex, der einen vollentwickelten Kult voraussetzt und den Jahwisten und Elohisten nicht ergänzen, sondern ersetzen will, ist eindeutig ein Werk der israelischen Spätzeit. Es entstand etwa zur Zeit des Exils im 6. oder 5. Jahrhundert v.Chr., ist also von der mosaischen Zeit am weitesten entfernt. Erst danach sind die drei Quellen vom Redaktor, den man sich freilich nicht als einen einzelnen Menschen vorstellen muß, zu der Form zusammengeschoben worden, die wir heute in der Bibel finden.

Die Entstehungsgeschichte macht deutlich, warum der Pentateuch aus so unterschiedlichen Elementen besteht, die verschiedene Tendenzen verfolgen und daher die Rekonstruktion der historischen Ereignisse erschweren oder gar unmöglich machen. Es sind Tendenzberichte verschiedener Stämme aus unterschiedlichen Zeiten, eine Mischung aus zuvor mündlich überlieferten Sagen und Erzählungen und einer riesigen Rückprojektion, die einem aus mehreren Stämmen zusammengewachsenen Volk Israel eine allen gemeinsame Geschichte und ein Nationalepos mit dem Helden Moses schaffen wollte.

Die Quellen und Moses

Die Kenntnis der Entstehungsgeschichte dürfte uns nun endgültig die Naivität genommen haben, mit der wir vielleicht am Anfang noch an den »Mann Moses« herangegangen sind. Von welchem Moses und von welcher Geschichte Israels rede ich eigentlich? Meine ich den Moses des Jahwisten oder den des

Elohisten? Jeder für sich genommen ist nur ein Teil, zusammengenommen ergeben sie aber kein klares Bild, so unterschiedlich sind Absicht, Darstellung und Inhalt der einzelnen Überlieferungen.

Ich muß also zwangsläufig auswählen und werten, muß versuchen, Widersprüche aufzulösen und das Wahrscheinliche darzustellen, denn – so der Göttinger Alttestamentler Rudolf Smend: »Der Weg, auf dem sich die Wissenschaft heute einer Gestalt von der Art des Moses hauptsächlich nur nähern kann, ist ein Subtraktionsverfahren. Man geht davon aus, daß die Tradition über eine solche Gestalt im Laufe der Zeit gewachsen ist. Der große Name hat aus mancherlei Gründen vieles an sich gezogen, was ursprünglich nichts mit ihm zu tun hatte, und wurde in Bereiche eingeführt, die ihm eigentlich fernlagen.«

Das heißt: Um zum geschichtlichen Kern zu kommen, muß man alles weglassen, was eine lange Tradition später an Geschichten, Legenden und Erfindungen hinzugefügt hat. Immerhin waren Jahrhunderte vergangen zwischen dem Leben des Moses und der Zeit, in der die endgültige Niederschrift der Bibel erfolgte.

Die saubere Trennung der verschiedenen Quellen und ihrer Entstehungszeiten ist dabei eine gewisse Hilfe. So hat etwa die Gesetzgebung des Priesterkodex nachweislich nichts mit Moses zu tun – ausgerechnet das also, was man ja gerade mit seinem Namen verbindet: das »mosaische Gesetz«. Sekundär, also später hinzugefügt, sind typische Motive wie die Schilfkörbchengeschichte und uralte mythische Elemente, deren Sinn wir heute oft nicht mehr erfassen können. Aber so wenig das alles mit dem historischen Moses zu tun hat – es hilft uns, den Menschen und seine Zeit zu verstehen, denn »man kann auch eine erfundene Geschichte von einem bestimmten Mann nur dann erzählen, wenn sie auf ihn paßt«.

Wir begreifen jetzt, daß der wahre Moses womöglich überhaupt nicht dem Mann ähnlich sieht, den die Bibel beschreibt und den die fromme Tradition übernommen hat. Und wir sind jetzt noch mehr darauf vorbereitet, daß die Bibel nicht naiv und gradlinig von Moses erzählt, sondern daß sie damit etwas ausdrücken will und daß oft darin verborgene Tendenzen mit-schwingen, deren Absicht man entschlüsseln muß, wenn man sie ganz verstehen will.

Die Geschichte vom Dornbusch, der wir uns jetzt nach dem kurzen Einblick in die alttestamentliche Wissenschaft wieder zuwenden, ist ein gutes Beispiel dafür.

Moses der Stammler

So wie es die Bibel erzählt, hat die Geschichte vom Dornbusch einen doppelten Zweck: Zum einen wird der neue Gott Jahwe vorgestellt, zum anderen erhält Moses den Auftrag, die in Ägypten lebenden Israeliten ins »Gelobte«, d.h. ins versprochene Land Kanaan zu führen.

Aber wie in einem Traum sind auch noch verdrängte Motive und vergessene Erinnerungen hinein verwoben und geradezu übereinanderkopiert. Wie bei der Traumanalyse zeigt sich auch hier hinter der vordergründigen Erzählung noch eine andere Handlung; zumindest Teile von ihr sollen oder wollen etwas ganz anderes ausdrücken.

Der Vordergrund

Vorn auf der Bühne folgt nach dem Anruf Gottes und seinem Auftrag der dritte Teil des Rituals: die Verweigerung. Wie alle anderen Propheten vor und nach ihm will Moses den Auftrag nicht annehmen. In der Version des Elohisten geschieht dies mit allgemeinen Worten: »Siehe, sie werden mir nicht glauben und nicht auf mich hören…« Daraufhin beginnt Gott zu zaubern, um Moses Mut zu machen. Der Stab des Moses verwandelt sich in eine Schlange und wieder in einen Stab zurück, seine Hand wird vorübergehend »aussätzig wie Schnee«. Mit diesen Wunderzeichen, so versichert Gott, werde Moses die »Kinder Israel« schon von seinem Auftrag überzeugen können.

In der älteren Version des Jahwisten weigert sich Moses dagegen mit dem Hinweis auf ein körperliches Gebrechen: »Ach, mein Herr, ich bin von jeher nicht beredt gewesen, auch jetzt nicht, seitdem du mit deinem Knecht redest; denn ich habe eine schwere Sprache und eine schwere Zunge.« Doch auch hier läßt Jahwe keinen Widerspruch zu und tröstet ihn: »Ich will mit deinem Munde sein und dich lehren, was du sagen sollst.«

Was die Bibel hier ganz naiv erzählt, ist so unglaublich, daß man es für eine Erfindung halten möchte: Ein stotternder Prophet und ein stammelnder Volksführer passen nun einmal nicht ins Heldenschema. Aber nach der Regel, daß gerade derart negative Details noch am ehesten einen historisch wahren Kern haben und die Erinnerung an eine bestimmte Person festhalten, kann die »schwere Zunge« und die »schwere Sprache« nicht aus dem allgemeinen Baukasten für Heldengeschichten stammen. Denn warum sollte ein Volk seinen verehrten Helden nachträglich mit derart negativen Zügen ausstatten?

Was aber heißt »schwere Zunge« genau? Die jüdischen Sagen, auch hier wieder zur Stelle, wenn es Seltsames zu erklären gilt, führen den Fehler auf eine Verletzung zurück. Eines Tages habe dem Pharao geträumt, der kleine Moses an seinem Hof werde ihn eines Tages verdrängen, da sich der Dreijährige bereits schon einmal die Krone aufgesetzt habe. Man beschließt, einen Test zu machen und glühende Kohlen und Edelsteine vor das Kind zu stellen. Greift es nach den Edelsteinen, dann besteht die Furcht zu Recht; greift der kleine Moses aber nach den glühenden Kohlen, dann hatte er sich die Krone aus kindlichem Unverstand aufgesetzt. Dann heißt es weiter: »Pharao ließ nunmehr einen Edelstein und eine glimmende Kohle holen, und der Knabe wollte die Hand nach dem Edelstein ausstrecken; allein der Engel lenkte die Hand des Kindes, daß es die Kohle ergriff, und sie brannte in seiner Hand. Er steckte sie noch in den Mund, und sie versehrte ihm Lippen und Zunge; das ist der Grund, daß er eine schwere Sprache bekam.«

Was hier gemeint ist, wäre eine undeutliche, unsauber artikulierte Sprache, just eben jenes »mauscheln«, das sich über den Spitznamen »Moische« für den mittelalterlichen Handelsjuden ironischerweise tatsächlich vom Namen Moses ableitet. Eine stockende Redeweise ist damit aber offenbar nicht gemeint.

Ganz anders bei Mohammed, der Moses und die Erzväter als seine Vorläufer begriff und viel von ihnen im Koran erzählt hat. Mohammed ist offensichtlich der Meinung gewesen, daß Moses stotterte. Ganz plastisch erzählt er in der 20. Sure die Berufung am Dornbusch und läßt dann Moses sagen: »Herr! Weite mir die Brust und mach es mir leicht und löse einen Knoten von meiner Zunge, damit die Leute verstehen, was ich sage.«

Besser kann man das Stottern kaum beschreiben, das nach den Worten eines Lexikons »durch unkoordinierte Bewegungen der Atmungs-, Stimm- und Artikulationsmuskulatur« zustande kommt und meist durch Angst und zu strenge Erziehung hervorgerufen und fixiert wird. Daß wiederum Angst zu Beklemmungen und Atemnot führt, weiß der Psychologe längst. Daher heißt die Bitte »Weite mir die Brust« im Grunde nichts anderes, als nimm mir die Angst, damit ich frei und ungehindert reden kann. Mohammed liefert in seiner Geschichte also die Therapie gleich mit.

Angenommen, die schwere Sprache und die schwere Zunge sind eine echte Erinnerung an sein Stottern, dann hätten wir hier ein biographisches Detail entdeckt, daß der Elohist in seinem späteren Bericht schon unterdrückt hat. Wir müßten uns Moses jetzt als einen Mann vorstellen, der durch eine zu strenge Erziehung sprechgehemmt und dadurch sicherlich auch bis zu einem gewissen Grade kontaktgehemmt war.

Das ist zwar eine merkwürdige Vorstellung, aber sie widerspricht nicht unbedingt der Rolle, die Moses gespielt hat. Es gibt genug Beispiele, daß Sprechgehemmte dieses Manko auf anderen Gebieten und durch andere Fähigkeiten kompensiert haben. So könnte es sein, daß Moses weniger gesprochen, aber dafür mehr verinnerlicht und nachgedacht hat. Es könnte auch sein, daß er in der selbstgewählten Einsamkeit religiösen Gedanken eher offenstand als andere. Vielleicht wurde Moses gerade deshalb zum Anführer, weil er sich nach Anerkennung und Gemeinschaft sehnte. Dabei könnte ihm sein Sprechfehler sogar geholfen haben: Das prophetische Stammeln hat eine uralte Tradition, denn aus ihm spricht die göttliche Ergriffenheit.

Wie dem auch sei: Unbeholfenheit im Ausdruck, ein Sprachfehler oder richtiges Stottern – Moses hatte Schwierigkeiten, sich verständlich zu machen. Dieses Detail aber war für die Bibel ein hochwillkommener Anlaß, zwei Erzählstränge miteinander zu verbinden, die vorher nichts miteinander zu tun hatten, und

damit einen Mann nahe an Moses heranzurücken, der eher sein
Gegenpart war: Aaron.

Der Hinter-Gedanke

Noch immer geht vorn auf der Bühne der Dialog zwischen Gott
und Moses ganz logisch weiter. Wenn Moses sich nur schwer
verständlich machen kann, dann ist Gott gleich mit einem guten
Einfall zur Hand. »Weißt du denn nicht, daß ... Aaron aus dem
Stamme Levi beredt ist? ... Du sollst zu ihm reden und die
Worte in seinen Mund legen ... Er soll für dich zum Volk
reden.« Der Levit Aaron soll also Moses' Sprachrohr sein. Das
klingt recht vernünftig. Die Geschichte wird aber in dem Augenblick merwürdig, wenn ich ein Wort einfüge, daß ich im Zitat
eben ausgelassen habe. Der Satz heißt vollständig: »Weißt du
denn nicht, daß *dein Bruder* Aaron aus dem Stamme Levi beredt
ist?«

Hier ist ein Wort zuviel. Um Moses an seinen Bruder zu
erinnern, muß ihm Gott nicht mitteilen, daß dieser vom Stamme
Levi ist. Auch dürfte Moses längst wissen, daß »sein Bruder«
Aaron beredt ist. Das Ganze erinnert an Trivialromane aus dem
letzten Jahrhundert, in denen ausgelassene Informationen gern
mit Einschiebseln nachgeholt werden wie: »Dein Vater, der ja,
wie du weißt, ein reicher Fabrikant ist...«

Der Unterschied liegt darin, daß in der Bibel nichts Ausgelas-
senes nachgeholt, sondern mit dem Wort »Bruder« etwas ganz
und gar Neues eingefügt worden ist. Zwar wird Aaron in der
Bibel noch öfter als Bruder des Moses bezeichnet; wir erinnern
uns aber, daß die angeblichen Geschwister Aaron und Mirjam
aus einer späteren Quelle, der Priesterschrift, stammen. Moses
hatte, darin ist man sich einig, in Wirklichkeit weder einen
Bruder Aaron noch eine Schwester Mirjam. Er mag andere
Geschwister gehabt haben, aber dann kennen wir ihre Namen
nicht. Die Frage ist also: Warum werden die beiden immer
wieder dem Moses als Geschwister zugeordnet, und warum
versucht die Bibel hier, dem Aaron eine Aufgabe zuzuweisen,

die er später gar nicht erfüllt? Denn allzuoft fehlt Aaron bei entscheidenden Ereignissen. Beim Pharao und bei den zehn Plagen ist er durchaus nicht immer als Sprecher des Moses dabei, und wenn, kann man leicht den späteren Zusatz erkennen. Beim Durchzug durch das geteilte Meer wird er überhaupt nicht erwähnt. Dagegen tritt er am Gottesberg geradezu als Widersacher des Moses auf, indem er dem Volk das Goldene Kalb gibt und es anbeten läßt. Zusammen mit Mirjam macht er später dem Moses Vorwürfe wegen dessen Führerrolle, wofür Mirjam bestraft wird, Aaron, der spätere Hauptpriester aus dem Stamme Levi, aber nicht.

Die Antwort finden wir wie beim Traum nicht im vordergründigen Geschehen, sondern in verdrängten Ereignissen, die aber in verschlüsselter Form noch wirksam sind: An anderen Moseserzählungen können wir ablesen, daß Aaron eine ganz andere Gottesvorstellung als Moses hatte. Das Goldene Kalb ist ein deutlicher Hinweis darauf. Wir können auch mit einiger Sicherheit erkennen, daß Aaron offenbar der Anführer einer eigenen Gruppe war, die sich erst später mit der Mosesschar vereinigt hat: daher der Streit um die Führungsrolle. In der Rückschau wurde diese Konkurrenz zwischen Moses und Aaron als peinlich empfunden. In der Erzählung vom Dornbusch soll sie nachträglich vertuscht werden, indem Aaron von vornherein der großen Vaterfigur Moses untergeordnet und ihm nur eine Dolmetscherrolle zugebilligt wird. Das geschieht mit der geradezu blasphemisch wirkenden Formulierung: »Er soll dein Mund sein, und du« – Moses – »sollst für ihn Gott sein.« H. Seebass sieht daher in Aaron den Repräsentanten eines ursprünglich fremden Glaubens, den man »nur so aufnehmen konnte, daß man dessen sakrale Vertreter aufs schärfste an M[oses] band, ohne seine Notwendigkeit für die sakrale Grundlage zu leugnen«.

Während also vorn auf der Bühne Moses einen Helfer bekommt, läuft im Hintergrund das eigentliche historische Ereignis ab: Aaron wird entmachtet. Während vorn die Bibel Gott vom »Bruder Aaron« reden läßt, werden hinter den Kulissen eilig Genealogien umgeschrieben. Denn in der orientalischen Denkweise der Bibel werden Gemeinsamkeiten bildlich durch enge

Verwandtschaft dargestellt. Die Geschlechtsregister sind nichts anderes; da werden Stammesverwandtschaften durch die Verwandtschaft der Urväter ausgedrückt: Weil Semiten und Hamiten miteinander verwandt sind, gelten Sem und Ham als Brüder. So zeigt hier die Bezeichnung »Bruder« symbolisch und »mit aller Deutlichkeit« an, »daß beide Volksgemeinden zusammengewachsen sind und so ›Brüder‹ wurden«.

Bei diesem Simultanspiel auf verschiedenen Ebenen wird uns in der Geschichte vom Dornbusch viel mehr mitgeteilt, als wir am Anfang vermutet haben. Wie beim echten Traum sind es auch hier die Gedanken hinter der Fassade, die die Bilder vor der Fassade bestimmen. Denn das Vordergründige im Traum ist oft weniger wichtig als das scheinbar unwichtige Detail im Hintergrund, das von der Traumzensur zurückgedrängt wird: Weil es der Hinter-Gedanke der Geschichte ist, Aaron dem Moses von vornherein unterzuordnen, wird er auf der Bühne zum Interpreten des redegestörten Moses. Weil Aaron ein Widersacher des Moses war, macht die Geschichte sie zu Brüdern und täuscht Harmonie und Einigkeit vor.

Busch und Berg

Es kann uns nun kaum noch verwundern, daß in der Geschichte vom Dornbusch noch ein weiterer verborgener Gedanke steckt, der das sichtbare Bild bestimmt. Wie beim Traum gelingt die Entschlüsselung diesmal über ein Wortspiel. Gegenstand des Puzzles ist der Dornbusch selbst. Für gewöhnlich nimmt man einfach als gegeben hin, daß Gott in einem Strauch erschienen ist, obwohl das ein etwas bescheidener Ort für eine Theophanie, eine Gotteserscheinung, ist. Aber warum nicht, in der leeren Wüste gibt es keine große Auswahl.

Auffälliger ist schon der Name des Busches. Nur hier in dieser Geschichte und dann noch einmal in einer Parallele im fünften Mosesbuch wird dieser Strauch mit den Lautzeichen »snh« – gesprochen »sneh« – bezeichnet und meint etwas Spitziges, denn das dazugehörige Verbum bedeutet »schärfen«, »zuspitzen«.

Vom selben Wort aber gibt es noch eine andere Ableitung, die fast genauso ausgesprochen, aber mit einem anderen S-Laut geschrieben wird. Es ist das Wort »sn« – sprich »schen« –, das »Zahn«, aber auch »Bergspitze« bedeutet und damit wie im Französischen den Berggipfel mit einem spitzen Zahn vergleicht: Die »Dents zu Midi«, die »Mittagszähne«, heißt eine Gipfelkette südlich des Genfer Sees.

Wir kennen bereits zur Genüge die Naivität, mit der die Bibel Namen zu erklären sucht. Der Dornstrauch Sneh stand am Gottesberg, der mal Horeb, oft aber auch Sinai genannt wird. Sneh, Sinai und Schen: Ist der brennende Dornbusch nur eine verdeckte Anspielung auf den Sinai, eine Verdichtung auf Grund einer Klangähnlichkeit und einer Doppeldeutigkeit von Spitz, Zahn und Berg? Brennende Berge, die nicht verbrennen, sind jedenfalls ohne Wunder herstellbar: Jedes Alpenglühen schafft das imposanter als der etwa ein Meter hohe Dornbusch.

Wenn das keine »geistreiche Spielerei« ist, wie manche meinen, dann würde in der Tat die Geschichte vom Dornbusch einen tieferen Zusammenhang zwischen der Berufung des Moses in der Wüste und der Gesetzgebung auf dem Berg Sinai offenbaren.

Nach dem Erlebnis am Dornbusch kehrte Moses wieder zu den Zelten des midianitischen Priesters zurück, um nun, wie einst Sinuhe, wieder nach Ägypten zu ziehen, denn – so hatte ihm Gott gesagt: »Die Leute sind tot, die dir nach dem Leben standen.« So endete die Zeit in Midian, wie sie begonnen hatte: mit einer Idylle. »So nahm Mose seine Frau und seinen Sohn und setzte sie auf einen Esel und zog wieder nach Ägyptenland.«

Zippora und die Beschneidung

Diese beschauliche Szene wird jäh unterbrochen, denn nun geschieht etwas Unheimliches und Unerklärliches: »Als Moses unterwegs übernachtete, kam ihm Jahwe entgegen und wollte ihn töten…«

Manche meinen, die Geschichte stünde an der falschen Stelle

und gehöre eigentlich vor die Gottesoffenbarung am Dornbusch, denn warum sollte Gott eben den umbringen, dem er sich gezeigt und den er gerade nach Ägypten geschickt hatte? Aber wo man die Geschichte auch hinstellt, sie paßt an keine Stelle, denn sie ist ein Stück mythisches Urgestein aus einer Zeit weit vor Moses.

Ihr Ziel ist es offensichtlich, die Beschneidung zu begründen, denn durch sie wird der Angriff auf Moses abgewehrt: »Da nahm Zippora einen scharfen Stein und beschnitt ihrem Sohn die Vorhaut und berührte damit seine [wessen?] Scham und sprach: ›Du bist mir ein Blutbräutigam.‹ Da ließ er von ihm ab. Sie aber sagte Blutbräutigam um der Beschneidung willen.«

Das berührt eine dunkle, uns nicht mehr verständliche Symbolik, die zu den verschiedensten Deutungen Anlaß gegeben hat. Die entscheidende Frage ist, wessen Scham berührt wurde. Wenn Moses gemeint ist, dann wäre er nicht beschnitten gewesen und die symbolische Berührung könnte den Makel beseitigt haben. Andere glauben, Zippora habe das Glied des Gottes berührt, um sich dem als Dämon empfundenen Gott symbolisch hinzugeben – eine Anschauung, die bei den alten Fruchtbarkeitskulten durchaus nicht so ungewöhnlich war. Aber was hat das in der Bibel verloren? Der Grund könnte sein, daß der Jahwist die Beschneidung auf Zippora zurückführt. Damit stünde wieder der Priester von Midian im Hintergrund, und es ginge hier darum, seinen Einfluß auf den Jahwekult zu schildern.

Der Elohist dagegen verlegt die Beschneidung nach Ägypten, wo sie die Israeliten übernommen hätten. Der gleichen Ansicht ist auch Herodot. Das kann richtig sein, denn die Beschneidung war bei den Ägyptern schon im Altertum ein fester Brauch. So zeigt eine ägyptische Darstellung in einem Grab bei Sakkara etwa aus dem Jahre 2500 v. Chr. die Beschneidung bei jungen Männern. Allerdings haben weder die Ägypter noch die Edomiter, Ammoniter und Moabiter diesem Mannbarkeitsritus eine so überragende Bedeutung zugemessen wie die Israeliten.

Die Beschneidung, heute geradezu das Kennzeichen der Juden, ist allerdings erst viel später, nämlich während der Zeit des Babylonischen Exils, in seiner ganzen Konsequenz durchgesetzt worden. Sie diente ganz äußerlich als Unterscheidungsmerkmal gegenüber den »unsauberen« Babyloniern und Assyrern, bei denen die Beschneidung nicht üblich war. Erst um diese Zeit wurde die Einführung der Beschneidung vom Priesterkodex in die Erzväterzeit verlegt und als »Zeichen des Bundes« dargestellt, den Gott mit Abraham geschlossen hat. Das ist mit Sicherheit aber nicht der ursprüngliche Sinn der Beschneidung, auch wenn es umstritten ist, was einstmals überhaupt zur Beschneidung geführt hat. Die hygienischen Gründe, die seit Herodot meist als erstes angeführt werden, waren gewiß nicht ausschlaggebend.

Die nächtliche Szene mit Zippora muß etwas Symbolisches darstellen, etwas, das mit dem Sexuellen zu tun hat. Der »Blutbräutigam« könnte die Blutung bei der Entjungferung meinen, die beim Mann symbolisch durch die Beschneidung nachvollzogen würde. Andere erklären, die Beschneidung sei eingeführt worden, weil man in ihr eine Förderung der Fruchtbarkeit sah, was nachweislich Unsinn ist. Allenfalls, so liest man, soll sich durch die Beschneidung der Samenerguß hinauszögern, da die Reibungsfläche kleiner ist.

Sigmund Freud sieht es weniger vom Lustgewinn her, er geht noch eine Stufe weiter zurück. Er meint, die Beschneidung sei ein symbolischer Ersatz für die Kastration, in der noch eine primitive Furcht des alternden »Hordenvaters« vor der nachwachsenden männlichen Konkurrenz zum Ausdruck komme. Gott als Überprojektion des Hordenvaters würde dann jedem nach dem Leben trachten, der sich der symbolischen Kastration nicht unterzieht.

Aber was auch immer der wahre Grund für die Einführung der Beschneidung gewesen sein mag – daß diese nächtliche Bedrohung durch Gott als letzte Begebenheit geschildert wird, bevor Moses das Gebiet von Midian verläßt und nach Ägypten zurückkehrt, ist unbegreiflich und unheimlich zugleich. Da geht der Mann Gottes hin, um einen Auftrag zu erfüllen, und Jahwe will ihn töten. Warum hat die Bibel diese Stelle bewahrt, hier am Wendepunkt in der Geschichte dieses Mannes? Denn jetzt erst beginnt das eigentliche Lebenswerk des Moses: der Exodus und die lange Wanderung durch die Wüste ins Gelobte Land.

DER EXODUS

Die Habiru und die Fronarbeit

Wie lange die Kinder Israel bereits in Ägypten saßen, bevor Moses kam, um sie herauszuführen, kann man nur vermuten, denn die Zahlen, die die Bibel angibt, klingen abenteuerlich, und andere haben wir nicht. Weder der Termin der Einwanderung nach Ägypten, der Eisodos, noch der in der Bibel so spektakulär geschilderte Exodus haben in den ägyptischen Annalen ihren Niederschlag gefunden. Es gibt aber bestimmte Details der biblischen Geschichten, aus denen auf bekannte historische Situationen geschlossen und so eine ungefähre Datierung vorgenommen werden kann.

Die Hyksos

Im ersten Mosesbuch (47) heißt es, daß Josef nach seiner Verschleppung nach Ägypten dort zu Ehren kam und eine hohe Staatsstellung bekleidete. Obwohl in der ganzen Josefsgeschichte kein bestimmter Pharao genannt wird, wird die hohe Stellung Josefs allgemein doch als willkommener Hinweis auf eine Datierungsmöglichkeit verstanden. Der Gedankengang ist einleuchtend: Da die Ägypter die Kleinviehnomaden als »Sandläufer« verachteten und es sogar ausdrücklich in der Bibel heißt: »Alle Viehhirten sind den Ägyptern ein Greuel«, ist es ziemlich unwahrscheinlich, daß eben ein solcher Abkömmling von »Sandbewohnern« in Ägypten zu einer bedeutenden Stellung aufsteigen und seine ganze Familie nachholen konnte, wie es von Josef erzählt wird. Aber offensichtlich war das Unwahrscheinliche doch möglich geworden. Als Josef mit seiner Familienabordnung vor den Pharao kam und alle sofort erzählten, sie seien kleine Viehhirten, antwortete der Pharao: »Das Land Ägypten steht dir offen, laß sie am besten Ort des Landes wohnen.« Damit war das östliche Nildelta gemeint, das biblische Land Goschen, fruchtbares Acker- und Weideland, das zur Kornkammer des Landes gehörte.

Welcher ägyptische Pharao sollte dieses wertvolle Land einfach so wegschenken? Nun gab es aber eine Epoche, in der in Ägypten gar keine ägyptischen Pharaonen regierten, sondern die Heka-chaschut, die »Herrscher der Fremdländer«. Die Heka-chaschut, von dem ägyptischen Priester und Geschichtsschreiber Manetho im 3. vorchristlichen Jahrhundert zu »Hyksos« gräzisiert, hatten Ägypten unterworfen und fast zweihundert Jahre lang beherrscht. In der modernen ägyptischen Chronologie

Adlige Hyksosdamen. Wandmalerei. Felsgrab des Chnumhotep, Beni Hasan, 11. Dynastie

Hyksosfürsten auf friedlichem Besuch. Wandmalerei. Felsgrab des Chnumhotep, Beni Hasan, 11. Dynastie

wird diese Epoche als Zweite Zwischenzeit geführt, in der die Hyksos die 15. bis 17. Dynastie bildeten und im Nildelta ihre neue Hauptstadt Avaris bauten.

Woher die Hyksos ursprünglich stammen, kann man nicht genau sagen. Jedenfalls kamen sie von Norden und waren offenbar Teil einer großen Völkerbewegung. Ihre Ausbreitung von Anatolien über das Zweistromland bis nach Ägypten verdankten sie dabei einer neuen Kriegswaffe: dem schnellbeweglichen und von Pferden gezogenen Streitwagen. Diese asiatischen Hirtenkönige hatten sich um 1750 v. Chr. zu einem Kriegsbund zusammengeschlossen, hatten Kanaan und die östliche Mittelmeerküste verwüstet und Ägypten besetzt.

Die Josefsgeschichte – wenn sie überhaupt einen echten historischen Kern hat – paßt recht gut in die Zeit der Hyksos hinein, da in dieser Zeit asiatischer Vorherrschaft natürlich auch einzelne jüdische Stämme aus Vorderasien mit nach Ägypten gezogen sein und dort gesiedelt haben könnten. Ja, »manche Forscher nehmen sogar an«, faßt Jerry M. Landay zusammen, »daß es Hyksos-Pharaonen waren, die ihre semitischen Vettern, die Abrahamiten, mit offenen Armen aufnahmen, daß unter den Hyksos ein semitischer Fremder wie Josef der zweite Mann im Staate werden konnte und daß dann ägyptische Edle, die die Hyksos vertrieben, die Hebräer ihrer Vorrechte wieder beraubten und sie versklavten«.

Die Bemerkung der Bibel: »Da kam ein neuer Pharao auf in Ägypten, der wußte nichts von Josef« würde dann bedeuten, daß nach der Vertreibung der Hyksos eine neue – die 18. Dynastie – aufkam, die wieder aus ägyptischen Herrschern bestand und die keinen Anlaß sah, die eingewanderten Israeliten noch länger gut zu behandeln. Wenn das stimmt, dann hätten wir einen sicheren Termin, zu dem die Israeliten bereits in Ägypten saßen. Sie müßten dann vor 1550 v. Chr. nach Ägypten gekommen sein, denn um 1550 wurden die Hyksos besiegt und vertrieben. Stolz konnte Königin Hatschepsut (1490–1468) berichten: »Ich habe auferbaut, was früher in Trümmer gesunken war, da Asiaten mitten in Avaris im Nordland hausten, unter denen sich Landfahrer befanden, die zerstörten, was geschaffen war.«

Allerdings gibt es auch Gegenmeinungen. So verweisen die einen auf gewisse Anachronismen in der Josefsgeschichte und meinen, so genau könne man das alles gar nicht festlegen. Anderen erscheint die Zeit der Einwanderung nach Ägypten zu früh, wenn man den Exodus um das Jahr 1250 ansetzt. Denn das würde bedeuten, daß die Israeliten mindestens dreihundert Jahre in Goschen gewohnt hätten. Wir werden allerdings später noch sehen, ob die Israeliten wirklich erst um 1250 aus Ägypten abgezogen sind oder ob nicht andere Überlegungen zu früheren Terminen führen, die die lange Dauer in Ägypten etwas verkürzen. Die Bibel jedenfalls zeigt mehr Gottvertrauen in die Eigenständigkeit der Kinder Israel als die Gelehrten: Sie redet von 430 Jahren Aufenthalt in Ägypten.

Einigkeit besteht immerhin darüber, daß die Israeliten mehrere Generationen, mindestens aber drei, als Viehzüchter im Nildelta saßen.

Die Habiru

Den »Sandläufern« mußte das Nildelta wie ein Paradies vorkommen. Dort gab es keinen Kampf um Wasserstellen und Weideplätze, es bestand keine Gefahr, daß die Herden verhungerten und man selbst nichts zu essen hatte. Die jährliche Nilüberschwemmung garantierte Wachstum und mit ihrem Schlamm Fruchtbarkeit der Böden, ohne daß man etwas dazutun mußte. Feste Lehmhäuser schützten vor den Unbilden der Witterung, und Palmen spendeten Schatten. Es ist verständlich, daß die Wüstennomaden ein solches Leben an den sprichwörtlichen Fleischtöpfen Ägyptens dem kargen Wüstenleben vorzogen, auch wenn sie in Ägypten nur geduldet, aber nicht geachtet waren. Die soziale Stellung der Israeliten kann man nämlich aus einer Bezeichnung ablesen, die auf Leute niederen Standes – vom Räuber bis zum ehrsamen Handwerker – angewandt wurde. Man nannte sie »Habiru«, was einen sofort an die Hebräer erinnert. Allerdings war damit zunächst kein bestimmtes Volk gemeint. Als der Begriff zum erstenmal im 18. Jahrhundert

v. Chr. auftauchte, verstand man darunter ganz schlicht und einfach Räuber. Von Nordsyrien bis nach Ägypten nannte man in den folgenden Jahrhunderten auch Händler, Tagelöhner, Weinkelterer so. In den Amarnabriefen aus dem 14. Jahrhundert werden mit Habiru aufrührerische Horden an der Ostflanke des ägyptischen Reiches bezeichnet. Nach Ansicht zahlreicher Forscher war es wahrscheinlich so, daß der Name »Habiru« zunächst einen sozialen Status meinte, dann zur Gruppenbezeichnung wurde und schließlich als Volksbezeichnung an den Israeliten hängenblieb.

Die Bibel bestätigt diese Deutung, denn interessanterweise redet das Alte Testament nur dann von Hebräern, wenn es darum geht, sie eindeutig von einem fremden Volk zu unterscheiden, so in den Josefs- und Mosesgeschichten und später beim Kampf gegen die Philister.

Daß die Habiru auch zu Fronarbeiten herangezogen wurden, wissen wir aus der Anweisung eines ägyptischen Beamten unter Ramses II. (1290–1223). Da heißt es: »Man verteile Getreiderationen an die Soldaten und an die Habiru, die Steine zum großen Pylon« – der festungsartigen Torfassade des Tempels – »des Ramses heranschaffen.« Das erinnert an die biblische Erzählung von der Fronarbeit der Kinder Israel: »Man setzte Fronvögte über sie, die sie mit Zwangsarbeit bedrücken sollten. Und sie bauten dem Pharao die Städte Pitom und Ramses als Vorratsstädte.«

Haben wir hier also eine ägyptische Bestätigung, daß die Hebräer tatsächlich, wie es in der Bibel beschrieben wird, diese Städte gebaut haben? Zumindest ist es ein seltsamer Zufall, daß dies die einzige Stelle in einem ägyptischen Dokument ist, in dem Habiru und Ramses in einem ähnlichen Zusammenhang erwähnt werden wie in der Bibel die Hebräer und die Stadt Ramses.

Auf der Suche nach Piramesse und Pitom

Von jeher hat man deshalb versucht, die genaue Lage der Fronstädte Pitom und Ramses festzustellen, denn dort saßen offenbar die Kinder Israel und von dort muß der Exodus seinen Ausgang genommen haben. Doch im Laufe der Jahrhunderte hat sich Schlammschicht auf Schlammschicht abgelagert, in hundert Jahren bis zu neun Zentimeter Dicke. Selbst die Grundmauern von steinernden Palästen sind auf diese Weise verschwunden, und die Ausgrabungen reichen heute bis unter den mittleren Grundwasserspiegel, sofern die Siedlungen nicht auf den charakteristischen Sandinseln, den Geziras, lagen. Die Geziras, die aus urgeschichtlichen Ablagerungen bestehen, erheben sich heute nur noch wenige Meter über das flache Schwemmland und bildeten damals wie heute die bevorzugten Wohnplätze für Menschen und Vieh, da alles übrige Land bis zum Bau des Assuanstaudamms jährlich für Wochen unter dem Wasser verschwand. Die Geziras sind bis heute unfruchtbare Gebiete, höchstens mit Büschelgras, Gestrüpp und Palmen bestanden, weil das Grundwasser nicht bis in die oberen Schichten reicht.

Man wußte nur, daß schon Sethos I., der Vater von Ramses II., begonnen hatte, an der Stelle der alten Hyksosstadt Avaris im Nildelta eine neue Residenz zu errichten. Ramses II. hat sie dann in seiner schier endlosen, 67 Jahre dauernden Regierungszeit ausgebaut und sie Per Ramses meriamun, »Haus des Ramses, geliebt von Amun«, genannt. Die neue Residenz, in der Bibel Raamses, sonst meist Ramesse oder Piramesse genannt, ersetzte die alte Hauptstadt Theben, die über fünfhundert Kilometer vom Delta entfernt am oberen Nil lag. Mit der Verlagerung des Regierungssitzes kam zum Ausdruck, daß in jener Zeit Politik und Wirtschaft stark nach Asien, d.h. zum östlichen Mittelmeergebiet bis hin zu den Hethitern in der (heutigen) Türkei ausgerichtet waren.

Es war eine Residenz, »wo man angenehm lebt«, heißt es in alten Hieroglyphentexten, mit »leuchtenden Gemächern von Lapislazuli und Malachit«, mit Teichen voll von Fischen und süßem Wein, »der den Honig übertrifft«. Vor allem aber war

Piramesse eine strategische Bastion zwischen Palästina und Ägypten, denn es war »die Stätte, wo man deine Wagenkämpfe übt, die Stätte, wo man deine Fußtruppen mustert, die Stätte, wo deine Schiffstruppen landen, wenn sie dir Gaben bringen«.

Archäologen suchten daher das untergegangene Piramesse am Wasser und glaubten es 1929 im Nordosten des Deltas bei San el-Hagar, einem Fischerdorf am Menzale-See, südwestlich vom heutigen Port Said, gefunden zu haben. Zwar war der einstige Nilhafen längst durch Schlammablagerungen ausgetrocknet, aber Pharaonengräber, Standbilder Ramses' II. und zahlreiche Ruinen waren deutliche Spuren.

Da verschreckte 1954 der damalige Direktor für Feldforschung im Egyptian Department of Antiquities, Dr. Labib Habachi, die gelehrte Welt durch die Mitteilung, Piramesse und damit auch das alte Avaris habe nicht am Wasser gelegen, sondern rund fünfundzwanzig Kilometer südlich von San el-Hagar im Inland, in der Nähe des Dorfes Khatana-Qantir. Das Österreichische Archäologische Institut in Kairo unter Manfred Bietak hat durch weitere Grabungen in den Jahren 1966 bis 1969 Habachis Entdeckung bestätigt.

Es war ein seltsames Zusammensetzspiel gewesen. In San el-Hagar am Menzale-See hatte man wunderlicherweise nur Statuen gefunden, die dort mit Sicherheit ursprünglich nicht aufgestellt waren: Sie standen auf rohen Steinblöcken statt auf Sockeln, oft fehlten die Füße, die durch Ziegel ersetzt waren. In Khatana-Qantir dagegen entdeckte man leere Sockel und abgebrochene Fußteile, aber keine Statuen.

Wie war das zu erklären? Hatte man die eine Stadt im wahrsten Sinne des Wortes »abgebrochen« und fünfundzwanzig Kilometer entfernt wiederaufgebaut? Aber warum und wann? Welches war das Piramesse, von dem die Bibel berichtete?

Die Antwort gaben die Ausgrabungen, die bei Khatana-Qantir und zwei Kilometer entfernt auf dem Tell el-Dab'a, dem »Hyänenhügel«, die Reste von Tempeln und Wohnbezirken und Tausende von blauen und türkisfarbenen Fayencekacheln für die »leuchtenden Gemächer von Lapislazuli und Malachit« zutage förderten, von denen der alte Text berichtet. Und vor allem fand man hier die erwartete Siedlungsfolge. Über einer ägyptischen Besiedlungsschicht aus dem Mittleren Reich, das mit dem Einfall der Hyksos zu Ende gegangen war, lag eine Schicht, die kulturell nach Palästina und Syrien wies und wohl von den Hyksos stammte. Darüber folgte eine größere Lücke, zuoberst schließlich waren die Spuren der Bautätigkeit Ramses II. zu erkennen.

Bei der Ausgrabung nahe San el-Hagar am Menzale-See dagegen fehlten die Siedlungsreste aus der Hyksoszeit. Was man fand, stammte – bis auf die Statuen und Obelisken – aus der 21. Dynastie, die ab 1070 v. Chr. herrschte.

Damit war klar, daß die Hyksosstadt Avaris und damit auch die Stadt des Ramses bei Khatana-Qantir gelegen hatte. Nur, wo waren das Wasser und die »Stätte, wo deine Schiffstruppen landeten«? Auch hier konnte Manfred Bietak fündig werden. Durch mühsame Messungen und Grabungen gelang es, den Verlauf der Nilarme zu rekonstruieren, die im Verlauf der letzten Jahrtausende allmählich verschlammt und ausgetrocknet waren. Das Ergebnis: Khatana-Qantir und der »Hyänenhügel« lagen damals am Pelusischen Nilarm, der bei Khatana-Qantir für die jährlichen Überschwemmungen ein großes Überlaufbecken und damit einen regelrechten Binnenhafen besaß. Die Reste des Beckens sind noch heute als Sumpfgebiet vorhanden. Als der Pelusische Nilarm später austrocknete und Piramesse damit vom Verkehr abgeschnitten wurde, hat man offenbar die Stadt mit den Statuen an den Menzale-See verlegt und ihr einen neuen Namen, Tanis (das biblische Zoan), gegeben. Das eigentliche Piramesse, wie alle Siedlungen damals meist aus Lehmziegeln errichtet, wurde zur Ruinenstadt und verfiel allmählich wie die anderen Pharaonenstädte, von denen wir heute kaum noch Spuren finden.

Für die meisten modernen Ägyptologen gilt es daher als sicher, daß die alte Hyksosstadt Avaris und damit das spätere Ramses der Bibel auf dem Gebiet von Khatana-Qantir und Tell el-Dab'a lag. Da hier der strategisch wichtige Karawanenweg und die Heerstraße von Memphis nach dem (heutigen) El-Qantara vorbeiführte, bewachte es den Zugang nach Asien.

Allerdings, so Manfred Bietak: »Zu den Nachbardisziplinen, z. B. der Alttestamentwissenschaft, ist die veränderte Position in der Diskussion um die Ramsesstadt noch weniger durchgedrungen.« Das aber wäre sehr wichtig, denn von der genauen Lokalisierung der alten Ramsesstadt hängt ganz wesentlich der Weg ab, den die Israeliten beim Exodus genommen haben.

Ebenfalls an einem wichtigen Verkehrsweg, von Piramesse durch eine unfruchtbare fünfundzwanzig Kilometer breite Sandgezira getrennt, hat man im Wadi Tumilat die andere Stadt entdeckt, in der die Kinder Israel nach dem Bericht der Bibel Fronarbeit leisteten: Pitom. Es liegt etwa vierzig Kilometer südöstlich von Khatana-Qantir in einem Wadi, das westlich von Ismailija beginnt und den Timsah-See durch einen Kanal mit einem östlichen Nilarm verband. Heute führt dieser Kanal vom Timsah-See am Suezkanal bis in das etwa hundert Kilometer entfernte Kairo. Wo hier Per Atum, das »Haus des Gottes Atum«, lag, das Pitom der Bibel, ist allerdings nicht ganz sicher, da man zwei Hügel mit Resten eines Tempels fand. Der eine, Tell el-Maskhuta, liegt sechzehn Kilometer westlich von Ismailija im Wadi Tumilat, der zweite, Tell Erretābe, noch einmal fünfzehn Kilometer westlich davon.

Das Land des Moses

Immerhin können wir uns jetzt einigermaßen vorstellen, wo die Kinder Israel generationenlang im Nildelta gewohnt haben und wo die Bibel die Mosesgeschichten spielen läßt. Bei Tell el-Dab'a und bei Qantir floß demnach der Nilarm, in dem die Pharaonentochter, die das Museum in Alexandria wunderbarerweise sogar als Hut-Ma-Re beim Namen zu nennen weiß, das Schilfkörbchen mit dem kleinen Moses gefunden haben soll. (Für eilige Touristen wesentlich bequemer ist allerdings die Stelle, die noch heute in Kairo hinter der Synagoge Ibn Esra gezeigt wird. Dort führt ein kurzer unterirdischer Gang an ein Schlammloch, wo sich zwar einstmals der Nil, niemals aber eine Pharaonentochter befunden hat.)

Beim »Hyänenhügel« also müßte Moses den Mann erschlagen und auf einer der Sandinseln verscharrt haben. Hier müßte, wenn wir der Bibel folgen, der Pharao gelebt haben, der die Kinder Israel zur Fronarbeit zwang und den Moses mehrfach in seinem Palast aufsuchte, um ihm immer neue Plagen anzukündigen. Hier, beim Tell el-Dab'a, hätten wir praktisch die einzige Stelle in der gesamten Biographie des Mannes Moses, wo wir auf den Meter genau sagen können – falls die Bibel recht hat: Hier hat Moses gestanden, durch dieses Tor ist er gegangen. Aber auch Märchen und Mythen spielen oft an realen Orten.

Real aber dürfte sein, daß in diesem Gebiet, das die Bibel das Land Goschen nennt, die Israeliten gesessen haben und von hier ausgezogen sind. Das grüne Land um Piramesse und im Wadi Tumilat war zu allen Zeiten ein Anziehungspunkt für die »Sandläufer«. Selbst als die Kinder Israel aus Ägypten abgezogen waren, kamen noch immer Beduinenstämme, um hier zu wohnen. So meldete ein Grenzbeamter des Pharao Merenptah (1224–1204) seinem Vorgesetzten: »Wir haben die Beduinenstämme von Edom durch die Festung Merenptah ... passieren lassen bis zu den Teichen von Per Atum ..., um sie und ihr Vieh durch den guten Willen des Pharao am Leben zu erhalten.«

Fron und Schikane

Wahrscheinlich haben die Pharaonen die ständige Zuwanderung fremder Nomaden als Bedrohung empfunden. »Denn wenn ein Krieg ausbräche«, so der Pharao der Bibel, »könnten sie sich auch zu unseren Feinden schlagen und gegen uns kämpfen.« Daher der Abschreckungsplan: »Wohlan, wir wollen sie mit List niederhalten, daß sie nicht noch mehr werden ... und man setzte Fronvögte über sie...«

Der eigentliche Grund für die Zwangsrekrutierung der Bauern war aber sicher, daß der Pharao zahlreiche Arbeitskräfte für seine Bauten brauchte. Darum »zwangen die Ägypter die Kinder Israel unbarmherzig zum Dienst und machten ihnen das Leben sauer mit schwerer Arbeit in Ton und Ziegeln und mancherlei

Frondienst auf dem Felde…« Es war eine Arbeit für Gefangene oder niedere Fremdarbeiter: Sie mußten Luftziegel herstellen, Ziegelsteine also, die nicht gebrannt, sondern an der Luft getrocknet wurden. Dazu wurde Nilschlamm mit Sand und Getreidehäcksel vermischt, angefeuchtet und mit den Füßen zu einem zähen Brei verarbeitet. Dieses Material hat man in Ziegelformen gefüllt, das Überstehende mit einer Holzplatte abgestreift und die Form wieder entfernt. Ein solcher Ziegel brauchte jetzt nur noch etwa acht Tage lang in der Sonne zu trocknen.

Da jede Stadt eine etwa fünfzehn Meter dicke und bis zu zwanzig Meter hohe Umwallung besaß, kann man sich vorstellen, welche ungeheuren Mengen an Luftziegeln nötig waren, um ein Gebiet von nur einem Quadratkilometer zu ummauern, zumal ja auch noch die Häuser aus solchen Lehmziegeln gebaut werden mußten.

Lehmziegelwände sind außerodentlich dauerhaft und halten in regenarmen Gebieten jahrhundertelang, wenn sie regelmäßig gekalkt werden, so daß die wenigen Regengüsse ablaufen und den Lehm nicht aufweichen können – eine Bauweise, die noch heute in weiten Teilen der Welt, auch im östlichen Mittelmeerraum, üblich ist.

Außerdem wurden die Kinder Israel zu schwerer Arbeit »in Ton« gezwungen, d.h. sie mußten als Töpfer arbeiten. Auch dabei verwendeten sie Nilschlamm, der in doppelt mannshohen Kaminen zu Vorratsgefäßen gebrannt wurde.

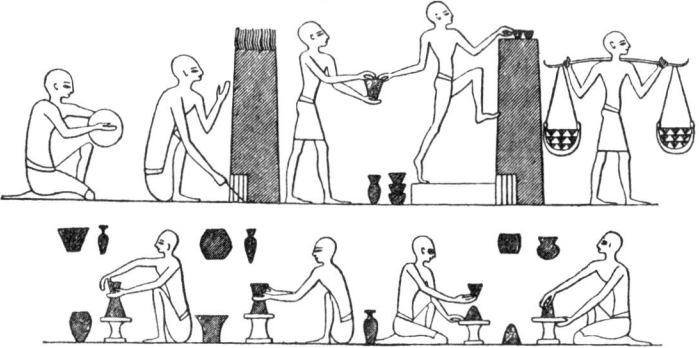

Töpfer, ägyptische Darstellung. Unten vier Leute an der Töpferscheibe, oben zwei Öfen.

Die Arbeitsbedingungen waren sehr hart, so daß es gelegentlich zu Aufständen kam. »Wir sterben vor Hunger, und es sind noch achtzehn Tage bis zum nächsten Monat«, heißt es in einem Papyrus, der einen solchen Aufstand schildert, »wir kehren nicht zurück, tut dies euren Vorstehern kund, die dort versammelt sind.« Dazu schrieb dann ein Beamter: »Wir gingen zu ihnen, um sie anzuhören, und sie sprachen zu uns wahrheitsgemäß.« Der alte Text schildert dann, wie sich die Fronarbeiter zu den Speichern in Bewegung setzten, ohne sie allerdings zu stürmen. Einer ihrer Anführer wandte sich an die Aufseher: »Vom Hunger getrieben und vom Durst gequält, kommen wir. Wir haben keine Bekleidung mehr, wir haben kein Öl, keinen Fisch und kein Gemüse mehr. Schickt zum Pharao, unserem Herrn, damit er uns Lebensmittel liefere!«

Ähnlich wird es den Kindern Israel ergangen sein – eine Situation, derentwegen der »Gott Abrahams, der Gott Isaaks und der Gott Jakobs« eigens in den Dornbusch herniedergefahren war, um Moses mitzuteilen, »daß ich sie errette aus der Hand der Ägypter und sie herausführe aus diesem Land in ein gutes und weites Land, darin Milch und Honig fließt...«

Moses und die Plagen

Löst man sich von der biblischen Vorstellung, der Exodus sei eine gottgeplante Heilstat, dann kann man ihn ganz schlicht und einfach als Arbeitsverweigerung und Flucht beschreiben: Die halbnomadischen Israeliten waren es leid, als Lohnsklaven für den Pharao zu arbeiten.

Nun führen Unterdrückung und wirtschaftliche Schwierigkeiten nicht immer sofort zu einem Arbeitskampf oder zu einem Aufstand. Es bedarf eines oft nur geringen Anlasses, der den Zorn der Unterdrückten zum Ausbruch bringt – oder eines Führers, der öffentlich formuliert, was die Masse kaum zu denken wagt. Ein solcher Führer war offensichtlich Moses; jedenfalls stellt ihn die Bibel so dar. Als er nach Ägypten zurückkam, berichtete er den Israeliten, Gott habe ihn beauftragt, sie von der Sklavenarbeit zu erlösen und aus dem Land zu führen. Das Volk stimmte dankbar zu, und Moses ging zum Pharao, um die Forderungen zu unterbreiten.

Ein Arbeitskampf

Moses beginnt seine Verhandlungen mit dem Pharao nicht ganz fein, aber pfiffig, nämlich mit einer Lüge. Da er nicht gut zum Pharao sagen kann: Wir haben es satt, wir marschieren ab, fordert er nur einen kurzen Sonderurlaub, um in der Wüste, also außerhalb des ägyptischen Gebiets, ein religiöses Fest für den »Gott der Hebräer« zu feiern. In den Worten der Bibel: »Der Gott der Hebräer ist uns erschienen, so laß uns nun hinziehen drei Tagesreisen weit in die Wüste und Jahwe, unserem Gott, opfern, daß er uns nicht schlage mit Pest oder Schwert.«

Natürlich denkt der Pharao nicht daran, diese Bitte zu erfüllen. Vielmehr fragt er argwöhnisch: »Warum wollt ihr das Volk von seiner Arbeit freimachen? Geht an eure Fronarbeiten!« Und nach dem heute noch beliebten Rezept, daß Arbeit dumme Gedanken vertreibt, und um zu zeigen, wer das Sagen hat, erhöht er durch eine Schikane die Arbeitsnormen, wie man heute sagen würde. »Darum befahl der Pharao am selben Tag den Vögten des Volkes und ihren Aufsehern und sprach: Ihr sollt dem Volk nicht mehr Häcksel geben, daß sie Ziegel machen, wie bisher. Laß sie selbst hingehen und Stroh dafür zusammenlesen. Aber die Zahl der Ziegel, die sie bisher gemacht haben, sollt ihr ihnen gleichwohl auferlegen und nichts davon ablassen, denn sie gehen müßig; darum schreien sie und sprechen: Wir wollen hinziehen und unserem Gott opfern.« Denn – so schon im Alten Testament die obrigkeitliche Moral, die seitdem auch andere Arbeitgeber »verstockt« hat: »Man drücke die Leute mit Arbeit, daß sie zu schaffen haben und sich nicht mehr um falsche Reden kümmern.«

Die Kinder Israel mußten sich nun also auch noch das Stroh selbst auf den Feldern zusammenlesen und herantransportieren, um die richtige Mischung für die Luftziegel zu erreichen. Dadurch aber konnten sie nicht mehr ihr Tagespensum erfüllen, so daß die ägyptischen Aufseher die Vorarbeiter »aus den Reihen der Kinder Israel« schlugen.

Darauf gingen die israelitischen Unteraufseher zum Pharao, um sich zu beschweren: »Warum verfährst du so mit deinen Knechten? Man gab deinen Knechten kein Häcksel, und wir sollen dennoch die Ziegel machen, die uns bestimmt sind; und siehe, deine Knechte werden geschlagen, und du versündigst dich an deinem Volke.«

Aber der Pharao blieb hart: »Ihr seid müßig, müßig seid ihr; darum sprecht ihr: Wir wollen hinziehen und Jahwe opfern. So geht nun hin und tut euren Frondienst! Häcksel soll man euch nicht geben, aber die Anzahl der Ziegel sollt ihr schaffen.«

Verbittert gingen die israelitischen Unteraufseher vom Pharao fort, denn sie merkten, »daß es mit ihnen übel stand«. Moses hatte ihnen die Freiheit versprochen, und das Gegenteil war eingetreten. Und schon war geschehen, was dem Pharao nur recht sein konnte: Er hatte die Kinder Israel gegen den Volksführer Moses aufgebracht, der erst das große Wort geführt hatte und

nun die Israeliten in der Patsche sitzenließ. Unversehens gibt die
Bibel zu, daß Moses überhaupt nicht die große Sprecher- und
Vermittlerrolle zwischen Volk und Pharao gespielt hat, die uns
die Erzählung sonst zu suggerieren sucht. Als nämlich die Unter-
aufseher »vom Pharao weggingen, begegneten sie Mose (und
Aaron), die dastanden und auf sie warteten...« Moses war gar
nicht mit zum Pharao gegangen, die Fronarbeiter hatten ihre
Sache selbst in die Hand genommen.

Als die Unteraufseher Moses sahen (Aaron ist im Text des
Elohisten ein Zusatz), beschimpften sie ihn (und Aaron): »Der
Herr richte seine Augen wider euch und strafe es, daß ihr uns in
Verruf gebracht habt vor dem Pharao und seinen Großen und
habt ihnen so das Schwert in die Hand gegeben, uns zu töten.«
Moses steht also gar nicht gut da. Gleich zu Beginn ist seine
Mission gescheitert, und wehklagend wendet er sich, wie später
noch oft, an seinen Gott: »Jahwe, warum hast du diesem Volk so
Übles getan?« Doch Gott tröstet ihn: »Nun sollst du sehen, was
ich dem Pharao antun werde; denn durch eine starke Hand
gezwungen, muß er sie ziehen lassen...«

Mit dieser göttlichen Ankündigung ist man darauf vorbereitet,
daß der Arbeitskampf durch himmlisches Eingreifen eine ganz
neue Dimension erhält, und tatsächlich werden im zweiten Buch
Moses (7–12) die Plagen in glaubensstärkender Breite erzählt. Sie
sollen deutlich machen, wie sich Jahwe für sein Volk einsetzt,
während sich der Pharao starrsinnig dem offensichtlichen Fingerzeig Gottes widersetzt und schließlich als der eigentliche
Bösewicht dasteht. Dabei wird allzuleicht übersehen, daß selbst
die biblischen Erzähler dem Pharao eine gewisse Kompromißbe-
reitschaft zubilligen, die im Grunde den Schwindel mit dem
Opferfest in der Wüste aufdeckt.

Nachdem der Pharao beim erstenmal die Bitte des Moses mit
verstärkter Fronarbeit beantwortet hat, ist er nach der vierten
Plage bereit, auf die Forderungen einzugehen, wenn die Kinder
Israel nicht zu lange wegbleiben: »Ich will euch ziehen lassen...
nur zieht nicht zu weit!« Allerdings hält er diese Zusage nicht
ein, weil er wohl eine allgemeine Flucht vermutet. So fragt er
nach der achten Plage: »Wer von euch soll aber hinziehen?« Als

Moses daraufhin den Exodus ankündigt: »Wir wollen ziehen mit Jung und Alt, mit Söhnen und Töchtern, mit Schafen und Rindern«, erhält er zur Antwort: »Ihr seht doch selbst, daß ihr Böses vorhabt! Nein, nur ihr Männer zieht hin ... und dient Jahwe. Denn das ist es doch, was ihr begehrt habt.«

Der Pharao hat also den Plan durchschaut und will ein Pfand in der Hand behalten, damit die Männer zurückkommen. Das wiederum paßt natürlich nicht in den Plan des Moses, so daß Jahwe nun als nächste Plage die sprichwörtliche ägyptische Finsternis schicken muß. Nun gibt der Pharao wieder ein Stück nach, hält aber an einem Unterpfand fest: »Zieht hin und dienet Jahwe! Nur eure Schafe und Rinder laßt hier; aber eure Frauen und Kinder dürfen mit euch ziehen.«

Nach allem, was Moses von einem Wüstenfest behauptet hat, kann er eigentlich nicht mehr verlangen, allenfalls noch die Freigabe von ein paar Opfertieren. Aber unbeirrt forderte er alles oder nichts: »Auch unser Vieh soll mit uns gehen – nicht eine Klaue darf hinter uns bleiben; denn davon müssen wir nehmen zum Dienst unseres Gottes Jahwe.«

Kein Wunder, daß der Pharao auf diesen durchsichtigen Plan nicht eingeht, was die biblische Erzählung wiederum als Uneinsichtigkeit, als Verstockung hinstellt. In Wahrheit ist nur die Geduld des Pharao erschöpft, und die Verhandlungen werden abgebrochen: »Geh von mir und hüte dich, daß du mir nicht mehr vor die Augen kommst!« droht der Pharao. »Denn an dem Tage, da du mir vor die Augen kommst, sollst du sterben.« Der Bruch ist da, und Moses hat mit seiner List gar nichts erreicht. Ihm bleibt nur noch die trotzige Antwort: »Wie du gesagt hast: Ich werde dir nicht mehr vor die Augen kommen.«

Ob nun erfunden oder nicht, diese Geschichte könnte sich wirklich so abgespielt haben. Sie würde auch erklären, warum die Kinder Israel nach Verweigerung der Ausreisegenehmigung ihre Flucht überstürzt und heimlich bei Nacht und Nebel in Gang gesetzt haben.

Die Plagen

Aber nun ist dieser einfache Bericht dermaßen von Wundern überwuchert und durchsetzt, daß er eine ganz andere Tendenz erhält. Der Eindruck, daß Moses letztendlich gescheitert sei, wird durch die ständig wiederholte Mitteilung aufgehoben, daß Gott den Pharao absichtlich verstocken werde, damit am Ende der göttliche Sieg um so deutlicher dastehe. So wie wir die Geschichte jetzt lesen, ist Moses nicht selbständiger Verhandlungsführer, sondern Übermittler göttlicher Aufträge und Warnungen, die der Pharao allesamt mißachtet. Die eigentliche Aktion beginnt Gott mit den Plagen. Das ist zwar eine recht bedenkliche Theologie, denn sie wären ja nicht nötig gewesen, wenn Gott den Pharao nicht absichtlich verstockt hätte. Vielleicht soll damit aber zum Ausdruck kommen, daß der Exodus nicht ohne ägyptischen Widerstand erfolgte.

Man hat immer wieder versucht, die Plagen als die Erinnerung an eine Häufig von Naturkatastrophen hinzustellen. Mücken-, Stechfliegen-, Frosch- und Heuschreckenplagen gibt es ja tatsächlich, auch Viehpest und Blattern waren immer wiederkehrende Plagen. Lediglich die ägyptische Finsternis, der Steinhagel und das rotgefärbte Wasser haben den Charakter des Außergewöhnlichen und Wunderbaren, und wir werden noch sehen, zu welchen Theorien das geführt hat.

Sieht man sich aber die ganze Sammlung der zehn Plagen genauer an, wie sie vom Redaktor aus Berichten des Jahwisten, Elohisten und des Priesterkodex zu einer Geschichte zusammengeschrieben worden ist, so merkt man bald, daß sie eine phantasievolle, aber wenig logische Anhäufung von Schrecknissen sind. Wahrscheinlich hat Elias Auerbach recht, wenn er in seinem Buch *Moses* die Plagen als literarische Kompensation für die Unterdrückung ansieht, die die Kinder Israel zuvor durch den Pharao erlitten haben. Er schreibt: »Die Volksphantasie schwelgte in diesem Siege über das mächtige Ägypten, und keine Zahl der Plagen war ihr hoch genug. Dafür ist ein belustigender Beweis die weitere Entwicklung, die die Zählung der Plagen in der späteren Hagada [der rabbinischen Schriftauslegung] genommen hat: Rabbi Jose der Galiläer erweist, daß die Ägypter außer von den zehn Plagen noch am Schilfmeer von fünfzig weiteren betroffen worden sind, und Rabbi Akiba steigert die Zahl sogar auf 250!«

Zu den zehn biblischen Plagen schreibt Elias Auerbach, und gibt gleich die Bibelstellen im zweiten Buch Moses dazu: »Die künstliche Häufung der Plagen hat zur Folge, daß mehrere von ihnen sich widersprechen. Bei der ersten Plage verwandelt sich das Nilwasser in Blut, und alle Fische sterben; aber die Frösche bleiben anscheinend am Leben, denn sie steigen als zweite Plage gleich darauf aus dem Fluß herauf (7,28). Die dritte Plage (Ungeziefer) und die vierte (Hundsfliegen) sind eigentlich eine Wiederholung des gleichen. Bei der fünften Plage, der Viehpest, stirbt alles Vieh der Ägypter (9,6), bei der siebenten, dem Hagel, wird es nochmals erschlagen (9,25). Der Hagel vernichtet außer-dem alles Grüne (9,25); als dann die Heuschrecken gleich hinter-herkommen, vernichten sie nochmals alles Grüne (10,12). Hier hat ein Bearbeiter den Widerspruch bemerkt und treuherzig hinzugefügt: ›Alles, was der Hagel übriggelassen hatte‹; aber er hatte ja nach 9,25 nichts übriggelassen.« Man könnte also die Plagen mit Leichtigkeit allesamt als Phantasieprodukte abtun, gäbe es nicht eine sonderbare Parallele in der ägyptischen Über-lieferung.

Die wahre Plage

Es ist auffällig, wie häufig Pest und Seuche in Verbindung mit dem Exodus genannt werden. Noch bevor Gott überhaupt ir-gendwelche Plagen ankündigt, sagt Moses bei seinem ersten Besuch beim Pharao: »Laß uns nun hinziehen drei Tagereisen weit in die Wüste und opfern Jahwe, unserem Gott, daß er uns nicht schlage mit Schwert und *Pest*.« In der fünften Plage haben wir eine Viehseuche, und in der zehnten Plage geht der »Würge-engel« um und tötet alle Erstgeburt. Zwar ist hier nicht aus-drücklich von der Pest die Rede, aber der 78. Psalm hat die Erinnerung daran bewahrt, wenn es nach der Aufzählung der

Plagen heißt: »...als er seinem Zorn freien Lauf ließ und ihre Seele vor dem Tode nicht bewahrte und ihr Leben preisgab der *Pest*; als er alle Erstgeburt in Ägypten schlug.«

Dasselbe Wort für Pest verwendet Jitro, als er nach dem Exodus zu Moses kommt und Gott für die Errettung dankt. Allerdings wird es wegen der Gleichheit der Konsonanten schon im Alten Testament anders gedeutet und, weil der Satz ohnehin unklar und verstümmelt ist, meist so übersetzt: »Nun weiß ich, daß Jahwe größer ist als alle Götter, denn in der *Angelegenheit*, in der sie [die Ägypter] freventlich gegen sie gehandelt haben...« Statt dessen kann man auch übersetzen: »...denn bei der *Pest* haben sie freventlich an euch gehandelt.« Das könnte eine verdeckte Erinnerung an den eigentlichen Anlaß des Exodus sein.

Denn es gibt eine Erzählung, die dem sonst recht zuverlässigen Manetho zugeschrieben wird und die möglicherweise die ägyptische Gegensage zur biblischen Darstellung ist. Sie dreht den Spieß um und berichtet, die Hebräer seien nicht entflohen, sondern ganz im Gegenteil von den Ägyptern hinausgeworfen worden. Dabei habe es sich um eine Gruppe asiatischer Aussätziger und Seuchenkranker gehandelt, die nach der gewaltsamen Vertreibung nach Palästina zurückgekehrt seien und dort Jerusalem gegründet hätten.

So waren vielleicht gar nicht die Fronarbeit und die Agitation des Moses der eigentliche Anlaß zum Exodus; vielleicht kam alles zusammen, und die Bibel hat nur die Akzente verschoben. Wir wissen es nicht. Fest steht lediglich, daß Moses keineswegs die Rolle eines unumstrittenen Anführers gespielt hat, denn am Ende der Plagen steht auch in der Bibel nicht der triumphale Auszug der Kinder Israel mit Moses an der Spitze, sondern, wie es Manetho geschildert hat, der Hinauswurf. Der Pharao »wird euch von hier sogar vertreiben« heißt es ausdrücklich noch vor der zehnten und letzten Plage, an deren Ende sich die Israeliten im Schutz der Dunkelheit davonmachen.

Überstürzte Flucht

Auch die zehnte Plage wird dem Pharao ordnungsgemäß angekündigt: »Und Mose sprach: So spricht der Herr: Um Mitternacht will ich durch Ägyptenland gehen, und alle Erstgeburt in Ägyptenland soll sterben, vom ersten Sohn des Pharao an, der auf dem Thron sitzt, bis zum ersten Sohn der Magd, die hinter der Mühle hockt, und alle Erstgeburt unter dem Vieh. Und es wird ein großes Geschrei sein in ganz Ägyptenland, wie nie zuvor gewesen ist noch werden wird... Dann werden zu mir herabkommen all diese deine Großen und mir zu Füßen fallen und sagen: Ziehe aus, du und alles Volk, das dir nachgeht. Und daraufhin werde ich ausziehen.«

Danach ging Moses »vom Pharao mit grimmigem Zorn« (obwohl nur wenige Zeilen davor erzählt wird, daß er ihm nie mehr vor die Augen kommen werde), rief die »Ältesten Israels« zusammen und erklärte ihnen, wie sich die Israeliten vor der kommenden Plage schützen könnten. Es war ein Abwehrzauber, wie man ihn noch heute bei den Arabern findet, die ihre Tür- und Fensterfüllungen blau anstreichen, um böse Geister abzuwehren. Bei Moses war dieser Zauber noch viel urtümlicher, nämlich ein Unheil abwehrender Blutzauber, der damals durchaus üblich war: Beim Weidewechsel im Frühjahr, wenn die Nomaden von der Wüste ins Kulturland zogen, wurde in der Vollmondnacht vor dem Aufbruch bei den einzelnen Sippen ein Kleinvieh geschlachtet und mit dessen Blut der Zelteingang bestrichen, um den unheilstiftenden »Verderber« abzuhalten. Ein magischer Analogiezauber also, der zum Ausdruck bringen sollte, daß der Gott sich nicht selbst sein Opfer holen müsse, da es bereits dargebracht sei.

Moses befahl daher den einzelnen Sippen, ein Schaf oder eine Ziege zu schlachten. »Dann nehmt einen Ysopzweig, taucht ihn in eine Schüssel mit Blut, und streicht etwas von dem Blut in der Schüssel auf den Türsturz und auf die beiden Türpfosten. Bis zum Morgen darf niemand von euch das Haus verlassen. Jahwe geht umher, um die Ägypter mit Unheil zu schlagen. Wenn er das Blut am Türsturz und an den beiden Türpfosten sieht, wird er an der Tür vorübergehen und dem Vernichter nicht erlauben, in eure Häuser einzudringen und den Schlag auszuführen.«

Obwohl dieser Blutritus nichts Neues oder Besonderes war und schon gar nicht auf Moses zurückgeführt werden kann, haben die Juden das gnädige »Vorübergehen« Gottes vor dem Auszug aus Ägypten zur eigentlichen Grundlage ihres Paschafestes gemacht.

Gemessen an dieser Bedeutung sollte man annehmen, daß die Bibel ausführlich das Schlachten und Bestreichen der Türen und das wunderbare Vorbeigehen Gottes beschriebe. Aber nichts dergleichen! Obwohl die biblischen Erzähler sonst nicht mit Beschreibungen und Wundern geizen, wird das Ganze mit dem Satz: »Sie gingen hin und taten...« abgetan. Nirgends wird erwähnt, woran die Leute starben und ob die Kinder Israel tatsächlich verschont wurden. Vielmehr liest sich die Geschichte so, als müßten sich ganz im Gegenteil die Ägypter vor den Israeliten wie vor einer ansteckenden Seuche schützen: »Es war Mitternacht, als Jahwe alle Erstgeborenen in Ägypten schlug, vom Erstgeborenen des Pharao, der auf dem Thron saß, bis zum Erstgeborenen des Gefangenen im Kerker, und jede Erstgeburt beim Vieh. Da standen der Pharao, alle seine Diener und alle Ägypter noch in der Nacht auf, und großes Wehklagen erhob sich bei den Ägyptern; denn es gab kein Haus, in dem nicht ein Toter war... Und die Ägypter drängten das Volk, eiligst das Land zu verlassen, denn sie sagten: Sonst kommen wir alle noch um.«

Interessanterweise kommt die Erzählung des Jahwisten hier wie auch im folgenden ganz ohne Moses aus; der einzige Satz, in dem Moses erwähnt wird, stammt vom Elohisten. Ich habe ihn im vorigen Zitat ausgelassen, und er heißt: »Und er [der Pharao] ließ Mose und Aaron rufen und sagte: Auf, verlaßt mein Volk, ihr beide und die Israeliten...« Doch die Israeliten waren schon längst in solcher Hast aufgebrochen, daß sie nicht einmal fertiges Brot hatten, denn »das Volk trug den rohen Teig, ehe er durchsäuert war, ihre Backschüsseln in ihre Mäntel gewickelt, auf ihren Schultern«.

Die zehn Plagen waren vorüber, der Exodus hatte begonnen.

Jahwe – so sieht es die Bibel – hatte »sein Volk« befreit. Aber das stimmt nicht ganz. Ausdrücklich steht nämlich da: »Es zog mit ihnen viel fremdes Volk«, oder, wie man vielleicht besser übersetzen sollte, »Volk unterschiedlicher Art«. Es waren also nicht nur Israeliten, die in jener Nacht aufbrachen und den Zug durch die Wüste begannen. Wenn aber Moses und die Leviten in Wirklichkeit Ägypter waren, dann erinnert dieser Satz daran, daß von nun an Moses seine Leute und die Kinder Israel endgültig in einem gemeinsamen Schicksal verbunden waren. Sie hatten von nun an den gleichen Weg und wuchsen allmählich zu einem Volk zusammen. Was sie verband, war die gemeinsame Flucht aus Ägypten.

Das Datum

Der Exodus wurde zum Kristallisationspunkt der jüdischen Geschichte und des jüdischen Glaubens. Das Bedürfnis, bestimmte Erfahrungen, Bräuche und Erinnerungen auf ein wichtiges Datum zu fixieren, hat dazu geführt, daß gerade der Aufbruch aus Ägypten mit religiösen Anweisungen überfrachtet wurde.

So hat der Redaktor im 12. Kapitel längere Passagen aus dem Priesterkodex eingefügt, die nachweislich aus viel späterer Zeit stammen, als das Paschafest bereits seine feste Form gefunden hatte. Um diese Vorschriften mit der notwendigen Autorität auszustatten, wurden sie in den Exodus zurückprojiziert und als Anweisungen Jahwes ausgegeben: »Jahwe aber sprach...« Dabei nahm die Bibel auch offensichtliche Widersprüche in Kauf. Eben noch hatten die Kinder Israel »den rohen Teig, ehe er durchsäuert war«, mitgenommen und sorgsam in Mäntel gehüllt, damit der Teig ordentlich aufging. Eindeutig ist da von Sauerteig die Rede. Eine Seite weiter wird daraus ein Fest der »ungesäuerten Brote« abgeleitet. Allenfalls könnte das eine Erinnerung an die Wüstenzeit sein, als man, wie es noch heute die Beduinen tun, aus einem Kleister von Mehl, Wasser und Salz in der heißen Asche Fladenbrot buk.

Mit dem historischen Exodus haben alle diese religiösen Vorschriften nichts zu tun. Der ältere Jahwist läßt Moses lediglich sagen: »Gedenket an diesen Tag, an dem ihr aus Ägypten, aus der Knechtschaft gezogen seid, denn Jahwe hat euch mit mächtiger Hand von dort herausgeführt...« »Diesen Tag« hat die jüdische Tradition genau festgelegt. Es ist das Paschafest, an dem die Juden Jahr für Jahr des Auszugs gedenken und das zum Fixpunkt des Kalenders wurde. Obwohl es wie das christliche Ostern vom Frühlingsvollmond abhängig ist, fällt das Pascha stets auf den 14. Nisan. Dieses kalendarische Wunder kommt dadurch zustande, daß man in jedem Jahr die Tage und die Monate des Kalenders so verschiebt, daß das erste Wochenende nach dem Frühlingsmond auf dieses Datum fällt. Das ist auch der Grund dafür, warum das jüdische Neujahrsfest im Herbst jedes Jahr an einem anderen Datum gefeiert wird.

Aber so genau die Tradition den Tag des Exodus kennt – das Jahr hat sie nicht festgehalten. Bis heute kann niemand einigermaßen verbindlich sagen, in welchem Jahrhundert dieses für die Geschichte des Judentums so entscheidende Ereignis stattgefunden hat. Allerdings gibt es einige Anhaltspunkte und zahlreiche Theorien und Vermutungen darüber.

Theorien und Termine

Zahlenspiele

Hält man sich als guter Christ an die Angaben der Bibel, so ist die Frage nach dem Exodustermin überhaupt kein Problem, denn im ersten Buch der Könige (6,1) finden wir ein ganz genaues Datum: »Im vierhundertachtzigsten Jahre nach dem Auszug der Israeliten in Ägypten, im vierten Jahr der Regierung Salomos über Israel ... begann er den Tempel Jahwes zu bauen.« Da wir mit ziemlicher Sicherheit wissen, daß Salomo etwa von 965 v. Chr. an regiert hat, befinden wir uns auf sicherem Boden. Das vierte Regierungsjahr Salomos und der Baubeginn des Tempels liegen demnach um das Jahr 960. Geht man 480 Jahre zurück, so ergibt sich als Jahr des Exodus 1440 v. Chr.

Aber schon widerspricht sich die Bibel wieder. Wenn das Jahr 1440 stimmt, dann können die Kinder Israel nicht die Vorratsstädte Pitom und Ramses gebaut haben, denn Ramses regierte erst 250 Jahre später. Damit ist die Datierung wieder offen, denn die Zahlenangaben der Bibel sind so eine Sache. Oft sind sie, wie die »vierzig Jahre«, nur symbolisch gemeint, und auch bei den 480 könnte die berühmte Vierzig eine Rolle gespielt haben. Die Zahl läßt sich nämlich als ein Hinweis auf die zwölf Stämme Israels verstehen, denen mit der Vierzig eine lange Dauer zugesprochen wird: Zwölf mal vierzig ist vierhundertachtzig. Vielleicht ist aber auch die Angabe »Pitom und Ramses« nachträglich eingefügt worden.

Da die Bibel keinen verläßlichen Termin nennt, kann man den Zeitpunkt des Exodus nur indirekt erschließen. Die beste Lösung wäre freilich ein historisch fixierbares Dokument außerhalb der Bibel mit einem genauen Hinweis. Doch wir haben kein einziges zeitgenössisches ägyptisches Dokument, das die Plagen, den Exodus oder gar den angeblichen Untergang des Pharaonenheeres beim Durchzug durchs Meer erwähnte.

Da freut man sich natürlich, daß es unter diesen schwierigen Umständen einem wackeren Mann wie R. F. Hutchinson im Jahr 1887 gelungen ist, den Exodus exakt auf den 14. April des Jahres 1491 und den Untergang des ägyptischen Heeres unter Berücksichtigung der Marschgeschwindigkeit der ägyptischen Kavallerie auf den 28. April, drei Uhr morgens festzulegen. Das ließ andere bibelfeste Männer nicht ruhen, die nun alle ihre eigenen Rechnungen aufmachten, zuletzt der Franzose J. de Miceli, der die Geschwüre auf der Mumie Thutmosis II. mit den biblischen Plagen zusammenbrachte und draufhin nach weiteren anstrengenden Berechnungen im Jahr 1974 herausfand, daß der Exodus am 9. April 1496 stattgefunden habe.

Das ist genauso verläßlich wie der treuherzige, aber oft unternommene Versuch, die Lebensjahre der biblischen Geschlechterfolge von Adam bis Moses zu addieren – als wenn der Sohn immer erst im Todesjahr des Vaters geboren wäre –, um so den Termin für den Exodus zu errechnen. Je nachdem kommt man dabei mit dem hebräischen Text auf 2666 und nach den Zahlen der Septuaginta auf 3446 Jahre nach der Weltschöpfung, so daß der Exodus im Jahr 1094 oder gar erst 314 v. Chr. stattgefunden hätte.

Tatsächlich wäre die Wissenschaft schon froh, wenn sie den Termin mit einiger Sicherheit auf ein bestimmtes Jahrhundert einengen könnte. Das gelingt zwar mit einigen Theorien mehr oder weniger gut, nur haben sie den Nachteil, daß sie sich gegenseitig ausschließen.

Ramses und der Exodus

Es ist heute allgemein üblich, den Exodus in die Zeit Ramses' II., und zwar um das Jahr 1250 v. Chr. zu verlegen. Stichhaltige Beweise dafür gibt es aber nicht. Der Vorteil dieser Datierung ist jedoch, daß sie mit den biblischen Angaben über die Fronstädte Pitom und Ramses übereinstimmt und im ganzen recht vernünftig klingt. Argumentiert wird dabei mit historischen Daten, die allerdings nur indirekt mit dem Exodus selbst zu tun haben. Ausgangspunkt ist dabei die Tatsache, daß die Israeliten, die nach rund dreißigjähriger Wüstenwanderung allmählich nach Kanaan eingesickert waren, um das Jahr 1000 so stark geworden waren, daß sie ein Königtum unter Saul errichteten, auf das unter David das vereinigte Großreich aus den Süd- und Nordstämmen folgte.

Der Vergleich mit anderen Völkerschaften, die in ein Land eingedrungen sind und später die Herrschaft übernommen haben, zeigt, daß man für diesen Prozeß mindestens zweihundert Jahre ansetzen muß. Wenn man dieser Analogie folgt, käme man tatsächlich auf einen möglichen Exodustermin um das Jahr 1250 vor der Zeitenwende. Damit stimmt überein, daß eine ganze Reihe kanaanäischer Städte um das Jahr 1200 in Schutt und Asche gelegt wurde – möglicherweise Spuren der vordringenden Israeliten, die nach der Eroberung Jerichos noch weitere 31 Stadtstaaten erobert haben sollen, bevor sie im Gelobten Land seßhaft wurden.

Als geradezu schlagender Beweis für die Richtigkeit dieser These wird meist die sogenannte »Israel-Stele« des Pharao Merenptah (1224–1204) angeführt, auf der zum erstenmal in der Geschichte das Wort »Israel« auftaucht. Diese Inschriftenstele, 1896 von Flinders Petrie in den Ruinen des Totentempels des Merenptah hinter den Memnonkolossen bei Theben gefunden und heute als Ausstellungsstück Nr. 599 im Museum von Kairo, stammt aus dem fünften Regierungsjahr Merenptahs, also etwa aus dem Jahr 1220 v. Chr.

Die Stele schildert in einem Triumphgedicht den Sieg der Ägypter über die Libyer: »Der elende große, der geschlagene libysche Feind, ist im Schutz der Nacht geflohen, ganz allein, ohne die Feder auf seinem Haupt, seine Füße versagten. Seine Frauen wurden vor seinen Agen entführt, sein persönlicher Proviant wurde geraubt; er hatte kein Wasser mehr im Schlauch, mit dem er sich am Leben erhalten konnte…« Merenptah ließ sich feiern: »Große Freude herrschte in Ägypten, Jauchzen kommt aus den Städten des Landes. Man redet über die Siege, die König Merenptah über die Tehenu [einen libyschen Stamm] davongetragen hat. Wie liebt man ihn, den siegreichen Herrscher! Wie preist man ihn bei den Göttern! Wie glücklich ist er!

Man kann jetzt wieder herumsitzen und schwatzen, frei geht man wieder auf dem Wege, und die Leute haben keine Furcht...«

Ziemlich unvermittelt und ohne sichtlichen Zusammenhang folgt eine Aufzählung anderer Siege, aber es ist zweifelhaft, ob sie Merenptah in den ersten Jahren seiner Regierung selbst erfochten hat und ob er demnach auch in Palästina war. Der Text lautet jedenfalls:

»... die Fürsten sind hingestreckt, sagen ›Friede‹,
nicht einer erhebt sein Haupt unter den neun Bögen.
Zerstörung über Tehenu, Hatti [Hethiter] ist besänftigt,
geplündert Kanaan mit allem Bösen
Askalon ist genommen, Gezer erobert,
Jenoam ist völlig ausgelöscht
Israel liegt verwüstet, hat keine Nachkommenschaft
mehr...«

Hier ist eindeutig und klar gesagt, daß sich »Israel« zu diesem Zeitpunkt, also um 1220, bereits in Palästina befand. Das geht auch aus dem räumlichen Nebeneinander der eroberten Städte hervor: Gezer, heute Teil Dschezer, liegt fünfundzwanzig Kilometer nordwestlich von Jerusalem; Jenoam wird von der Wissenschaft mit Tell en-na'meh nördlich vom See Genezareth gleichgesetzt, und Askalon liegt beim Gazastreifen. Irgendwo dazwischen lag also das älteste historisch überlieferte Israel.

Bemerkenswert an dieser frühesten Erwähnung Israels in der Weltgeschichte ist, daß es auf der Stele als Volk und nicht als Land bezeichnet wird. Das kann man eindeutig daraus ablesen, daß das Wort »Israel« mit dem Hieroglyphenzeichen für »fremdes Volk« versehen ist, während die anderen Namen das Kennzeichen »fremdes Land« erhielten.

Das wiederum entspräche genau der Situation nach der Wüstenwanderung: Die Israeliten waren nach rund dreißigjähriger Wanderung ins Gelobte Land gekommen, hatten aber noch keinen Staat gebildet, da sie zunächst feste Wohnplätze suchen und erobern mußten. Der Exodus konnte also noch nicht lange zurückliegen, konnte daher gut in der langen Regierungszeit von Ramses II. zwischen 1290 und 1250 erfolgt sein.

Wenn aber Merenptah tatsächlich so kurz nach dem Exodus die ausgewanderten Stämme wie ein Land »verwüstet« und die Nachkommenschaft ausgelöscht hat, warum erwähnt die Bibel diesen Aderlaß nicht als eine weitere Plage? Oder sind mit »Israel« gar nicht die ausgewanderten Stämme gemeint? Denkbar wäre es, daß andere Stämme, die sich ebenfalls vom Stammvater Jakob, der den Ehrennamen »Israel« (»Streiter Gottes«) trug, herleiteten, schon früher nach Kanaan eingewandert oder dort sitzengeblieben waren, als die Josefsippe nach Ägypten zog. Für den Zeitpunkt des Exodus läßt sich also aus den wenigen Quellen nichts Verbindliches ableiten. Am eindeutigsten scheint dabei immer noch die Angabe, die Kinder Israel hätten die Fronstädte Pitom und Ramses erbaut. Aber diese Behauptung könnte später eingefügt worden sein, denn schon die nächste historische Angabe der Bibel, die Kinder Israel sollten beim Auszug »den Weg durch das Land der Philister« meiden, ist nachweislich falsch: Die Philister kamen erst später. Um 1250 gab es noch gar kein »Land der Philister«.

Für einen Exodus im 13. Jahrhundert spricht allerdings die allgemeine Situation: Es waren Jahrzehnte der Unruhe, vielleicht durch Mißernten und Dürre hervorgerufen. Es war die Zeit des sogenannten »Seevölkersturmes«. Diese Seevölker – von den Ägyptern wahrscheinlich nur so genannt, weil sie von jenseits des Mittelmeeres aus dem Norden kamen, hatten Kleinasien erobert und das Reich der Hethiter zu Fall gebracht. Dann waren sie in den Vorderen Orient eingedrungen und mit ihren Ochsenkarren bis zum Nil vorgestoßen. Vielleicht geht auf sie die Zerstörung der kanaanitischen Städte zurück. So klagte Ramses III.: »Ganz plötzlich verschwanden die Länder und wurden im Kampf zerstreut. Kein Land hielt ihren Waffen stand...« Vielleicht – so das Argument – wurden auch die Israeliten in Ägypten von dieser Unruhe erfaßt und begaben sich auf Wanderschaft.

Thutmosis und der Exodus

Berücksichtigt man aber andere Bibelzitate und historische Bezüge, so kommt man zu einem ganz anderen Exodusdatum. So erzählt die Bibel, daß sich nach dem Tode Josefs die Kinder Israels vermehrten, »so daß von ihnen das ganze Land voll ward«. Und weiter: »Da kam ein neuer König auf in Ägypten, der wußte nichts von Josef«, womit nach dem Textzusammenhang Ramses gemeint ist, denn nun folgt die Erzählung von der Zwangsarbeit bei Pitom und Ramses.

Wenn aber die Kinder Israel mit den Hyksos, also vor 1550 nach Ägypten gekommen waren, hatte es vor Ramses II. genügend Pharaonen gegeben, die Josef vergessen haben mußten. Allein in der 18. Dynastie, die auf die Zwischenzeit der Hyksosherrschaft folgte, haben wir vierzehn Namen; bis zu Ramses II. sind es sogar siebzehn:

Ahmose	1551–1526
Amenophis I.	1526–1505
Thutmosis I.	1505–1493
Thutmosis II.	1493–1490
Hatschepsut	1490–1468
Thutmosis III.	1490–1436
Amenophis II.	1438–1412
Thutmosis IV.	1412–1402
Amenophis III.	1402–1364
Amenophis IV./Echnaton	1364–1347
Semenchkare	1347
Tutanchamun	1347–1338
Aja	1337–1333
Haremheb	1333–1306
19. Dynastie	
Ramses I.	1306–1304
Sethos I.	1304–1290
Ramses II.	1290–1224
Merenptah	1224–1204

Es ist doch höchst unwahrscheinlich, daß die Pharaonen der 18. Dynastie, deren Gründer die Hyksos vertrieben und die selbst zunächst die Schäden der Hyksosherrschaft auszubessern hatten, zweihundert Jahre lang dem Josef und seinem Volk als einem Überbleibsel der Hyksos die Treue gehalten haben sollen, bis dann Ramses II. rigorose Maßnahmen ergriff. Nimmt man dagegen die biblische Angabe ernst, daß die Kinder Israel in der vierten Generation nach Josef Ägypten wieder verlassen haben, dann müßte der Exodustermin ohnehin in der 18. Dynastie liegen. Dazu paßt die Bemerkung Manethos, daß die von ihm erwähnte Vertreibung der Habiru unter einem Pharao mit Namen Thutmosis stattgefunden habe. Nach heutiger Chronologie fiele der Exodus dann in die Zeit zwischen 1505 und 1402, wenn man alle Pharaonen dieses Namens berücksichtigt. Er läge damit also mindestens 150 Jahre früher als der Termin unter Ramses II.

Die Zeit der 18. Dynastie war ebenso von gigantischen Bauvorhaben bestimmt wie die Zeit Ramses II. und ging einher mit einer Festigung der Macht nach außen. Es entstanden die großen Tempel von Karnak und Luxor, der Tempel der Hatschepsut bei Deir el-Bahari und in Theben die Grabbauten im Tal der Könige. Es wurden Militärdepots, Kasernen und Festungen gebaut, so daß André Neher in seiner Mosesbiographie zusammenfaßt: »Auf den Baustellen, die überall ins Leben gerufen werden, braucht man Arbeitskräfte... Die biblische Schilderung der hebräischen Knechtschaft, die Arbeit in den Ziegeleien und der Bau von Militärdepots passen an diese Stelle der ägyptischen Geschichte.«

André Neher geht sogar noch weiter. Der historische Rahmen, so findet er, »lädt auch dazu ein, bestimmte Details in ihn zu verlegen, besonders die wunderbare Errettung eines hebräischen Knaben durch eine Tochter des Pharao«. Und Neher weiß natürlich auch, wie die Pharaonentochter hieß. Es war Hatschepsut, die Tochter Thutmosis' I., die noch zu dessen Lebzeiten die Herrschaft übernahm und selbst Pharao wurde. »Eben in diesem Augenblick könnte die Tochter des Pharao einen jungen Hebräer retten und aufziehen. Später heiratete sie Thutmosis II., aber seine Regierungszeit ist kurz. Dann wird sie die Frau Thutmosis' III., den sie völlig in den Schatten treten läßt. Lange ist er lediglich Prinzgemahl. Fünfzehn Jahre ist nun Hatschepsut Pharao. Übrigens hat sie wie die Könige namens Thutmosis, deren Tochter, Gemahlin und Mutter sie ist, einen Hang zum Bauen, und daraus kann man schließen, daß Mosis Rettung, wie die Bibel will, ein einzig dastehendes Geschehen in jener Welt der Fron war, die weithin auf den Hebräern lastete. Der großartige Tempel von Deir el-Bahari ist Hatschepsuts Werk. Es ist im äußersten Süden gebaut, auf dem Weg zu jenem Punt in Somaliland, zu dem Hatschepsut eine denkwürdige Expedition entsandte.«

André Neher berichtet das so ausführlich, weil er auf eine Pointe zusteuert. Denn »nun erzählt die ebenfalls spätere alexandrinische Geschichtsschreibung, Moses, der auf Veranlassung seiner Adoptivmutter im Sinne der ägyptischen Aristokratie erzogen war, habe gerade gegen Punt und Äthiopien glänzende Siege errungen«. Es ist der gleiche Sagenkreis, der Moses vierzig Jahre lang »König der Mohren« sein läßt und ihm eine Kuschitin, also eine Nubierin, zu ersten Frau gibt.

Daher, so Neher, »spricht eine Anzahl von Einzelüberlieferungen für die Identität Hatschepsuts mit der Tochter des Pharao, die Moses rettete. Zudem ließ Thutmosis III. nach Hatschepsuts Tode seine Zügel schießen. Solange die Frau noch lebte, die ihn gedemütigt hatte, vermochte er sie nicht zu treffen; nun tilgte er ihre Spuren und ihren Namen auf Monumenten und Königstafeln und verfolgte ihre Anhänger und Diener. Sollte nicht der 15. Vers des zweiten Kapitels Exodus [es ist die Stelle, wo ein Pharao dem Moses nach dem Leben trachtete] mit diesem politischen Umschwung in Verbindung stehen? Moses, der Schützling Hatschepsuts, droht ebenso wie vermutlich vielen anderen der Tod, und er verdankt seine Rettung allein der Flucht aus Ägypten... Die Versklavung der Hebräer geht unter Thutmosis III. weiter, und es bedarf nach dem Zeugnis der Bibel noch einiger Jahrzehnte, bevor die Stunde der Befreiung schlägt.«

Auch dieser Datierungsversuch klingt ganz plausibel, nur hat auch er, wie alle anderen, seine Schwierigkeiten. Sie liegen allerdings weniger in der Zeitbestimmung als in der Geographie. Die großen Bauvorhaben der 18. Dynastie lagen alle im Süden des Landes rund tausend Kilometer vom Nildelta entfernt. Wie sollte da Moses, und wie sollte dann später das unterjochte Volk unbehelligt den Nil entlang in den Sinai fliehen können? Die gesamte Geschichte des Exodus gerät damit ins Wanken, da sie als Ausgangspunkt eindeutig das Nildelta voraussetzt.

Allerdings könnte es sein – wenn wir von der ohnehin phantasievollen Rettung des Moses durch Hatschepsut absehen –, daß die Kinder Israel auch damals im Nildelta im Land Goschen saßen und dort mit anderer Fronarbeit beschäftigt waren. Politisch wären die Auswirkungen der Herrschaft der Hatschepsut und das spätere Auslöschen ihrer Erinnerung auch dort die gleichen gewesen.

Weniger schwerwiegend ist das andere Argument, es sei unwahrscheinlich, daß sich die Erinnerung an den Exodus unter Thutmosis jahrhundertelang so lebendig im Bewußtsein gehalten habe. Das Beispiel der *Ilias* zeigt, daß Homer auch nach vierhundert »dunklen Jahren« griechischer Geschichte, in der wir ohne schriftliche Überlieferung sind, den Kampf um Troja so genau geschildert hat, daß Heinrich Schliemann nach diesen Beschreibungen noch dreitausend Jahre später das alte Troja lokalisieren konnte. Der lange Zeitraum mündlicher Überlieferung spricht also nicht in jedem Fall gegen die Treue der Überlieferung, auch wenn sich bei Homer wie auch in der Bibel gelegentlich Anachronismen eingeschlichen haben.

Echnaton und der Exodus

Ein dritter möglicher Exodustermin wird vor allem mit religionspsychologischen Argumenten vorgebracht: Moses habe seinen Gott, der keine anderen Götter neben sich duldet, von Amenophis IV., dem Mann der Nofretete, übernommen. Dieser Pharao gilt in der Tat als der eigentliche Schöpfer des Monotheismus, da er als erster in der Weltgeschichte nur noch einen einzigen Gott kannte. Im Bruch mit der ägyptischen Tradition mit ihren vielen

Göttern war für ihn die Sonnenscheibe die einzige Gottheit, der er seinen berühmten Sonnenhymnus widmete:

»Schön erhebst du dich
am Horizont des Himmels,
lebender Aton,
mit dem alles Leben beginnt…
wie mannigfaltig sind deine Werke!
Sie sind dem menschlichen Blick verborgen,
o einziger Gott, dem kein anderer gleicht.
Nach deinem Willen hast du allein
die Erde geschaffen, die Menschen, die Herden,
großes und kleines Getier, und alles,
was auf Erden nur weilt…«

Es ist ein großes Loblied auf die Schöpfung, das sogar in der Bibel wiederkehrt: Der Psalm 104 geht auf den Sonnengesang dieses Pharao zurück, der seinen Namen Amenophis (»Amun ist gnädig«) der Sonne zu Ehren in Echnaton (»Dem Aton wohlgefällig«) umbenannte, denn:

»In meinem Herzen bist du,
doch niemand ist sonst, der dich kennt,
nur Echnaton, dein Sohn,
ihm hast du Einsicht gegeben
in deinen Plan, deine Macht.«

Walther Wolf formulierte daher in seiner Geschichte des alten Ägypten in bewußter Anlehnung an den mosaischen Glauben, Echnaton »machte Aton zu einem eifernden Gott, der keine anderen Götter neben sich duldete und dessen Prophet er allein war«. Selbst die Mehrzahlform »Götter« ließ Echnaton aus den Dokumenten seiner Vorgänger ausmeißeln, weil er nur einen einzigen Gott kannte. Nach dem Tode Echnatons wurde diese »Ketzerei« prompt unterdrückt, und man kehrte wieder zum altgewohnten Amunglauben und den vielen Göttern zurück. Die Anhänger Echnatons wurden verfolgt, das Andenken an den Ketzerpharao so gut wie möglich getilgt.

An diesem Punkt setzt auch Sigmund Freud an: Moses, der Ägypter, war ein Anhänger des Atonkults. Nach dem Tode Echnatons mußte er fliehen, weil er den Glauben nicht aufgeben wollte. Nach Jahren kehrte er zurück, denn, so hatte ihm sein Gott mitgeteilt: »Die Leute sind tot, die dir nach dem Leben standen.« Der Atonkult aber war unterdrückt. Um ihn zu retten, wandte sich der Ägypter Moses an die Israeliten, verkündete ihnen ihren einzigen Gott Jahwe und zog mit ihnen wieder von Ägypten fort, ohne jedoch das Gelobte Land zu betreten, aus dem er ja auch nicht stammte.

Was an der – von mir stark verkürzten – These Freuds auch immer richtig oder falsch sein mag: Einleuchtend ist jedenfalls der Gedanke, daß der Glaube des Moses vom Monotheismus eines Echnaton geprägt und beeinflußt war. Es kann einfach nicht zufällig im selben geographischen und kulturellen Raum sowie etwa in der gleichen Zeit völlig unabhängig voneinander zweimal derselbe für die damaligen religiösen Vorstellungen wahrhaft revolutionäre Gedanke eines einzigen Gottes entwickelt worden sein.

Dann allerdings müßte die Flucht des Moses nach dem Tod Echnatons im Jahr 1347 und der Exodus einige Jahre danach erfolgt sein. Das hieße aber, die Israeliten wären einige Generationen vor dem meistgenannten Termin 1250 längst aus dem Land gewesen. Dem stünde eigentlich nur entgegen, daß wir für die Zeit um Echnaton keine ausdrücklichen Belege einer Fronarbeit und Unterdrückung der Israeliten haben, was ja, wie die Bibel schildert, das eigentliche Motiv der Flucht war. Aber das besagt nicht viel. Zu allen Zeiten haben Pharaonen Arbeitskräfte für irgendwelche Bauten gebraucht.

Auf jeden Fall erklärt diese Theorie ganz schlüssig, warum sich ein Ägypter wie Moses zu den Israeliten geschlagen haben könnte: Moses, zunächst als Anhänger Echnatons politisch verfolgt, suchte sich neue Glaubensgenossen und ging mit ihnen ins Exil.

Die religionspsychologische These stellt eine Kontinuität der gedanklichen Entwicklung her, für die man sonst in der Ideengeschichte der Menschheit stets dankbar ist. Theologen freilich gehören kaum zu ihren Anhängern, da sie nach Möglichkeit die Einzigartigkeit der biblischen Gottesoffenbarung retten wollen und mit Recht auf die Unterschiede zwischen einem Naturphänomen wie der Sonne und der Idee eines persönlichen Schöpfergottes hinweisen. Wir werden später darauf zurückkommen und sehen, ob dieser Gegensatz tatsächlich besteht.

Die Katastrophentheorie

Ein vierter Versuch, die Zeit des Exodus – und damit auch die Lebensdaten des Moses – zu bestimmen, fußt auf dem, was man die »Katastrophentheorie« nennen könnte. Sie geht davon aus, daß bei den biblischen Plagen und beim Exodus einige merkwürdige Phänomene beschrieben werden, so zum Beispiel die bekannte »ägyptische Finsternis«, die die Bibel so überliefert: »Da ward eine so dicke Finsternis in ganz Ägyptenland drei Tage lang, daß niemand den anderen sah noch weggehen konnte von dem Ort, wo er gerade war, drei Tage lang.«

Die dreitägige Dunkelheit wird gewöhnlich mit dem Chamsin erklärt, einem heißen Wüstenwind, der riesige Mengen Sand und Staub aufwirbelt und der regelmäßig im Frühjahr auftritt. An solchen Tagen liegt, bis weit hinauf nach Palästina und Syrien, alles in einem düsteren Staubnebel, der die Sonne verdunkelt und die Sicht – genau wie bei einem Wolkennebel aus Wasserteilchen – stark trübt.

Das ist zwar auch heute noch eine Plage, weil der heiße und trockene Südwind wie bei einem Föhn reizbar und unlustig macht und nach dem Chamsin alles mit einer grauen Staubschicht überzogen ist. Aber es ist unwahrscheinlich, daß ein solches jahreszeitlich bedingtes und immer wiederkehrendes Ungemach eine so bedrohliche Plage darstellte, daß sie gleich an die neunte Stelle, vor die Tötung der Erstgeburt, rückte. Wenn Moses keine bessere Plage anzubieten hatte als einen Chamsin, dann darf man sich nicht wundern, wenn der Pharao nicht sonderlich beeindruckt war. Vor allem aber führt ein Chamsin nicht zur totalen Finsternis.

Es gibt aber auch außerhalb der Bibel Beschreibungen von dem, was Luther so plastisch mit »dicke Finsternis« übersetzt hat. Da ist die Rede von einer Dunkelheit, »die schwärzer war als die schwärzeste Nacht«, die nur mit der »vollkommenen Schwärze eines verschlossenen Raumes« zu vergleichen war, »in dem man die Lichter ausgelöscht habe« – und dies, obwohl eigentlich die Sonne scheinen müßte. Mit diesen Ausdrücken schilderte Plinius der Jüngere in einem Brief an Tacitus als Augenzeuge den Ausbruch des Vesuvs, bei dem im Jahr 79 n. Chr. die Städte Pompeji und Herkulaneum unter einer meterdicken Ascheschicht verschüttet wurden. Eine ähnliche Dunkelheit wurde beobachtet, als im Jahr 1883 der Krakatau ausbrach, wobei 36 000 Menschen das Leben verloren.

War die »ägyptische Finsternis« also die Folge eines Vulkanausbruchs? Tatsächlich gab es in historischer Zeit im östlichen Mittelmeer einen solchen Ausbruch, als der größte Teil der nördlich von Kreta gelegenen Insel Thera (Santorin) mitsamt ihrem dreitausend Meter hohen Vulkankegel in die Luft flog. Es war eine der verheerendsten Explosionen der Geschichte. Gelehrte haben errechnet, daß mit einem Schlag fünfunddreißig Kubikkilometer Gestein in die Luft flogen: Das ist ein tausend Meter hohes und ein Kilometer breites Gebirge von fünfunddreißig Kilometer Länge. Die Energie, die dafür notwendig war, kann man ausrechnen. Der Ausbruch von Thera, der die minoische Kultur auf Kreta vernichtete, hatte etwa die Gewalt von tausend Wasserstoffbomben und verbrauchte in wenigen Stunden die Energie von 1,1 Milliarden Tonnen Kohle mittlerer Qualität.

Bei dieser ungeheuren Explosion sind riesige Mengen Vulkanasche hochgeschleudert worden. Wir haben dafür sogar einen Augenzeugenbericht. Die griechische Argonautensage erinnert sich: »...und dann, als der Wind sie rasch über die Abgründe des Kretischen Meeres dahintrug, überfiel sie plötzlich eine entsetzliche Nacht, die man geradezu als ›handgreifliche Finsternis‹ bezeichnen könnte. Es war ein grabesähnliches Dunkel, das weder Sterne noch Mond durchdrangen. Das Chaos der Schwärze schien sich vom Himmel herabzusenken oder tiefste Finsternis sich aus dem innersten Schoß der Erde zu erheben. Und die Seefahrer wußten nicht mehr, ob sie auf dem Wasser des Meeres oder in den Abgründen des Hades segelten. Hilflos verließen sie sich auf die Elemente und ließen ihr Fahrzeug treiben, wohin es die See trug.«

Die Frage ist nur, ob diese Dunkelheit »aus dem innersten Schoß der Erde« auch Ägypten erreicht hat, ob also Vulkanasche und Vulkanstaub rund siebenhundert Kilometer bis ins Nildelta geschleudert worden sind oder getrieben sein können. Die Antwort gaben Tiefseesedimentproben, die in den Jahren 1947/48 und 1956 dem Mittelmeerboden entnommen wurden. Dabei stellte sich heraus, daß es zwei deutlich unterscheidbare Asche-schichten im Meeresboden gibt. Die eine stammt von einem Vul-kanausbruch, der vor etwa 23 000 Jahren stattgefunden haben muß. Seine Aschespuren sind überall zwischen Zypern und Italien nachweisbar. Die Asche aus der Bronzezeit, unter der offenbar auch die Argonauten zu leiden hatten, fand sich dagegen nur in einem engbegrenzten Gebiet zwischen Thera, Kreta und dem Nildelta, liegt also genau in der Richtung, um die es uns geht.

Und so unwahrscheinlich es klingt: Aus der Verteilung der beiden Ascheschichten läßt sich sogar ablesen, daß der erste Ausbruch auf Thera vermutlich im Winter stattfand und der zweite verheerende Ausbruch der Bronzezeit im Frühsommer. Denn nur mit den winterlichen Luftströmungen konnte die Asche beim ersten Ausbruch nordwestlich bis vor die italienische Stiefelspitze getragen werden, und nur im Spätfrühling und Frühsommer gibt es in der Ägäis und im östlichen Mittelmeer-becken die charakteristischen Nordwestwinde, die von Kreta auf Ägypten zuwehen.

Wenn der Exodus nun wirklich kurz nach dem späteren Vulkanausbruch stattgefunden hätte, dann wäre dies eine Bestä-tigung für den Auszug der Kinder Israel nach dem Frühjahrsvoll-mond. Die Bibel hätte dann eine genaue Erinnerung bewahrt. Wenn man nun noch feststellen könnte, in welchem Jahr der Vulkan ausgebrochen ist, hätten wir eine geradezu perfekte Datierung des Exodus.

Eine solche Genauigkeit ist normalerweise nicht zu erreichen. Aber dank einem kleinen verkohlten Bäumchen, das 1967 auf Thera noch aufrechtstehend unter einer Bimssteinschicht gefun-den wurde, können wir den Termin einkreisen. Das ist möglich mit der sogenannten Radiokarbonmethode, mit der man in organischen Substanzen den Zerfall bestimmter radioaktiver Elemente messen und damit das Alter bestimmen kann. Da das Bäumchen offensichtlich beim Vulkanausbruch noch lebte, ist sogar eine recht genaue Messung möglich, denn die Radiokarbondaten beziehen sich auf den Moment des Absterbens, der hier mit dem des Vulkanausbruchs zusammenfallen dürfte.

»Genau« heißt allerdings, daß man nur einen Mittelwert aus den Messungen errechnen kann. So ergibt sich für die Eruption auf Thera zwar das Jahr 1456 v. Chr. als mittlere Zeitangabe, die Streuung nach oben und unten beträgt aber (bei einer Halbwertzeit von 5568 Jahren) dreiundvierzig Jahre. Das heißt, der Ausbruch kann ebenso schon 1499 wie erst 1413 stattgefunden haben.

Diese Bandbreite von über achtzig Jahren nochmals einzuengen gelang schließlich Archäologen auf Kreta. Im Jahr 1939 war zum erstenmal die Theorie aufgestellt worden, die minoische Kultur auf Kreta sei durch einen gewaltigen Vulkanausbruch zerstört worden, denn die Paläste auf der Insel waren zur selben Zeit durch ein Erdbeben zusammengestürzt oder verbrannt. Der Zeitpunkt der Zerstörung konnte anhand von datierbaren Keramikfunden ziemlich genau ermittelt und etwa auf das Jahr 1470 v. Chr. festgelegt werden.

Als sich herausstellte, daß der Vulkanausbruch von Thera in eben jene Zeit fiel und damit offensichtlich der Grund für den Untergang der minoischen Kultur gewesen war, brauchte man nur beide Daten zusammenzubringen: Die Archäologen, die nach einem geeigneten Vulkanausbruch Ausschau gehalten hatten, lieferten den Zeitpunkt der Katastrophen, während die Erdbebenforscher, um einen genauen Termin verlegen, die Katastrophe selbst beisteuerten. Damit hätten wir, seltsam genug, über die Keramikfunde in den minoischen Palästen Kretas die bisher präziseste Zeitangabe für einen möglichen Exodus aus Ägypten gefunden.

Ein Blick auf unsere Pharaonenliste zeigt, daß das Jahr 1470 v. Chr. durchaus nicht abwegig ist, denn die Zeit um 1470 ist uns schon mehrfach als möglicher Exodustermin ins Blickfeld gera-

ten: Es ist die Zeit von Thutmosis III. und der Königin Hatschepsut, jene Zeit also, die auch Manetho nennt und die die
Bibel angibt, wenn sie den Exodus 480 Jahre vor Salomo legt.

Thera und die Plagen

Hätte die Bibel also doch recht mit ihrer Zahlenangabe? Wenn
der Exodus aber mit der Eruption von Thera zusammenhängt,
dann war die »ägyptische Finsternis« allein sicher nicht der
Anlaß für die Flucht der Israeliten. Da mußte mehr dazu kommen als drei Tage Dunkelheit. Und genau das beschreibt die
Bibel ja auch. Sieht man sich jetzt die zehn Plagen noch einmal
an, so kann man in ihnen durchaus einen fortlaufenden Bericht
über einen Vulkanausbruch erkennen.

So wird in der ersten Plage erzählt, daß sich der Nil und »alle
Ströme und Kanäle und Sümpfe und ... alle Wasserstellen ...
selbst in den hölzernen und steinernen Gefäßen« eine Woche
lang in Blut verwandelten. Das kann man, wie Werner Keller,
für »echt ägyptisches Lokalkolorit« halten und mit »Sinkstoffen
aus abessinischen Seen« erklären. Tatsächlich können Schmelzwasser die Flußfarbe verändern und rötlich färben. Nur bleibt
bei Keller ungeklärt, warum dann nicht jedes Jahr der Nil
während der Nilschwemme rot aussieht und wieso diese abessinischen Sinkstoffe auch in Wasserstellen geraten sind, die mit
dem Nil überhaupt nicht zusammenhängen. Nimmt man dagegen an, daß Vulkanasche die ägyptischen Gewässer rot gefärbt
hat, dann wäre dies eine erwähnenswerte und schreckenerregende Besonderheit. Daß bei Vulkanausbrüchen »blutiger Regen«
fällt, hat schon Plinius berichtet.

In der sechsten Plage ist sogar direkt von Asche die Rede, auch
wenn sie als Zaubertrick des Moses hingestellt wird. Moses soll auf
Geheiß Jahwes Ruß aus dem Ofen nehmen und ihn vor dem Pharao
in die Luft werfen, »daß er über ganz Ägyptenland staube«. Was die
Bibel Moses auch immer an Wundertaten zutraut: Hier dürfte nur
ein Vulkanausbruch imstande gewesen sein, große Teile Ägyptens
mit Ruß und Asche zu überziehen.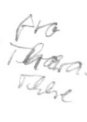

Die siebente Plage berichtet von einem »sehr großen Hagel...
wie er noch nie über Ägypten gewesen ist von der Zeit an, als es
gegründet wurde«, und weiter: »Jahwe ließ donnern und hageln,
und Feuer schoß auf die Erde nieder.« Das klingt nach einem
normalen, wenn auch gewaltigen Unwetter mit Donner, Blitz
und Hagelkörnern. Aber das Wort, das an dieser Stelle gewöhnlich mit »Hagel« übersetzt wird, ist an anderer Stelle eindeutig
mit der Bedeutung »Stein« verbunden. So heißt es bei Josua bei
der Beschreibung eines Meteoritenfalls: »Jahwe warf große Steine auf sie vom Himmel her... so daß viele umkamen. Es kamen
mehr durch diese Hagelsteine um, als Ismaeliten mit dem
Schwert töteten.«

Nach der Katastrophentheorie ist auch diese Plage nichts
weiter als eine Steigerung der Vulkantätigkeit: erst Asche, dann
Gesteinsbrocken. Der Talmud und andere jüdische Kommentare
setzen übrigens als selbstverständlich voraus, daß die Steine, die
in Ägypten herabfielen, heiß waren. Dazu würde auch das Feuer
passen, das herabschoß und die Tatsache, daß hier nicht das
übliche Wort für »Donner« verwendet wird, sondern ein Wort,
das eher »Getöse« bedeutet.

Was die Bibel hier beschreibt, könnte in der Tat die Explosion
von Thera mit ihrem Donnergetöse und der Eruption von unvorstellbaren Mengen Gestein und Asche meinen. Folgerichtig besteht die neunte Plage aus der »ägyptischen Finsternis«.

Spätere Zeiten, die das Ganze nicht mehr mit einem Naturge-
schehen in Verbindung brachten, deuteten die Plagen dann entsprechend ihrer Erfahrungswelt in Blitz, Donner und Hagel um
und verharmlosten ein Ereignis, das die Bibel getreu festgehalten
hat.

So steht auch in der zehnten Plage etwas anderes, als man
hineinliest, weil Luther und die von ihm abhängige »Deutsche
Einheitsübersetzung« der Bibel aus dem Jahr 1980 ganz einfach
Dinge »übersetzt« haben, die ihrer Meinung nach dastehen
müßten. Bei der Ankündigung des Moses, die Türpfosten mit
Blut zu bestreichen, heißt es bei Luther: »Denn der Herr wird
umgehen und die *Ägypter* schlagen. Wenn er aber das Blut sehen
wird an der Oberschwelle und an den beiden Pfosten, wird er an

der Tür vorübergehen und den *Verderber* nicht in eure Häuser kommen lassen, um *euch* zu schlagen.«

Im hebräischen Original ist von »Ägypter« keine Rede. Auch tötet der »Verderber« nicht die Erstgeburt, sondern er »stößt« oder »schlägt« sie, und schließlich hat das, was Luther mit »Verderber« übersetzt, eher die Bedeutung von »Zerstörer«. Der Satz, in dem entgegen der lutherischen Übersetzung überhaupt keine Personen vorkommen, lautet korrekt übersetzt: »Wenn Jahwe vorübergeht, um Ägypten zu schlagen, und das Blut an der Oberschwelle und an den beiden Türpfosten sieht, wird Jahwe die Tür übergehen und den Zerstörer nicht zu euren Häusern gehen lassen, um den Schlag auszuführen.«

Jetzt ist nur noch vom Land und den Häusern die Rede, die geschlagen und gestoßen werden. So kommt man fast von allein auf die Vermutung, daß hier von einem Erdbeben die Rede ist – demselben Erdbeben, das die kretischen Paläste zerstört hat. Ein solches Erdbeben wäre dann wohl nach all den Plagen ein ausreichender Anlaß für die nächtliche überstürzte Flucht gewesen, mit der der Exodus begann. Es würde auch zwanglos erklären, warum mit den Kindern Israel auch »viel fremdes Volk« floh, wie Luther übersetzt: Die panische Angst hatte alle erfaßt.

Damit enthielten fünf der zehn Plagen möglicherweise eine Erinnerung an die Naturkatastrophe von Thera, und wir werden bald sehen, daß das noch nicht alles ist. In seinem Aufsatz »Die ägyptischen Plagen und der Auszug der Kinder Israel aus geologischer Sicht« meint der bei den Ausgrabungen in Thera beschäftigte Seismologe Angelos Galanopoulos vom Athener Institut für Seismologie, auch der wunderbare Durchzug durch das Meer sei eine Folge dieses Vulkanausbruches: Seebeben hätten eine Zeitlang den Boden gehoben, so daß das Wasser zurückflutete und wiederkam.

Widerspruch und Lösung

So überzeugend die verschiedenen Theorien für sich genommen auch sein mögen – fatal ist nur, daß sie sich widersprechen und einander ausschließen. Die jeweiligen Exodustermine liegen so weit auseinander, daß man hier nichts zur Deckung bringen kann.

Wir haben den Termin um 1470, der die Plagen und den Exodus mit dem Vulkanausbruch von Thera zusammenbringt. Auch Manetho gibt diese Zeit an, wenn auch aus anderen Gründen. Dazu paßt die biblische Angabe mit den 480 Jahren vor Salomo. Wir hätten dann die Zeit nach dem Tod Echnatons im Jahr 1347, die besser als jeder andere Termin einen religionsgeschichtlichen Zusammenhang herstellen und den Monotheismus des Moses erklären könnte. Und schließlich gibt es, wieder hundert Jahre später, eine mögliche Datierung um 1250, die uns die Bibel durch die Erwähnung von Pitom und Ramses nahelegt. Sie hätte den Vorteil einer überschaubaren zeitlichen Abfolge von Exodus, Wüstenwanderung, Landnahme und Königtum.

Aber auch die Motive für den Exodus sind sehr verschieden. Da gibt es einmal das offene Motiv der Fronarbeit. Um sie zu beenden und um »sein Volk« zu befreien, hatte Jahwe Moses nach Ägypten geschickt. Das verdeckte Motiv dagegen wird durch das Stichwort »Pest« oder »Seuche« bezeichnet, das auch Manetho erwähnt. Aber keine von beiden bewirkt tatsächlich die Flucht. Sie wird vielmehr durch die zehnte Plage ausgelöst, doch auch diese Darstellung ist in sich widersprüchlich. Eben noch hatte Moses befohlen, niemand solle bis zum Morgen aus dem Haus gehen, um nicht dem »Verderber« in die Hand zu fallen, doch dann verlassen die Kinder Israel mitten in der Nacht ihre Häuser, ohne daß ihnen etwas Schlimmes zustößt. Da gibt es einen Abwehrzauber, nach dem ein Tier geopfert werden muß, um Schlimmeres zu verhüten. Doch dann brechen ganz andere Opfer über die Ägypter herein: Nicht irgendwer, sondern die Erstgeburt unter Vieh und Mensch wird getötet.

Man könnte den Eindruck gewinnen, daß hier etwas durcheinanderläuft, daß gleichzeitig zwei Leute zwei völlig verschiedene Geschichten erzählen. Der eine berichtet von einem Tieropfer im Frühjahr, bei dem ein Bachor, eine Erstgeburt, geschlachtet wurde, während der andere schildert, wie bestimmte auserwählte Leute bei einer Katastrophe ums Leben gekommen sind. Auch er benutzt das Wort »Bachor«, das beides, »Erstgeburt« und »auserwählt«, bedeutet. Der eine berichtet von Viehsterben und Seuchen, der andere von unheimlichen und unerklärlichen Naturerscheinungen. Der eine schildert einen von langer Hand vorbereiteten Aufbruch, der andere einen plötzlichen Hinauswurf. Trotzige Arbeitsverweigerung steht gegen Angst und Flucht; der Plan des Moses gegen unvorhergesehene Ereignisse.

Nur das Ende ist bei beiden Geschichten gleich: Die Israeliten verlassen Ägypten, und das ist für den naiven Zuhörer entscheidend – er hört die ganze Zeit, daß Jahwe alles weislich geplant und in der Hand hat. Er hat die Plagen geschickt, um den Pharao zu verstocken, und so ist das Ganze »weit eher Glaubensbekenntnis als Geschichtsschreibung«.

Der doppelte Exodus

Nun lassen sich die Widersprüche auflösen, wenn wir in der Tat auch hier von zwei Erzählern ausgehen. Wie die Bibel in solchen Fällen verfährt, wissen wir bereits: Sie schiebt beide Überlieferungen ineinander und macht eine einzige Geschichte daraus. Allerdings sind die Widersprüche so erheblich, daß sie wohl kaum vom selben historischen Vorgang berichten. Es scheint, als habe jeder einen anderen Exodus im Auge, der jeweils unter anderen Voraussetzungen und Umständen stattgefunden hat. Der eine schildert die Folgen eines Vulkanausbruchs als Begleitumstände des Exodus, und der lag um das Jahr 1470 v. Chr. Da dieser Augenzeuge und die Israeliten die Zusammenhänge nicht durchschauten und auch gar nicht wußten, daß die Schrecknisse ganz natürlich mit der Explosion auf Thera erklärt

werden konnten, machten sie daraus göttliche Plagen. Der andere erzählt von einer Seuche und dem Rauswurf durch die Ägypter. Das wär die Zeit nach dem Tod Echnatons, also nach 1347
v. Chr.

Auch in den jüdischen Sagen ist, im Gegensatz zur Bibel, von
einem ersten und einem zweiten Auszug die Rede, und da
überhaupt kein Anlaß bestand, die biblische Geschichte mit
ihrem einen heroischen Exodus unter Moses zu ruinieren, dürfte
sich hier eine echte Erinnerung erhalten haben. Möglicherweise
ist auch in der Zeit Ramses' II. wieder eine Gruppe von Beduinen abgewandert, die einst Zuflucht im Nildelta gesucht hatten
wie jene, die unter Merenptah ins Wadi Tumilat eingelassen
worden waren und die von der »Fronarbeit« enttäuscht waren.
Das käme dem Termin um 1250 entgegen.

Damit hätten wir auf elegante Weise alle drei Exodustermine
untergebracht und die Widersprüche in der biblischen Erzählung
erklärt. Aber kaum haben wir das eine Loch zugeschaufelt,
stehen wir vor dem nächsten. Da alle drei Termine um jeweils
rund hundert Jahre auseinanderliegen, stellt sich die Frage, an
welchem Exodus Moses teilgenommen hat. Er kann schließlich,
bei aller Großzügigkeit gegenüber biblischen Altersangaben, nur
einen Exodus mitgemacht haben.

So wie es die Bibel erzählt, ist der Fall freilich klar: Moses
kann nur den ersten Exodus geleitet haben, denn Moses kündigt
dem Pharao die Plagen an und die Plagen hängen mit dem
Vulkanausbruch zusammen. Die Zuordnung Moses' zum zweiten Exodus ließe sich allein mit der These untermauern, daß
Moses mit seinem einzigen Gott Jahwe in Abhängigkeit von
Echnatons Monotheismus gestanden haben muß. In der Bibel
findet sich dafür kein Hinweis.

Dagegen berichten die jüdischen Sagen klipp und klar, daß vor
Moses ein ganzes Volk oder doch zumindest »ein Haufe helden-
hafter Jünglinge, dreißigtausend an der Zahl, aus dem Stamme
Efraim« Ägypten verlassen habe. Ihr Anführer soll ein gewisser
Jinon gewesen sein, »einer von den Nachfahren Efraims«.
(Efraim war ein Sohn des nach Ägypten ausgewanderten Josef
und gilt als der Stammvater des späteren Nordreichs Israel.)

Doch unterwegs seien alle umgekommen, weil die Efraimiten »irrtümlich« losgezogen seien, noch ehe die Leidenszeit der Kinder Israel in Ägypten vollendet war. Erst Moses, der Levit, habe zur richtigen Zeit den Exodus erfolgreich durchgeführt.

Ein Exodus ohne Moses

Zwei verschiedene Auszüge aus Ägypten würden auch die erstaunliche, aber nach allem nicht mehr verwunderliche Tatsache erklären, daß die ältesten Berichte der Bibel vom Durchzug durch das Meer Moses überhaupt nicht erwähnen, obwohl keine illustrierte Bibel an der Szene vorbeikommt, wie Moses in patriarchalischer Würde vor seinem Volk durchs geteilte Meer einherzieht, während im Hintergrund bereits die Wellen über dem Heer des Pharao zusammenschlagen.

Es gibt einen Vers, den die meisten Wissenschaftler für sehr alt halten, weil er, wie ein Findling, aus einem Material besteht, das es in seiner Umgebung sonst nicht gibt. Es ist das Lied der Mirjam, das in seiner Knappheit zum ältesten Spruchgut der Bibel gehören dürfte. Unter Paukenklang und im Reigentanz von Frauen singt Mirjam: »Laßt uns Jahwe singen, denn er hat eine herrliche Tat getan, Roß und Mann hat er ins Meer gestürzt.« Lapidar und ohne jede Ausschmückung wird hier die entscheidende Errettung auf der Flucht erinnert. Von Moses ist keine Rede. Ähnlich heißt es an anderen Stellen, so beim Psalmisten, der nur von Jahwe redet: »Mit starkem Arm hast du dein Volk befreit...«, oder: »Er holte wie Schafe sein Volk heraus und führte sie durch die Wüste gleich einer Herde«, und: »Er dräute dem Schilfmeer, da wurde es trocken, er führte sie durch die Fluten wie durch die Steppe...«

Hier wie bei unzähligen Varianten ist es immer nur Jahwe, der genannt wird. Niemals tauchen Formulierungen auf wie: ›Jahwe, der euch durch seinen Knecht Moses aus der Knechtschaft geführt hat...‹ Wenn Moses im Zusammenhang mit dem Meerwunder genannt wird, dann ist es ein deutlich erkennbarer späterer Zusatz am Anfang oder am Schluß der Erzählung.

Immer bleibt es allein Jahwe, »der Israel herausgeleitet aus ihrer Mitte ... mit starker Hand, mit erhobenem Arm ... der zerteilte das Schildmeer ... der Israel führte mitten hindurch...«

Erst in den jüngeren Texten, die, wie Jesaja oder der Priesterkodex aus den Zeiten des Babylonischen Exils stammen, ist Moses fest integriert: »Da gedachten sie der Tage der Vorzeit und Moses, seines Knechtes: Wo ist der, der den Hirten seiner Herde aus dem Meer herausholte? Wo ist der, der in dessen Inneres seinen Heiligen Geist legte, der seinen herrlichen Arm zur Rechten des Moses gehen ließ, der vor ihnen die Wasser spaltete, um sich einen ewigen Namen zu machen, der sie durch die Wasserfluten schreiten ließ, so leicht wie ein Roß durch die Steppe...«

Wenn man die Geschichte vom Durchzug durch das Schilfmeer (Ex 14) nach den verschiedenen Quellen trennt, fehlt Moses beim Jahwisten, obwohl sonst die ganze Geschichte vom Handeln des Moses bestimmt wird. Allerdings sind sich die Wissenschaftler hier weniger einig denn je, wie der biblische Bericht zwischen dem Elohisten und der Priesterschrift aufzuteilen sei. Ich zitiere hier also nur eine von mehreren Möglichkeiten. Dabei empfiehlt es sich, zunächst jeden Erzählfaden für sich zu lesen, bevor man vergleicht, wie geschickt die drei Geschichten zu einer, wenn auch widersprüchlichen Erzählung kombiniert wurden:

Jahwist	Elohist	Priesterkodex
		Jahwe sprach zu Moses: Sprich zu den Kindern Israel: Sie sollen umkehren und lagern vor Pi-Hahirot zwischen Migdol und dem Meer, vor Baal-Zafon, ihm gegenüber sollen sie lagern. Dann

Jahwist	Elohist	Priesterkodex
		wird Pharao vor den Kindern Israel sagen: Verirrt sind sie im Lande, die Wüste hat sie umschlossen. Ich werde das Herz Pharaos stark machen, daß er sie verfolgt und ich verherrlicht werde an Pharao und seinem ganzen Heer, damit die Ägypter erkennen, daß ich Jahwe bin. So taten sie.
Da wurde dem König von Ägypten gemeldet, daß das Volk geflohen sei.		
	Da wandelte sich das Herz des Pharao und seiner Diener gegen das Volk, und sie sagten: Was haben wir da getan, daß wir das Volk entlassen haben aus unserem Dienst?	
Und er schirrte seine Streitwagen an, und sein Volk nahm er mit sich,		

Jahwist	Elohist	Priesterkodex
	und er nahm 600 auserlesene Wagen und alle (anderen) Streitwagen der Ägypter und Kerntruppen auf allen.	
		Und Jahwe machte das Herz Pharaos, Königs von Ägypten, stark.
Und jagte den Kindern Israel nach.		
		Während die Kinder Israel mit erhobener Hand auszogen. Die Ägypter verfolgten sie und erreichten sie lagernd am Meer, alle Rosse und Wagen Pharaos und seine Wagenkämpfer und sein Heer bei Pi-Hahirot von Baal-Zafon. Pharao nahte, da erhoben die Kinder Israel ihre Augen, und siehe, Ägypten war ihnen nachgezogen. Da erschraken die Israeliten sehr und schrien laut zu Jahwe. Und sie sagten zu Moses: Gab es in Ägypten

Jahwist	Elohist	Priesterkodex
		keine Gräber, daß du uns fortgenommen hast, damit wir in der Wüste sterben? Was hast du uns angetan, daß du uns aus Ägypten herausgeführt hast? Haben wir dir dies nicht schon in Ägypten gesagt: Laß uns in Ruhe! Wir wollen den Ägyptern dienen! Denn es wäre besser für uns, den Ägyptern zu dienen als in der Wüste zu sterben.

Moses aber sprach zu dem Volk: Fürchtet euch nicht, stehet fest, und ihr werdet die Hilfe Jahwes sehen, die er euch bringen wird. Denn so wie ihr heute die Ägypter seht, sollt ihr sie in Ewigkeit nicht wieder sehen. Jahwe wird für euch streiten, ihr aber werdet euch still verhalten.

Jahwist	Elohist	Priesterkodex

Priesterkodex

Jahwe sprach zu Mose: Warum schreist du zu mir? Befiehl den Israeliten aufzubrechen. Du aber erhebe deinen Stab und strecke deine Hand über das Meer aus und spalte es! Die Israeliten sollen mitten durch das Meer auf trockenen Boden gehen können. Ich aber werde das Herz des Pharao verhärten, so daß er ihnen nachsetzen wird. Dann aber will ich mich an dem Pharao und seinem ganzen Heer, an seinen Wagen und Reitern verherrlichen. Die Ägypter sollen erfahren, daß ich Jahwe bin, wenn ich mich an dem Pharao, an seinen Wagen und Reitern verherrliche.

Elohist

Da veränderte der Engel Gottes, der dem Heer der

Jahwist	Elohist	Priesterkodex
	Israeliten voraus-zog, seinen Platz und trat hinter sie.	
Da brach die Wolkensäule vor ihnen auf und stellte sich hinter sie		
	und kam zwischen das Heer der Ägypter und das Lager der Israeliten zu stehen.	
Und als die Finsternis kam, wurde die Wolkensäule zur Feuersäule und erleuchtete die Nacht.		
	Und nicht einer kam dem anderen nahe die ganze Nacht.	
		Nun streckte Moses seine Hand über das Meer.
Da führte Jahwe das Meer durch einen starken Ostwind fort die ganze Nacht und machte das Meer zum trockenen Land.		
		Und es spalteten sich die Wasser, und die Israeliten

Jahwist	Elohist	Priesterkodex
		zogen auf trockenem Boden mitten durch das Meer, während die Wasser zu ihrer Rechten und Linken wie eine Mauer standen. Die Ägypter aber setzten ihnen nach, und alle Rosse des Pharao, seine Wagen und Reiter zogen hinter ihnen her mitten in das Wasser hinein.
Zur Zeit der Morgenwache schaute Jahwe in der Feuer- und Wolkensäule auf das Heer der Ägypter und brachte das Heer der Ägypter in Verwirrung. Und er löste die Räder ihrer Wagen und ließ sie in Schwere fahren. Da sprachen die Ägypter: Laßt uns vor den Israeliten fliehen, denn Jahwe kämpft für sie gegen die Ägypter.		

Jahwist	Elohist	Priesterkodex
		Nun sprach Jahwe zu Moses: Strecke deine Hand über das Meer aus, damit die Wasser auf die Ägypter, auf ihre Wagen und Reiter zurückfluten! Moses streckte seine Hand über das Meer aus.
Da fluteten die Wasser bei Tagesanbruch zu ihrem alten Ort zurück, und die Ägypter flohen ihnen entgegen, und Jahwe schüttelte die Ägypter ins Meer.		
		Da fluteten die Wasser zurück und bedeckten die Wagen und Reiter des ganzen Heeres des Pharao, die hinter ihnen in das Meer gezogen waren. Nicht einer von ihnen blieb am Leben. Die Israeliten dagegen waren auf trockenem Boden durch das Meer hindurchgegangen, während die Was-

Jahwist	Elohist	Priesterkodex
		ser wie eine Mauer zu ihrer Rechten und Linken standen.
So rettete Jahwe an diesem Tage Israel aus der Hand der Ägypter. Die Israeliten sahen die Ägypter tot am Meeresufer liegen,		
		und Israel sah die große Macht, die Jahwe an den Ägyptern gewirkt hatte und das Volk fürchtete Jahwe und vertraute auf Jahwe und auf Moses, seinen Knecht.

Zu den Widersprüchen dieser Geschichte gehört nicht nur, daß einmal ein starker Ostwind das Meer auseinandertreibt und das andere Mal das Meerwunder durch einen Zauber des Moses zustande kommt. Es paßt auch nicht zusammen, daß die Israeliten einmal *geflohen* sind, daß aber zum andern der Pharao sogleich seinen Entschluß bereut, sie *entlassen* zu haben. Und es ist schließlich seltsam, daß Leute, die in voller Panik vor den Fährnissen der Plagen geflohen sind, jetzt dem Moses vorwerfen: »Warum hast du uns das angetan, daß du uns aus Ägypten geführt hast? Haben wir's dir nicht schon in Ägypten gesagt: Laß uns in Ruhe, wir wollen den Ägyptern dienen?«

Das Puzzle ist einfach falsch zusammengesetzt, der Redaktor hat tatsächlich die Bausteinchen aus mehreren Kästen zusammengeworfen. Sortiert man sie auseinander, so gehören das trockene Meer und das Fluchtmotiv in den Katastrophenkasten, während Pharaos Reue über die Entlassung und die Reue des Volkes, überhaupt mitgezogen zu sein, ins Monotheismuspuzzle passen, das eher in der Zeit nach Echnaton zu suchen ist und das wir uns noch näher ansehen werden.

Zunächst aber wollen wir sehen, ob uns der biblische Bericht überhaupt Anhaltspunkte gibt, welchen Weg die Israeliten genommen haben, was nicht unerheblich für die Beurteilung der näheren Umstände des Meerwunders ist.

Der Zug durch das Schilfmeer

Der einfachste Weg von Ägypten nach Palästina war die sogenannte »Philisterstraße«, der »Horusweg« der alten Ägypter, eine große Heer- und Karawanenstraße, die durch flaches Wüstengelände und vorbei an zahlreichen Quellen und Brunnen, ohne die man verloren war, an der Mittelmeerküste entlang nach el-Arisch und von da nach Gaza und weiter nordwärts führte. Sie war durch die Jahrtausende der klassische Reiseweg zwischen Palästina und Ägypten: Die heutige Autostraße entlang der Küste ist mit dem alten Philisterweg weitgehend identisch.

Daß die Kinder Israel diese bequeme Straße nicht benutzten, dürfte ein Hinweis darauf sein, daß sie das Land ohne Einwilligung des Pharao verlassen hatten. Da die offiziellen Grenzwege von Beamten bewacht wurden, wären die Fliehenden wohl bald zurückgeschickt worden.

Die Bibel begründet das allerdings anders und nachweislich falsch, wenn sie schreibt, daß Gott »sie nicht den Weg durch das Land der Philister« ziehen ließ, »der am nächsten war; denn Gott dachte, es könnte das Volk gereuen, wenn sie Kämpfe vor sich sähen, und sie könnten wieder nach Ägypten zurückkehren«. Der Erkenntnisstand Gottes stimmt hier nicht mit den historischen Tatsachen überein. Die Philister, denen Palästina seinen Namen verdankt, kamen erst später ins Land. Von den Grenzwachen abgesehen, hätten die Israeliten also unbesorgt nach Norden ziehen können.

Statt dessen werden sie von Gott »durch die Wüste zum Schilfmeer« geleitet, d.h. sie fliehen durch unbewohntes und unkontrolliertes Land, und es fehlt in der Bibel nicht an Ortsangaben für die Lagerplätze. Aber je präziser die Angaben werden, desto heilloser ist die Verwirrung: Entweder wissen wir nicht, wo diese Orte lagen, oder sie passen nicht zusammen.

Einmal heißt es, die Israeliten seien von Sukkot ausgezogen und hätten in Etam am Rand der Wüste gelagert. Beide Orte suchen die Archäologen heute in der Nähe des Timsah-Sees. Dem widerspricht die Angabe, die Kinder Israel sollten sich lagern »bei Pi-Hahirot zwischen Migdol und dem Meer, vor Baal-Zafon«. Nach allem, was wir wissen, liegen diese Orte nördlich des Philisterwegs am Mittelmeer, rund fünfundsechzig Kilometer vom Timsah-See entfernt am Sirbonischen See (dem heutigen Bardwill-See). Andere Gelehrte lehnen wiederum die Nordroute am Bardwill-See entlang ab; sie suchen die ersten Stationen des Exodus unbeirrt viel weiter südlich in der Nähe der Bitterseen.

Immerhin stützten sich die Verfechter der Nordroute und die Anhänger der Südroute auf gleich gute Argumente, wenn sie den Weg der Israeliten »durch die Wüste zum Schilfmeer« suchen. Die Frage ist eben nur: Wo lag dieses Schilfmeer?

Die Bibel selbst sorgt hier für ziemliche Verwirrung. So bezeichnet das Alte Testament mit »Schilfmeer« mehrfach und eindeutig den Golf von Elat, also das Rote Meer östlich der Sinaihalbinsel. Dort aber gibt es kein Schilf, und außerdem hätten die Israeliten, und mit ihnen der Pharao und sein Heer, ja erst einmal den ganzen Sinai durchqueren müssen, um zu ihrem Meerwunder zu kommen. Davon kann natürlich keine Rede sein.

Auch die Septuaginta, die griechische Übersetzung des Alten Testaments, gibt das hebräische »Jam Suf« (»Riedmeer«) mit »Rotes Meer« wieder, bezeichnet damit aber auch verschiedentlich den Golf von Suez, den die Ägypter merkwürdigerweise in der Komplementärfarbe sahen und »das große Grüne« nannten. Das Neue Testament nennt als Stelle des Meerwunders ausdrücklich das Rote Meer, wobei ihm das Hebräische entgegenkommt: Auch noch im modernen Hebräisch heißt das Rote Meer »Jam Suf«, also »Schilfmeer«. Aber so wenig es rot aussieht, so wenig wächst dort Schilf.

Über das Neue Testament hat sich bei uns die Vorstellung eingebürgert, irgendwo südlich von Suez sei im Roten Meer die Stelle gewesen, wo das »Wasser wie Mauern« stand. Nun mag damals die flache Zone um Suez verschilft gewesen sein; aber offenbar hat sich niemand Gedanken gemacht, wie die Israeliten lebend dorthin gekommen sein sollen. Vom Land Goschen im Nildelta hätten sie rund hundert Kilometer – das sind mit Vieh mindestens drei bis vier Tage – wandern müssen, bevor sie ans Wasser kamen. Den Verfechtern der Südroute kommt die Lokalisierung des Meerwunders am Roten Meer jedoch sehr gelegen, denn dann läge der Fluchtweg in direkter Linie zum »Berg des Gesetzes«, den die Tradition im südlichen Sinaimassiv ansiedelt.

Die Vertreter der Nordroute verweisen dagegen listig auf die achte Plage mit den Heuschrecken, die durch einen starken Ostwind herbeigeführt und die, nachdem sie alles kahlgefressen hatten, von einem »sehr starken Westwind« abgetrieben und ins »Schilfmeer« geweht wurden. Nun gibt es aber östlich vom Nildelta weit und breit kein Meer, sondern bestenfalls Sümpfe und Binnenseen, die heute durch den Suezkanal miteinander verbunden sind. Kann man also auch diese Seen und Sümpfe in die Überlegung mit einbeziehen? Dann allerdings könnte man unter Schilfmeer praktisch jedes größere Schilf- oder Papyrusdickicht und jede Verlandungszone verstehen.

Meere, Seen und Sümpfe

Um eine natürliche Erklärung des Meerwunders bemüht, führen die Anhänger der Südroute an, daß es im Roten Meer im Gegensatz zum Mittelmeer eine deutliche Ebbe und Flut gibt. Der Ablauf wäre dann etwa so gewesen: Nach einem langen Marsch durch die Wüste kamen die Flüchtenden ans Rote Meer, das ihnen den weiteren Fluchtweg abschneidet. Es kommt zur ersten Meuterei gegen Moses: »Waren nicht Gräber in Ägypten, daß du uns wegführen mußtest, damit wir in der Wüste sterben...?«

Aber da geschieht etwas, was die einstigen Wüstennomaden und späteren Bewohner des Nildeltas nicht kennen und sich auch nicht erklären können: Das Wasser weicht plötzlich zurück, es ist Ebbe. Und nach der Regel, daß unerklärliche Naturvorgänge und unerwartete Errettungen gern als Wunder gedeutet werden, erkennen die Kinder Israel in diesem Ereignis das Eingreifen Gottes. Sie ziehen wohlbehalten durch das Wattenmeer, während die Verfolger weniger Glück haben: Sie werden von der Flut überrascht.

Man kann nun einwenden, daß die ägyptischen Grenztruppen sicher die Regelmäßigkeit von Ebbe und Flut kannten und daher nicht so dumm gewesen sein werden, sich in offensichtliche Lebensgefahr zu begeben, indem sie bei fortgeschrittener Ebbe nachsetzten. Aber das gleiche kann man auch Napoleon Bonaparte vorwerfen, der bei seiner Ägyptenexpedition im Jahr 1798 die sogenannte »Mosesquelle« am Ostufer des Golf von Suez besuchte, sich mit seinen Begleitern verspätete und auf dem

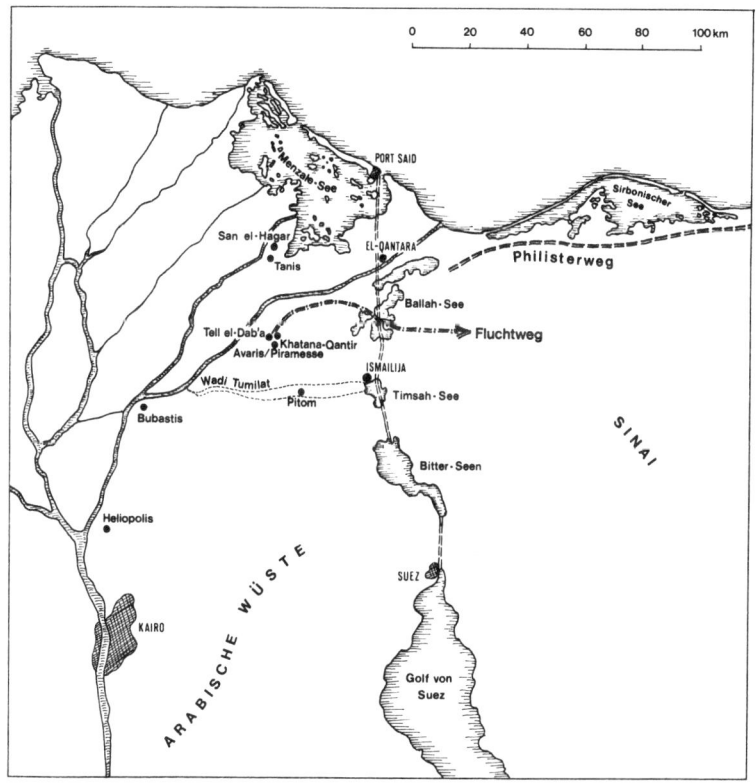

Das Land Goschen im Ostdelta und Route des Exodus

137

Rückweg über das Watt durch die einsetztende Flut in höchste Lebensgefahr geriet.

Nordroute Eine andere, sehr beliebte und durchaus einleuchtende Erklärung wird von den Verfechtern der Nordroute angeboten. Sie stützen sich auf den biblischen Hinweis, daß die Israeliten »mitten durch das Meer« gingen und das Wasser zur Rechten wie zur Linken »wie eine Mauer« stand. Nun kann man von den Mauern halten, was man will; die jüdischen Sagen jedenfalls nehmen sie ganz wörtlich und erklären sie damit, daß das Wasser gefror und so zur festen Mauer wurde, und das nicht nur einmal, sondern gleich in zwölf parallel laufenden Straßen mit Guckfenstern dazwischen: für jeden der zwölf Stämme Israels ein eigener Weg und ein eigenes Wunder.

Nun gibt es auch heute noch eine Stelle, wo man trockenen Fußes mitten durch das Meer laufen kann, auch wenn das Wasser nicht gerade wie Mauern steht. Es ist jene Nehrung, die bis zu zwanzig Kilometer vom Festland entfernt, den Sirbonischen See (Bardwill-See) vom Mittelmeer abtrennt und damit fast zu einem Binnensee macht. Bei einer Flucht über diese schmale Sanddüne hätten die Kinder Israel das »Wunder« erlebt, mitten durch das Meer zu gehen. Für diese These spricht, daß Orte wie Baal Zafon genau in jener Gegend lokalisiert werden können und daß der Marsch über die Nehrung die Flüchtlinge erst weit hinter den ägyptischen Kontrollen wieder auf den Philisterweg gebracht hätte.

Kritik Nordroute: Allerdings hat dieser eindrucksvolle Fluchtweg »durch« das Meer zwei entscheidende Nachteile: Um von Goschen zur Sirbonischen Nehrung zu kommen, hätten die Kinder Israel vorher eben jene Philisterstraße überqueren müssen, die sie nach der Bibel vermeiden wollten. Darüber hinaus ist der Weg über die Nehrung des Bardwill-Sees über siebzig Kilometer lang, und das bedeutet eine mindestens dreitägige Wanderung. Kein einziger, der bisher die Israeliten guten Mutes auf dem Papier auf diesen Fluchtweg geschickt hat, scheint überlegt zu haben, wie wohl die Prile in der Nehrung überwunden wurden und wo das notwendige Trinkwasser für Menschen und Tiere hergekommen sein soll. Zwar gibt es auf der Sirbonischen Nehrung auf halbem Weg

138

erstaunlicherweise einen Süßwasserbrunnen; ich kann mir aber nicht vorstellen, daß sich diese Süßwasserstelle mitten im salzigen Meer nicht als Wunder Gottes in der Bibel niedergeschlagen hätte, wenn die Israeliten wirklich dort vorbeigekommen wären. Schließlich geraten die Anhänger dieser These in Verlegenheit, wenn sie erklären sollen, wie der Pharao und sein Heer es fertiggebracht haben, auf der Nehrung zu ertrinken.

Noch einen anderen Fluchtweg hat neuerdings Manfred Bietak vorgeschlagen. Sein Weg hat den Vorteil, daß er dort liegt, wo die Kinder Israel nach neuester Forschung wirklich gelebt haben, nämlich auf der Höhe von Tell el-Dab'a (Ramses) und Pitom im Wadi Tumilat, so daß sie das Land auf dem schnellsten Wege verlassen konnten. Sucht man freilich heute in dieser Gegend, also etwa zwischen Qantara und Ismailija nach einem Schilfmeer, wird man enttäuscht. Gerade auf jener Strecke, die stellenweise unter Meeresniveau liegt, findet sich kein Gewässer wie etwa der Timsah-See oder die Bitterseen. Wohl aber gibt es dort ein versumpftes Gebiet. Es ist der Rest des Ballah-Sees, der seit dem Bau des Suezkanals langsam austrocknet.

Der Ballah-See bestand, wie man aus alten Karten und neueren Vermessungen weiß, aus einer kleinen Seenplatte von drei Gewässern, die durch schmale Landbrücken getrennt waren; diese führten stellenweise durch seichtes Wasser. Da nördlich des Ballah-Sees die bewachte Philisterstraße verlief, könnten sie durchaus als Schleichwege für Flüchtlinge gedient haben.

Die von Bietak vorgeschlagene Fluchtroute ist zwar nicht so eindrucksvoll wie die Sirbonische Nehrung oder das Rote Meer; sie hat aber den Vorteil, daß sie ohne viel Aufwand die nächstliegende Möglichkeit beschreibt. Sie war aber nicht nur der schnellste und sicherste Weg aus Goschen nach Osten, sondern auch der günstigste, was die Brunnen in der Wüste angeht: Östlich des Ballah-Sees liegen im Abstand weniger Kilometer voneinander drei Brunnen, während der Wüstenweg zur Sirbonischen Nehrung oder zum Roten Meer nur wenige Brunnen und zwischen ihnen erhebliche Durststrecken aufweist. Im übrigen könnte der Ballah-See tatsächlich auch jenes Schilfmeer der Bibel sein, in das der starke Westwind die Heuschrecken der achten Plage trieb.

Ein plötzlicher Erdkrampf

Alle natürlichen Erklärungsversuche des Meerwunders mit Ebbe, Nehrung und Landbrücken versuchen dabei um die wunderbare Erscheinung herumzukommen, daß sich das Wasser vor den Augen der Israeliten nach links und rechts teilte und nach etlicher Zeit wieder an die alte Stelle zurückströmte, so daß die Ägypter schmählich ertranken.

Hier können nun die Anhänger der Katastrophentheorie brillieren und das Ganze leicht mit einem Seebeben erklären. Voller Stolz können sie sogar einen ganz unverdächtigen Gewährsmann zitieren, nämlich den griechischen Geographen Strabo, der im ersten vorchristlichen Jahrhundert lebte. Nach der Beschreibung eines Seebebens an der syrischen Küste bemerkt Strabo wörtlich: »Dergleichen kommt auch bei dem an Ägypten angrenzenden Kasion vor, indem die Erde, von einem plötzlichen, einmaligen Krampf befallen, sich zugleich nach zwei Seiten hin verändert, so daß der hochgehobene Teil von ihr das Meer wegtreibt, der eingesunkene es aufnimmt, durch die umgekehrte Bewegung aber die Gegend die alte Gestalt wieder annimmt, wobei bald eine gewisse Veränderung eintritt, bald nicht...«

Besser kann das Zitat gar nicht passen, denn dieses Kasion existiert heute noch als Ras Quasrun am Sirbonischen See, also genau da, wo auch die Bibel die Kinder Israel bei Baal-Zafon lagern läßt: Baal-Zafon ist nur eine andere Bezeichnung für Kasion. Allerdings sind solche Beben nicht nur auf das Mittelmeer beschränkt. Grundsätzlich könnte auch ein Binnensee wie der Ballah-See durch ein Beben gesenkt und wieder gehoben worden sein.

Die Geschichte hätte sich dann so abgespielt: Die Israeliten kommen ans Wasser, als gerade, durch den Vulkanausbruch bedingt, ein Beben den Meeresboden hebt, so daß sie tatsächlich trockenen Fußes hindurchgehen können, wo kurz vorher noch Wasser gewesen ist. Dann senkt sich der Boden wieder, das Wasser strömt zurück, und die Ägypter ertrinken; darauf spült die Flutwelle sie ans Ufer, wo die Israeliten sie »tot am Ufer des Meeres« liegen sehen.

Mit dieser Auffassung korrespondiert eine Bibelstelle, die allerdings für gewöhnlich falsch übersetzt wird. Als Moses die Hand zum zweitenmal ausstreckte, um das Wasser wieder herbeizubringen, flohen die Ägypter dem Wasser entgegen: »So stürzte der Herr sie mitten ins Meer«, ist bei Luther und in der Einheitsübersetzung zu lesen. Im hebräischen Original dagegen steht nichts von Stürzen oder Treiben, sondern es heißt, daß Jahwe die Ägypter ins Meer »schüttelte«.

Interpreten haben wahre Salti mortali unternommen, um diesem »Schütteln« einen Sinn abzugewinnen, zum Beispiel: Die Ägypter seien von ihren Wagen gesprungen und dabei «geschüttelt« worden. Aber wie bei der zehnten Plage, in der die Häuser einen Schlag erhalten (und nicht die Menschen), ergibt sich der Sinn ganz von allein, wenn man an ein Erd- oder Seebeben denkt, wie dies im Psalm 77 bei der Beschreibung des Exodus ganz selbstverständlich erscheint: »Mit starkem Arm hast du dein Volk befreit ... deine Pfeile fuhren dahin, dein Donner durchdröhnte den Wirbelsturm, deine Blitze erhellten den Erdkreis, erschüttert wurde die Erde, und sie erbebte. Es ging dein Weg durch das Meer, es gingen deine Pfade durch große Fluten ...« Nichts anderes sagt auch das Siegeslied der Mirjam, wenn es heißt, Jahwe habe Roß und Mann ins Meer »gestürzt« – eine ungewöhnliche Vokabel, wenn schlichtes Ertrinken gemeint gewesen wäre.

Natürlich herrscht unter den Gelehrten keine Einigkeit darüber, ob einer dieser Erklärungsversuche, und dann welcher, den historischen Vorgängen nahekommt. Es ist nicht auszuschließen, daß wesentliche Teile der Erzählung aus der allgemeinen Wunderkiste stammen. Ein klassisches Beispiel dafür ist die Schilderung der Gesetzgebung am Berg Sinai, in der in deutlichen Worten von einem tätigen Vulkan die Rede ist. Vulkane hat es aber auf der Sinaihalbinsel nachweislich zu keiner Zeit gegeben. Auch im Bericht vom Exodus könnten Donner, Blitz und Erdbeben bemüht worden sein, um ihn in einem besonderen Licht erscheinen zu lassen: Gott selbst hat unter dem Einsatz himmlischer und irdischer Mächte sein Volk aus der Knechtschaft geführt und damit zugleich seine Macht demonstriert.

Eine Entscheidung ist nicht möglich, weil Deutung gegen Deutung steht. Immerhin kann die Katastrophentheorie eine Vielzahl sonst unverständlicher Abläufe und Beschreibungen erklären und in ein Zeitgefüge einordnen.

Die Feuersäule

Ein anderes merkwürdiges Phänomen ist die Wolken- und Feuersäule, die zum Wegweiser für das wandernde Volk wurde. Es liegt nahe, auch sie mit einem tätigen Vulkan in Zusammenhang zu bringen, dessen Rauch am Tag als Wolkensäule und nachts im Widerschein der Feuerglut als Feuersäule erschien. Doch, wie gesagt, Vulkane gibt und gab es dort weit und breit nicht, und selbst wenn es einen gegeben hätte, müßte er wahre Wunder vollbracht und unversehens seinen Standort gewechselt haben, denn die Bibel schreibt: »Und die Wolkensäule vor ihnen erhob sich und trat hinter sie«, oder umschreibend: »Da erhob sich der Bote Gottes, der vor dem Heer Israels herzog, und stellte sich hinter sie.«

Schon aus diesem Grund dürfte auch der Vulkanausbruch von Thera als natürliche Ursache ausscheiden. Zumal es unwahrscheinlich ist, daß der Vulkanausbruch über siebenhundert Kilometer hinweg noch als geschlossene Rauch- oder Feuersäule angeblich wochenlang zu sehen war. Im übrigen lag Thera in der falschen Richtung: Da die Erscheinung den ostwärts wandernden Israeliten als Wegweiser diente, hätte er im Osten liegen müssen.

Nun gibt es eine eigentümliche Formulierung bei Jesaja, in der vom »herrlichen Arm« die Rede ist, der Moses begleitete. Schaut man genauer hin, dann erscheint dieser starke und mächtige Arm geradezu als Leitmotiv der Exodusgeschichte; immer wieder werden Hand und Arm Gottes erwähnt: »Der Herr hat euch mit mächtiger Hand von dort herausgeführt«, oder »mit starker, hoher Hand« zogen die Kinder Israel aus Ägypten. Nach dem Untergang der Ägypter im Meer »sah Israel die mächtige Hand, mit der Jahwe an den Ägyptern gehandelt hatte«, und im Loblied des Moses heißt es: »Deine Rechte, Jahwe, tut große Wunder, deine rechte Hand hat die Feinde zerschlagen«, und: »Als du deine rechte Hand ausstrecktest, verschlang sie die Erde ... vor deinem mächtigen Arm erstarrten sie wie die Steine.«

Selbstverständlich kann diese Formulierung nur ein Sprachbild für die Kraft Jahwes sein; es ist ja eine ganz normale Vorstellung, daß man jemanden mit starkem Arm aus einer Schwierigkeit herausholt. Auch im heutigen Hebräisch bedeutet das entsprechende Wort einmal das Körperglied, aber auch im übertragenen Sinne »Stärke, Kraft, Gewalt, Macht«. Der »Arm Gottes« wäre dann nichts anderes als die »Macht Gottes«, von der auch der Psalmist redet: »Ich bin Jahwe, dein Gott, der dich herausgeführt aus Ägypten.«

Doch seit je hat man in Erwägung gezogen, ob hier Jahwe als der Herr der himmlischen Heerscharen, als »Jahwe Zebaot«, nicht etwas aus seinem himmlischen Arsenal eingesetzt hat. So vermutete schon im 17. Jahrhundert der Astronom Licetus, daß die Feuersäule, die den Israeliten beim Zug durch das Meer voranging, in Wirklichkeit ein Komet und der »Arm Gottes« nichts anderes als der Kometenschweif gewesen sei.

Das klingt nicht schlecht. In Zeiten, in denen jedes »Zeichen am Himmel« als Vorbote irdischer Ereignisse gedeutet wurde, könnte das plötzliche Auftauchen eines Kometen den Kindern Israel tatsächlich als »Fingerzeig Gottes« gedient haben, wohin sie zu gehen hatten: Der Schweif wies ja deutlich die Richtung.

Vielleicht war es sogar jener Komet, von dem Plinius d. Ä. in seiner *Naturgeschichte* berichtet: »Ein furchtbarer Komet wurde von der Bevölkerung Äthiopiens und Ägyptens beobachtet, dem Typhon, der König seiner Zeit, den Namen gab; er war von feuriger Erscheinung und war gewunden wie eine Spirale, und er war sehr grimmig anzuschauen: Er war nicht so sehr ein Stern, als etwas, was man vielleicht als feurige Kugel bezeichnen könnte.«

Leider weist der Name »Typhon« nur in die unbestimmten Zeiten griechischer Mythologie, die den Typhon als hundertköpfigen Drachen kennt, der, von Zeus überwältigt, unter dem Ätna begraben wurde und dort seitdem Feuer speit.

Kometen und »rauchende Sterne«

Kometenbahnen kann man nicht berechnen. Kometen sind versprengte, drei im Weltraum vagabundierende Trümmer, deren mehr oder weniger dichte Kerne im Kometenkopf oft nur einige hundert Meter Durchmesser haben. Kommen sie in die Nähe unseres Sonnensystems, werden sie von der Sonne angezogen und je nach Konstellation auch von den Planeten abgelenkt. Sie umkreisen in einer langgestreckten elliptischen Bahn die Sonne und schießen dann wieder in den Kosmos hinaus. Während ihres Fluges durch unser Sonnensystem zeigen die Kometen dabei einen mehr oder weniger langen Schweif, wie ihn die christliche Tradition beim Weihnachtsstern von Bethlehem kennt. Wenn der Schweif lang genug ist, dann ist er sogar am Tag sichtbar wie beim Kometen vom Jahr 1882 oder im Jahr 44 v. Chr. – dem Jahr der Ermordung Cäsars. Man hat daher Kometen auch »rauchende Sterne« genannt.

Entscheidend ist, daß der Kometenschweif plötzlich umschwenken kann. Was früher wie ein Wunder wirken mußte, kann man inzwischen erklären: Die ionisierten Gasteilchen des Schweifs werden durch den Druck des sogenannten »Sonnenwindes« von der Sonne weggeblasen. Der Schweif zeigt daher immer von der Sonne weg. Kommt also ein Komet für den Betrachter aus Osten, so wird der Schweif zunächst auch nach Osten zeigen. Zieht der Komet zwischen Betrachter und Sonne vorbei, wird er auf ihn zuweisen und dann plötzlich nach Westen umschwenken, wenn der Komet weiterzieht.

Genau das beschreibt die Bibel, wenn auch mit anderen Worten: Plötzlich trat die Wolkensäule, die eben noch nach vorn gewiesen hatte, hinter die Israeliten und versetzte sie in Verwirrung. An dieser Stelle wird in der Bibel (Ex 14) von einem nicht ganz entwirrbaren Hin- und Herwandern der Kinder Israel berichtet: Es ist der Moment, als der Komet um die Sonne herumschwenkt und der Schweif seine Richtung um 180 Grad ändert.

Wahrscheinlich strapaziert es die Vorsehung Gottes zu stark, wenn wir die Katastrophen- und Kometentheorie zeitlich miteinander verbinden. Man kann schlecht den ungeheuren Asche-ausstoß eines Vulkanausbruchs (»ägyptische Finsternis«) mit dem klaren Himmel zusammenbringen, der nötig ist, um bei Tag und bei Nacht den hauchdünnen Schweif eines Kometen zu erkennen. Andererseits kann man nicht gut einen Kometen für den Exodus verantwortlich machen, wenn er durch einen Vulkanausbruch überlagert wird.

Ich sehe die Lösung darin, daß die Bibel auch hier zwei starke, wenn auch zeitlich getrennte Anlässe für einen Exodus zusammengebracht hat: Ein Auszug – um 1470 – fand unter dem Eindruck des Vulkanausbruchs von Thera statt. Ein zweiter Exodus – unter Moses – erfolgte später unter einem anderen »Fingerzeig Gottes«: Ein Komet war nach Beendigung der Herrschaft Echnatons am Himmel erschienen.

Der Weg durch das geteilte Meer bezeichnet die Grenze beider Traditionen: Die eine Geschichte erzählt den Exodus der Therakatastrophe, die andere die Fortsetzung mit dem »starken Arm« des Herrn der himmlischen Heerscharen, einem Kometen. Das Motiv der Plagen geht über in das Motiv der Führung. Hier beginnt die eigentliche Geschichte des Moses.

DAS GESETZ

In der Wüste

Erst in der Erzählung von der langen Wanderung durch die Wüste läßt die Bibel Moses zum Führer und Anführer des Volkes werden, auch wenn es zugleich die Geschichte einer permanenten Meuterei und Unzufriedenheit ist.

Kaum hatte es das Meerwunder hinter sich, »murrte das Volk wider Moses«, weil es nach dreitägiger Wüstenwanderung an eine Quelle mit bitterem Wasser gekommen war. Moses mußte ein Wunder tun. Ein paar Wochen später kam es zur nächsten Meuterei: »Wollte Gott, wir wären in Ägypten gestorben durch Jahwes Hand, als wir bei den Fleischtöpfen saßen und hatten Brot die Fülle zu essen...« Jetzt muß Jahwe aushelfen. Beim Elohisten läßt er Manna regnen und im Priesterkodex Wachtelschwärme aufziehen. Kurz darauf mangelte es erneut an Wasser, und das Volk probte den Aufstand, so daß sich Moses verzweifelt an seinen Gott wandte: »Was soll ich mit dem Volk tun? Es fehlt nicht viel, so werden sie mich noch steinigen.« Nur durch ein Wunder konnte er sich retten. Als Moses schließlich am Gottesberg die Gebote Jahwes empfing, war das Volk längst bereit, ihn und seinen Gott aufzugeben. Auf Anstiften des Aaron tanzten sie um das Goldene Kalb.

Erst in vielen Jahren der Entbehrung und der Heimatlosigkeit entwickelten die Israeliten so etwas wie Gesetz und Ordnung; erst in langer Wüstenwanderung wuchsen die einzelnen Stämme zusammen und wurden stark genug, sich ein neues Land zu erobern, »in dem Milch und Honig floß«, Kanaan. Die Bibel freilich sieht es anders. Sie erzählt die Geschichte von ihrem Ende her und macht den Zufall zu Gottes Heilsplan.

Tacitus beschreibt durchaus hämisch, wie die Israeliten nach der Flucht aus Ägypten in der Wüste »weinend vor sich hingestiert« hätten, bis einer von ihnen, nämlich Moses, sie aufgefordert habe, weder von Göttern noch von Menschen Hilfe zu erwarten. Das dürfte die tatsächliche Situation ganz gut charakterisieren, denn, so Tacitus weiter, sie zogen »durchaus unkundig, wie sie waren, geradewohl ihres Weges« – und das bestätigt die Bibel allenthalben. Sonst hätte Moses nicht Gott und Welt angefleht, ihm und seiner Schar weiterzuhelfen.

Wäre das erklärte Ziel der Israeliten tatsächlich vom Beginn des Exodus an Kanaan gewesen, dann hätten sie in zwei Wochen dort sein können. Statt dessen brauchten sie vierzig Jahre, jedenfalls eine sehr lange Zeit. Daß die Philister ihnen den Weg verlegt hätten, ist eine schwache Begründung späterer Generationen. Sie erklärt keineswegs, warum die Kinder Israel gleich bis in die Südspitze des Sinaimassivs ausgewichen sind, wenn wir den Angaben der Bibel folgen. Sie erklärt auch nicht, warum sie später endlose Jahre in der Oase von Kadesch-Barnea gewartet haben, bis Gott endlich sein Versprechen erfüllte und sie ins Gelobte Land ließ. Und sie erklärt vor allem nicht, wie ein ganzes Volk vierzig Jahre lang in der Wüste überleben konnte.

Das vertraute Bild: Moses voraus, ein ganzes Volk hinterdrein, ist naiv. Das hätten die Kinder Israel keine drei Tage lebend überstanden, schon gar nicht bei den in der Bibel angegebenen Zahlen: Danach sollen sich »sechshunderttausend Mann zu Fuß ohne die Frauen und Kinder« auf den Weg gemacht haben. Rechnet man das in Familien hoch, so wären rund zweieinhalb Millionen Israeliten auf einmal aus Ägypten ausgezogen. Stellt man sich eine Marschkolonne in Viererreihen vor, so ergäbe das einen Zug von 625 Kilometer Länge. Das hieße, daß die ersten schon längst in Kanaan angekommen waren, während die letzten noch in Ägypten anstanden, um sich einzureihen.

Angesichts der Tatsache, daß die gesamte Sinaihalbinsel höchstens zwischen sieben- und zehntausend Nomaden karge Lebensmöglichkeiten bietet, sind solche Millionenzahlen absolut undiskutabel, selbst wenn es Tag und Nacht Wachteln und Manna geregnet hätte. Georg Gerster, ein exquisiter Sinaikenner, spottet daher: »Wer selber in der sinaitischen Bergwildnis umhergezogen ist, kann sich der Erkenntnis kaum verschließen, daß hier das Leben in einer geschlossenen Gruppe auch nur von einigen hundert Menschen mit ihren Schaf- und Ziegenherden

Jahwes Bereitschaft, bei Gelegenheit den Tisch wunderbarerweise zu decken, stark strapazierte.«

Keine Quelle und kein Brunnen wären imstande gewesen, mehr als ein paar hundert Menschen auf einmal mit Wasser zu versorgen – von wenigen Ausnahmen wie Kadesch-Barnea abgesehen –, zumal zu jener Zeit das Kamel (genauer: das Dromedar) im arabischen Raum noch nicht heimisch war und die Esel der Israeliten längst nicht so anspruchslos waren wie Kamele.

Wir müssen uns also nach realistischeren Zahlen umsehen. Eine solche Angabe findet man zum Beispiel im sogenannten »Deboralied« im 5. Kapitel des Richterbuchs, das etwa einhundert Jahre nach der Landnahme die Zahl der waffenfähigen Männer in Israel mit rund 40000 angibt. Die Zahl des gesamten Volkes könnte man daraus mit etwa 150000 errechnen. Dazu schreibt Elias Auerbach in seiner Mosesbiographie: »In dem Jahrhundert, das zwischen dem Einbruch in Kanaan und der Deboraschlacht liegt, wird das Volk sich unter den Bedingungen einer kräftigen Bauernbevölkerung mindestens verdreifacht haben, so daß wir für die Zeit des Einbruchs auf etwa 13000 Waffenfähige kommen. Von dieser Zahl geht ein Viertel ab, da die Stämme Ruben, Gad und Ascher bei der Einwanderung in Kanaan bereits im Lande saßen...; andererseits muß etwa ein Viertel für die Südstämme hinzugezählt werden, die das Deboralied bekanntlich nicht zu Israel rechnet.

Aber auch die Zahl von 13000 ist noch zu hoch. Nicht alle diese Stämme waren in Ägypten; ein Teil hat die nomadische Lebensweise beibehalten und sich der werdenden Nation erst in Kadeš angeschlossen...; für sie ist wieder ein Drittel in Abzug zu bringen, so daß sich eine Zahl von 8000–9000 ergibt. Während der vierzig Jahre in Kadeš muß sich die Volkszahl etwa verdoppelt haben.« Für die Volksmenge beim Exodus kommt Elias Auerbach daher zu wesentlich bescheideneren Zahlen: »So erhalten wir für den Einbruch in Kadeš etwa 4000 bis 4500 Krieger, also eine Volkszahl von 12000–13000 Seelen, und für diese Zahl bot die Oase Raum.«

Das mag auf die Oase von Kadesch-Barnea zutreffen, obwohl man sich fragen muß, wo plötzlich so viele Lebensmittel herkommen sollten. Für die Wanderung durch die Wüste sind auch solche Zahlen noch illusorisch. Selbst wenn Hans Bardtke meint, daß es sich beim Exodus überhaupt nur »um eine ganz kleine Schar ... ein paar Familien« gehandelt habe, »die sich unter der Führung eines energischen Mannes aufgemacht haben, um dem Druck der Zwangsarbeit zu entgehen«, so wären es sicher doch ein paar hundert Menschen und ihr Vieh gewesen – und schon da ergeben sich dieselben Versorgungsprobleme.

Die einzig realistische Annahme ist, daß sich die Flüchtlinge in überlebensfähige Gruppen aufgespalten haben oder daß »verschiedene, ursprünglich unabhängig voneinander operierende Gruppen nachträglich miteinander verwoben« worden sind. Das würde erklären, warum die Bibel verschiedene Wanderwege angibt: Einige sind eben nach Norden gezogen, andere nach Süden. Jede dieser Gruppen hatte also ihre eigene Geschichte, die alle zusammen später in der Erinnerung zu *einem* Exodus zusammenflossen, nachdem die Oase von Kadesch-Barnea zum Sammelpunkt der Nomadengruppen geworden war. Die Frage ist dabei nur: Bei welcher Gruppe war Moses?

Nur eine Gruppe kann mit Moses gezogen sein, und nur diese Gruppe kann an einem Berg die Zehn Gebote erhalten haben. Für alle anderen Gruppen war Moses weder der Führer durch die Wüste noch der Gesetzgeber. In Wirklichkeit war alles ein paar Nummern kleiner, als es die Bibel erzählt. Was aber bleibt, sind die Stationen und die Ereignisse, die die Bibel mit Moses verbindet. Darüber ist unendlich viel geschrieben, vermutet und phantasiert worden und niemand kann allen Ernstes behaupten, er könne den genauen Wanderweg des Moses in die Sinailandkarte einzeichnen. Ich will aber trotzdem versuchen, ob man nicht gewisse Stationen finden und lokalisieren kann.

Ausnahmsweise macht es einem die Bibel diesmal leicht: Wer das vollständige Itinerar der Wüstenwanderung lesen will, der findet es im vierten Buch Moses (33) aufgelistet. Da heißt es zum Beispiel nach dem Meerwunder: »Von Mara zogen sie aus und kamen nach Elim... Von Elim zogen sie aus und lagerten sich am Schilfmeer. Vom Schilfmeer zogen sie aus und lagerten sich in der Wüste Sin. Von der Wüste Sin zogen sie aus und lagerten sich in Dofka...« An »Reiseunterlagen« fehlt es also nicht. Die Schwierigkeit liegt aber darin, Stationen nach dreitausend Jahren in einer Wüste zu lokalisieren, in der wandernde Nomadenvölker keine bleibenden Spuren hinterlassen.

Die fromme Tradition

Nach der Tradition liegt der Fall freilich ganz einfach. Durch die Gleichsetzung von Schilfmeer und Rotem Meer ließ man die Kinder Israel am Golf von Suez den Sinai südwärts marschieren und fand den »Berg des Gesetzes« an der Südspitze der Halbinsel. Entsprechend verfuhr man mit den biblischen Lagerplätzen.

So heißt eine Quelle rund dreißig Kilometer südöstlich von Suez auf der Sinaihalbinsel Ajun Musa, »Mosesquelle«, und die Reiseführer schreiben, diese Lokalisierung werde schon durch das brackige Wasser bewiesen, jenem »bitteren Wasser«, das Moses mit einem Holz süß gemacht hat. Aber wie es so geht: Vor rund hundert Jahren, als die Touristenströme noch etwas anders liefen als heute, zeigte man den Bitterbrunnen Mara sechzig Kilometer weiter südlich in der Nähe des heutigen Ras Matarma. Unter dem Namen »Ejn Hawara« gibt es diesen Brunnen noch heute, und in einem Reisebericht aus dem Jahr 1854 lese ich: »Wir hatten von Ayun Musa bis Ain Hawara im Ganzen etwas weniger als 16 Stunden zu Kameele gesessen, und hätte uns nicht der leidige Wind über Kraft und Lust vorwärtsgetrieben, so würden wir, wie die Israeliter, gewiß auch erst am dritten Tage bei Ejn Hawara, welches man für das biblische Marah hält ... angekommen sein.«

Man sieht, auf derartige Angaben ist nur wenig Verlaß. Das angeblich so brackige Wasser der Mosesquelle diente übrigens jahrzehntelang der Trinkwasserversorgung von Suez, ohne daß ein Moses ständig Süßholz hineinwerfen mußte. Außerdem liegt die Mosesquelle von nirgendwoher drei Tagemärsche weit in der Wüste, schon gar nicht von der Stelle aus, wo die Kinder Israel angeblich durch das Rote Meer marschiert sind. Wenn schon, dann ist Ajun Musa die Stelle, an der sie durchs Meer gingen, und Ejn Hawara das Bitterwasser, das man mit Herdentieren und zu Fuß bestenfalls nach drei Tagen erreicht.

Aber schon die nächsten Angaben bleiben obskur, obwohl sie recht präzis klingen: »Und sie kamen nach Elim, da waren zwölf Wasserquellen und siebzig Palmbäume ... von Elim zogen sie aus ... in die Wüste Sin, die zwischen Elim und Sinai liegt ...« Das kann überall und nirgends sein. Die Quelle Elim hat selbst die phantasiereiche Tradition nicht gefunden; und die Wüste Sin oder Zin, eine Kurzform von Sinai, ist in der Bibel die Umgebung des Berges Sinai – und wo der zu suchen ist, ist ja gerade die Frage.

Die Tradition hat allerdings auch diese Frage längst gelöst. Sie sieht im Dschebel Musa, dem »Mosesberg«, den biblischen Gottesberg. Mitten in der grandiosen Gebirgslandschaft sind dort seit 1967, als die Israelis den gesamten Sinai besetzten, ein Flugplatz, Asphaltstraßen, ein riesiger Campingplatz, Souvenirläden und ein Postamt entstanden. Die wenigen Mönche des Sinaiklosters wurden der Touristenströme kaum noch Herr, die in klimatisierten Bussen, offenen Jeeps oder abenteuerlichen Lastwagen mit Vierradantrieb vorfuhren.

Am eindrucksvollsten ist es aber, die Nacht unter freiem Himmel im Schlafsack auf jener 1500 Meter hoch gelegenen Ebene el-Rahah zu verbringen, wo nach der Tradition die Israeliten lagerten, während Moses auf dem Berg war. Über einem der Nachthimmel mit Sternen, die größer scheinen als anderswo, lautlose Stille, weit hinten im Tal die Lichter des Sinaiklosters; eine Landschaft, in der auch Legenden glaubhaft werden. Nachts, um drei Uhr, sollte man aufstehen und sich auf den Weg zum 2285 Meter hohen Mosesberg machen; zuerst zwei Stunden lang im Dunkeln auf einem bequemen Kamelpfad. Dann gabelt sich der Weg. Rechts führt er zu einem kleinen Tal mit einer uralten Zypresse und einer Quelle, wo nach der Legende die siebzig Ältesten Israels auf Moses gewartet haben. Links führt der Weg 734 Stufen hinauf zum Gipfel.

Über der saudiarabischen Wüste jenseits des Golfs von Elat wird der Horizont langsam hell. Das letzte Stück zum Gipfel ist gerade und steil wie eine Himmelsleiter. Rundherum tauchen bizarre Gipfel auf, rosa im Morgenlicht. Bei klarem Wetter sieht man die Südspitze des Sinai, links den Golf von Elat, rechts den Golf von Suez. Auf dem Gipfel steht eine christliche Kapelle, aus den Resten einer Kirche aus dem Jahr 363 n. Chr. erbaut und erbärmlich mit Wellblech gedeckt. Daneben, über der Höhle, in der sich Moses verbarg, als Gott vorüberging, eine kleine, fensterlose Moschee mit Gebetsteppichen. Als ich hinaufkam, saß ein Pulk deutscher Oberkirchenräte und Geistlicher, vom Aufstieg durchgeschwitzt und vor dem Wind geflüchtet, in der stockdunklen Moschee und sang den Choral »Die güld'ne Sonne, voll Freud' und Wonne«, um dann wieder hastig ins Tal hinabzusteigen. Da es verdienstvoll ist, an so heiliger Stelle ein Kind zu zeugen, dient den Arabern die Moschee auch anderen Zwecken als dem andächtigen Gebet. Coca-Cola wird dort oben aber noch nicht verkauft.

Wenn die Wellen erschöpfter Touristen wieder verschwunden sind, ahnt man zum erstenmal, daß hier oben, zwischen Himmel und Erde, wirklich eine würdige Stelle ist, um der Menschheit die Zehn Gebote zu verkünden. Hier konnte Gott der Herr vorübergehen und mit dem Finger seine Worte in den Stein schreiben, während Moses allein vor ihm stand.

Dann nimmt man den anderen Weg hinab, den auch Moses gegangen sein soll, und kommt in das Tal mit der Zypresse, wo die siebzig Ältesten gewartet hatten. Heute wartet dort ein Beduine und kocht auf dürrem Gestrüpp winzige Täßchen Mokka für die Touristen. Dreitausend Stufen sollen es sein, die man auf ungefügen Quadern hinabsteigt und rutscht, genau auf das Katharinenkloster zu, das zunächst winzig am Fuß des Felsspalts auftaucht und langsam größer wird. Die Mönche hatten gerade Wäschetag, und die Laken flatterten auf dem Dach der berühmten Bibliothek. Die Oberkirchenräte und Geistlichen saßen erschöpft im Schatten der Klostermauer und warteten auf Einlaß, den man früher mit einem Fläschchen Johnny Walker leichter erhielt. Heute ist eine Genehmigung mit vielen Stempeln nötig, um an die Stelle zu kommen, an der Moses mit Gott im Dornbusch gesprochen haben soll.

Drinnen die Kirche, die Kaiser Justinian vor über 1400 Jahren bauen ließ und die heute noch unverändert dasteht. Selbst die Dachbalken, mit Holzkeilen statt mit Metallnägeln zusammengefügt, stammen aus dem Jahr 564. Hinter der Apsis eine kleine Kapelle, die man nur ohne Schuhe betreten darf. Hier soll einst der Dornbusch gestanden haben.

Ein Vormittag, an dem man uralte Spuren kreuzt und zwischen feierlichen Gefühlen und touristischer Neugier hin und her schwankt. Ein Vormittag mit Moses und seinem Gott ist im Pauschalpreis inbegriffen.

Nur, es spricht nichts, aber auch gar nichts dafür, daß dieser Mosesberg der Gottesberg der Bibel ist. Bemerkenswerterweise haben zwar Christen und Mohammedaner dort oben eine Kapelle und eine Moschee gebaut, aber die Juden wußten schon bald nicht mehr, wo der »Berg des Gesetzes« liegt. Der letzte Pilger der alten Juden zum Gottesberg war der Prophet Elija, der im 9. Jahrhundert v. Chr. lebte. Im ersten Buch der Könige (19) wird beschrieben, wie Elija von Beerscheba aus vierzig Tage und vierzig Nächte – gemeint ist also sehr lange – zum Gottesberg wanderte und in der Höhle übernachtete, in der auch Moses gewesen war. Dort begegnete ihm, wie dereinst Moses, Jahwe, der Herr Zebaot und gab ihm Aufträge. (Als Jesus auf einen Berg stieg und verklärt wurde, sahen ihn seine Jünger nach den Berichten der Bibel deshalb zwischen Moses und Elija stehen. Damit will der neutestamentliche Bericht verdeutlichen, daß Jesus in der Tradition und Nachfolge der beiden Propheten steht.)

Nirgendwo aber steht, daß Elija auf dem Berg war, der heute Mosesberg heißt. Kennt man die Gegend, erscheint das auch höchst zweifelhaft. Zwar ist der Mosesberg ein imponierender Gipfel, aber gleich nebenan und ebenfalls vom Kloster aus zu erreichen, liegt der Dschebel Katharina, der mit seinen 2642 Metern mehr als 350 Meter höher ist als der Mosesberg. Vom Dschebel Musa aus ist gar nicht zu übersehen, daß der andere Berg der höchste Gipfel des Sinaimassivs ist.

Für den Mosesberg spricht die Ebene el-Rahah mit ihren Brunnen. Schon Anfang des 4. Jahrhunderts sollen dort christliche Mönche aufgetaucht sein. Niemand weiß, wie sie herausgefunden haben, daß gerade dort der Dornbusch stand, den mindestens 1500 Jahre vorher Moses gesehen hatte. Zu allem Unglück soll sich im Jahr 324 n.Chr. auch die Kaiserinmutter Helena am Gottesberg aufgehalten und eine Kirche gestiftet haben. Diese Dame, eine einfache Schankwirtin aus Naisus (dem heutigen Nisch bei Sofia in Bulgarien), und später als Mutter Kaiser Konstantins I. zu großen Ehren und zur Kaiserwürde gelangt, hat viel Schaden in der christlichen Archäologie angerichtet. Wo die im Jahr 312 zum Christentum bekehrte Dame auch hinkam – ihr Sohn hatte eben das Christentum zur Staatsreligion im Römischen Reich erhoben –, da »entdeckte« sie gleich die Orte des biblischen Geschehens, an die sich sonst niemand mehr erinnerte. In Jerusalem fand sie die Stelle der Kreuzigung Christi – und sofort wurde die Grabeskirche darübergebaut. In Bethlehem bezeichnete sie ohne große Schwierigkeiten unter den vielen Höhlen genau jene, in der Jesus geboren worden war – und schon wurde an dieser Stelle die Geburtskirche errichtet. Und nun kam sie, wer weiß wie, in den Sinai – und seitdem wissen wir, auf welchem Berg Moses die Zehn Gebote empfing.

Dabei ist der Mosesberg vom Katharinenkloster und der Ebene el-Rahah aus gar nicht zu sehen. Warum hätte Moses gerade diesen Berg besteigen sollen, zumal der Gipfel vom Sinaikloster aus ohne die dreitausend Stufen, die erst viel später ein Mönch in Erfüllung eines Gelübdes gebaut haben soll, nur für gewandte Kletterer zu erreichen war? Sollte darüber hinaus das Weidegebiet der Midianiter wirklich bis in das unwegsame Gipfelgebiet des Sinai gereicht haben, so daß Moses den Dornstrauch am Gottesberg finden konnte? Warum hat Moses seine Flüchtlingsschar ausgerechnet ins Hochgebirge geführt, wo es doch unten bequeme Wadis gab?

Der Weg des Moses

Schon ein Blick auf die Landkarte zeigt, daß im Sinai die Zahl der Wanderwege beschränkt ist. Die flachen Küstenstreifen sind oft nur wenige Kilometer breit, während das Landesinnere unvermittel im Norden auf mindestens fünfhundert, im Süden gar auf über zweitausend Meter ansteigt. Vom Meer aus gesehen scheint die Halbinsel von einer riesigen Mauer umgeben, hinter der dann der eigentliche Gebirgsblock aufsteigt.

Es ist eine grandiose, oft bizarre Gebirgslandschaft mit Hochebenen, Gebirgsketten, Geröllhalden und gelegentlich auch weiten Sandflächen in den verschiedensten Farben, im Norden aus Kalk- und Sandstein, im Süden, dem eigentlichen Gebirgsmassiv, aus Eruptivgestein. Es ist eine schweigende, tote Landschaft, die mit jeder Stunde des Tages ihre Farben vom satten Rot bis ins tiefe Blau wechselt. Das Gebirgsdreieck, das nach Süden zu ansteigt, ist nur durch seine Täler, die Wadis, zugänglich, Trokkenflußbetten, die vielleicht nur einmal in Jahren für einige Stunden Wasser führen und doch in Jahrmillionen zu tiefen Einschnitten geworden sind.

Moses mußte mit seinen Leuten also zunächst an der Küste entlangziehen, denn dies war die einzige Möglichkeit, überhaupt voranzukommen. Hier gab es Grundwasserbrunnen und Quellen. Da sich die Wadis seit Moses' Zeiten nicht verändert haben, müßte man jetzt rekonstruieren können, wo er den Einstieg in das Gebirgsmassiv fand und wo der »Berg des Gesetzes« gelegen haben könnte.

Folgt man der Vorstellung der Bibel, die einen Marsch entlang dem Golf von Suez (Südroute) nahelegt, und folgen wir der Annahme, das Ejn Hawara einer der Rastplätze war, dann haben wir in Richtung Süden die Wahl zwischen sechs oder sieben Wadis, die ins Landesinnere führen. Sie liegen zehn bis zwanzig Kilometer auseinander und führen verschieden weit ins Gebirge, wo sie meist als Sackgasse enden. Nur das Wadi Feiran, in dessen Nähe der Mosesberg liegt, ist über einen Paß mit einem Wadi verbunden, das sich auf der anderen Seite zur Ostküste hinabzieht. Man hat daher angenommen, daß Moses hier entlanggezogen sei.

Das klingt alles logisch, aber einen Beweis dafür gibt es nicht. Jahrtausendelang konnte keine Angabe des biblischen Stationsverzeichnisses zweifelsfrei lokalisiert werden. Was sollte man etwa mit der Mitteilung anfangen, daß die Kinder Israel von der

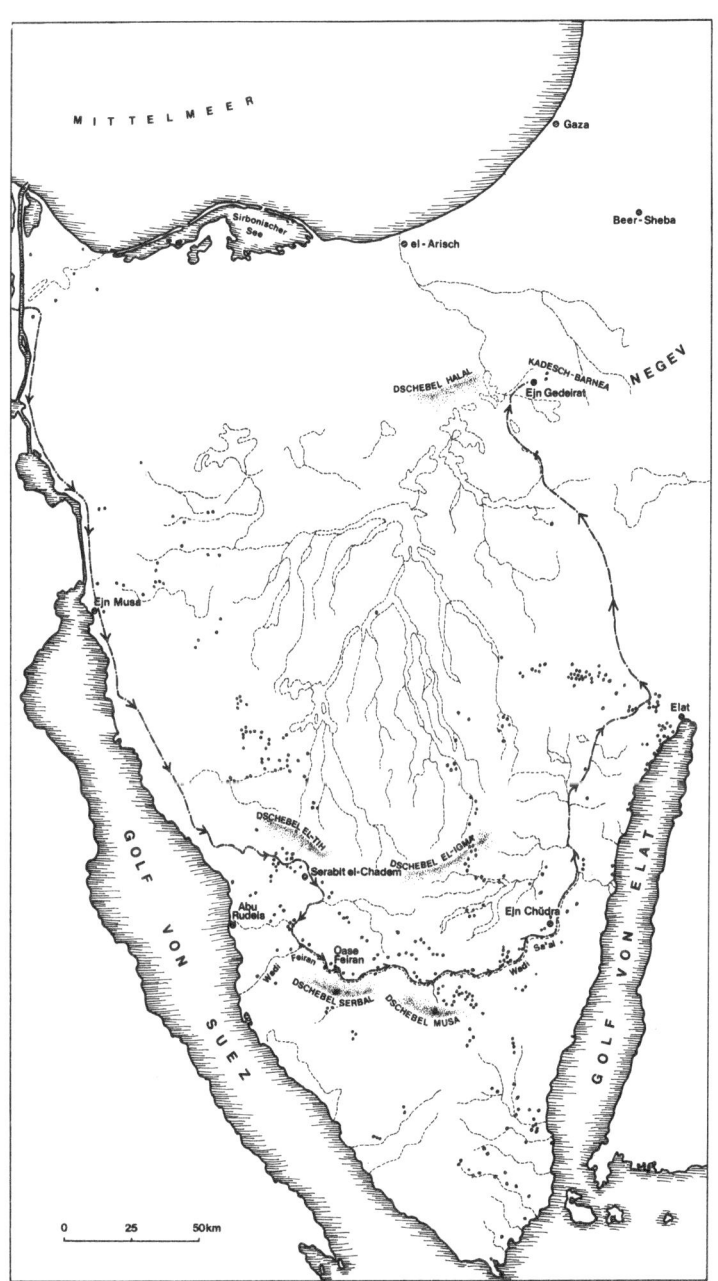

Wanderweg der Israeliten durch die Sinaihalbinsel (Südroute; Punkte markieren alte Siedlungsspuren)

Wüste Zin aufbrachen und sich bei Dofka lagerten? Es gibt keine Quelle, die heute Dofka heißt, und auch kein Wadi dieses Namens – und damit ist normalerweise jede Identifikationsmöglichkeit in einer Wüste erschöpft. Ausgerechnet dieses Dofka erwies sich aber als ein entscheidender Hinweis darauf, wo der Weg zu suchen ist, den Moses genommen hatte.

Die Minen von Serabit el-Chadem

Sprachwissenschaftliche Untersuchungen hatten ergeben, daß im Semitischen »Dofka« eine Abwandlung des Wortes »Mafkat« sein kann. Mafkat aber, das wußte man aus dem Ägyptischen, heißt »Türkis«. Die entscheidende Entdeckung aber machte der englische Archäologe Flinders Petrie, der in den Jahren 1904 und 1905 mit dreißig Architekten, Ägyptologen und Assistenten von Suez aus in den Sinai aufgebrochen und wie Moses am Westufer des Golfs entlanggezogen war. Hundert Kilometer und mehrere Tagesritte südlich von Suez bog er in ein Wadi ein und entdeckte beim Gebirgszug Serabit el-Chadem etwas höchst Seltsames, das fünfundvierzig Jahre vor ihm ein dänischer Reisender schon einmal beschrieben hatte: Auf einer Berghöhe erhebt sich ein Tempel mit ägyptischen Hieroglyphen und Darstellungen der ägyptischen Göttin Hathor, erkennbar in ihren Kuhohren. Serabit el-Chadem ist der einzige Tempel, der, durch Meer und Wüste getrennt, mehrere hundert Kilometer vom Nil entfernt mitten im Sinai steht. Es war einer jener Tempel, an dem Generationen gearbeitet hatten: Begonnen hatte es, wie meist in solchen Fällen, mit einer Kulthöhle. Sie war der Göttin Hathor zugeeignet. Eine kleinere Höhle nebenan war dem ägyptischen Gott Sopdu, »dem Herrn des Ostens« und dem »Herrn der Fremdländer«, gewidmet. Davor hatten die Herrscher der 12. Dynastie (1991–1786 v. Chr.) einen kleinen Tempel errichtet, der von den folgenden Dynastien verlängert worden war. Fast tausend Jahre hatten ägyptische Pharaonen daran gebaut, so daß bald der Platz nicht mehr ausreichte und der immer länger werdende Tempel dem Knick des Bergrückens folgen mußte.

Die Satellitenaufnahme zeigt Teile Ägyptens, den Golf von Suez, den Suezkanal mit den Bitter-Seen, die Sinaihalbinsel mit dem Gebirgsmassiv im Süden, den Golf von Elat und das Tote Meer.
Links oben ist der Sirbonische See, durch eine über siebzig Kilometer lange Nehrung vom Mittelmeer abgetrennt, zu erkennen.

Zu Ehren der Hathor, der Göttin der Fremdländer und des Türkis, haben Pharaonen schon lange vor Moses im Sinai bei den Türkisminen von Serabit el-Chadem eine Kulthöhle geweiht und einen ägyptischen Tempel errichtet (im Hintergrund sichtbar).

Generationen von Pharaonen haben am Tempel von Serabit el-Chadem weitergebaut und
sich hier verewigt. Das Relief zeigt Ramses II. Außer Hieroglyphen fand man beim Tempel
auch Inschriften in protosinaitischer Schrift, der Urform unseres Alphabets.

Eng und gewunden ziehen sich die Wadis durch die tote Gebirgslandschaft des Sinai. Sie sind von jeher die einzigen Wander- und Verbindungswege im Innern der Gebirgswüste.

Im Wadi Feiran, nahe der Stelle, wo nach der Überlieferung Moses gegen die Amalekiter gekämpft hat.

Etwa zehntausend Beduinen finden heute noch als Halbnomaden ihr karges Auskommen im Sinai. Sie leben in kleinen Gruppen verstreut an Brunnen und Wasserlöchern.

Das Katharinenkloster steht an der Stelle, wo nach der Überlieferung Gott Moses im Dornbusch erschien. Von hier aus kann man auf mehr als dreitausend Stufen zum Mosesberg hinaufsteigen. Nach dem Berghang zu das langgestreckte Gebäude der berühmten Bibliothek.

Vom Mosesberg aus hat man im ersten Morgenlicht einen weiten Blick über das Sinaimassiv. Ejn Chudra, im Osten des Sinaimassivs, ist eine der schönsten Oasen der Halbinsel. Sie ist möglicherweise das Hazeroth der Bibel, wo die Israeliten auf dem Weg nach Kadesch lagerten.

Mehr als tausend Jahre vor Moses entstanden die erst 1970 wiederentdeckten »Nawamis«, die ältesten freistehenden Gebäude der Welt, deren Dächer noch erhalten sind. Diese Grabbauten sind Teil eines großen Friedhofs aus der Kupfersteinzeit. Man hält sie für die biblischen »Lustgräber«.

In Timna, den »Kupferminen Salomos«, wurden 1969 die Fundamente eines Zeltheiligtum freigelegt, das von Ägyptern und Midianitern gemeinsam benutzt wurde. Der Fund eine kupfernen Schlange erinnert an die »Eherne Schlange« des Moses.

Daß das Bauwerk der Göttin Hathor gewidmet war hatte seinen guten Grund. Hathor war die Göttin der Liebe und des Tanzes, der Musik und des Gesanges, des Alkohols und der *Edelsteine*, und in nahezu allen Inschriften auf dem Sinai wurde sie daher als «Hathor, die Göttin des Türkis« verehrt. Denn in den von bunten Gesteinsschichten durchzogenen Steilwänden der umliegenden Wadis kommen immer wieder gelbe Bänder vor, die das Vorhandensein von Türkis anzeigen, einem schleifbaren Mineral von himmelblauer bis apfelgrüner Farbe, das bei den alten Ägyptern als Schmuckstein hoch im Kurs stand. Türkis, der sonst nur noch in New Mexico, in der Sowjetunion und dem Iran in größeren Mengen gefunden wird, war im Sinai in kleinen Bergwerken abgebaut worden. Nicht weit vom Hathortempel von Serabit el-Chadem kann man noch heute die Türkisminen besichtigen, in denen, wie man aus Inschriften weiß, zeitweise bis zu tausend Arbeiter gearbeitet haben. Die Gegend um Serabit el-Chadem war ohnehin ein ausgesprochenes ägyptisches Industriegebiet, in dem außer Türkis noch Kupfer geschürft und verarbeitet wurde. Noch heute liegen riesige Halden von Kupferschlacke aus der Pharaonenzeit in den Wadis. Auch wurden Schmelztiegel, Gußformen und Holzkohle aus jener Zeit gefunden.

Vorausgesetzt, Dofka ist mit den Mafkatminen identisch, hätten wir nicht nur verläßlich eine Wegstation der Israeliten herausgefunden; wir könnten jetzt sogar den Grund vermuten, warum Moses mit seiner Schar so weit nach Süden gewandert und nach Serabit el-Chadem gezogen ist. Denn mehr als der »starke Arm Gottes« als Wegweiser überzeugt die Annahme, Moses sei die Handelsstraße hinabgezogen, um mit seinen Leuten womöglich in einem Gebiet Unterkunft und vielleicht sogar Arbeit zu finden, das auch anderen Menschen Lebensraum bot. Moses wäre demnach nicht planlos herumgeirrt, sondern hätte ein Ziel gehabt, das auch andere »Gastarbeiter« schon aufgesucht hatten.

Die neue Schrift

Es gibt darüber hinaus noch ein zweites Indiz, das in die Gegend von Serabit el-Chadem weist. Nachdem die Mosesschar von Dofka nach Refidim gezogen war und dort die Amalekiter besiegt hatte, taucht in der Bibel zum erstenmal das Wort »schreiben« auf: »Und Jahwe sprach zu Mose: Schreibe dies zum Gedächtnis in ein Buch...« Ist es bloßer Zufall, daß das Wadi zwischen Serabit el-Chadem und dem Wadi Feiran, wo man seit alters Refidim vermutet hat, wegen seiner vielen Felsinschriften Wadi Mukatab, »Wadi der Inschriften«, heißt? Was hat es zu bedeuten, daß Flinders Petri im Tempel und der Umgebung von Serabit el-Chadem zehn Denkmäler mit einer bis dahin unbekannten Schrift entdeckte, die sich später als die Urform unseres Alphabets entpuppte, geschrieben in einem kanaanäischen Dialekt?

Bis dahin waren nur die ägyptischen Hieroglyphen, im wesentlichen eine Bilderschrift, bekannt: Ein abgebildetes Auge bedeutet »Auge«, ein Bein »gehen«. Es war, jedenfalls ursprünglich, eine Schrift, die so viele Zeichen brauchte, wie es Dinge gab. Im Gegensatz dazu bezeichnen unsere Schriftzeichen keinen Gegenstand, sondern einen Laut. Da die Zahl der Laute begrenzt ist, kommt unser Alphabet deshalb auch mit sechsundzwanzig Zeichen aus. Von Herodot weiß man, daß die Griechen diese Lautzeichenschrift von den Phöniziern übernommen hatten: Sie [die Jonier] übernahmen die Buchstaben von den Phöniziern, bildeten sie auch ihrerseits ein wenig um...«; man schätzt, daß dies etwa im 10. vorchristlichen Jahrhundert geschehen ist. Die Griechen gaben diese Schrift an die Römer weiter, von denen wir unsere »lateinische Schrift« übernommen haben.

Im Jahr 1915 konnte der britische Ägyptologe Alan H. Gardiner dann aber nachweisen, daß die für die Geistesgeschichte entscheidende Vereinfachung des Schreibens keine Erfindung der Phönizier war. In einem Vortrag über den »ägyptischen Ursprung des semitischen Alphabets« wies er nach, daß die von Flinders Petrie in Serabit el-Chadem gefundene fremde Schrift zwar auf ägyptische Hieroglyphen zurückgeht, daß aber diese sogenannte »protosinaitische Schrift« Zeichen für eine reine Lautschrift verwendet – und das bereits um 1500 v. Chr.

Die Neuerung bestand darin, daß man zwar die Zeichen der ägyptischen Bilderschrift verwendete, aber nicht mehr das Abgebildete meinte. So schrieb man zwar das Zeichen für Wasser, das aus stilisierten Wellen besteht: ⌇, meinte aber damit nur den ersten Laut, mit dem das Wort für Wasser begann. Da in der protosinaitischen Schrift Wasser »Majim« heißt, stand die Wellenlinie für den Laut »M«, dessen Zeichen noch heute an das Zickzack der Bildhieroglyphe erinnert. Oder man schrieb das Bildzeichen für »Stier«, einen Kopf mit Hörnern ౘ, meinte aber statt des ganzen Wortes »alef« nur das »A«. Seitlich gekippt gibt der griechische Buchstabe Alpha α und, ein weiteres Mal gedreht, unser »A« noch immer die Stierhieroglyphe wieder. Ähnlich ist es mit dem Wort für Haus, das »bait« (das griechische »Beta«) heißt. Selbst unser Wort »Alpha-bet« geht damit letztlich über das Griechische auf alte ägyptische Hieroglyphen und Begriffe zurück.

Der Erfinder dieser Buchstabenschrift vom Sinai war aber

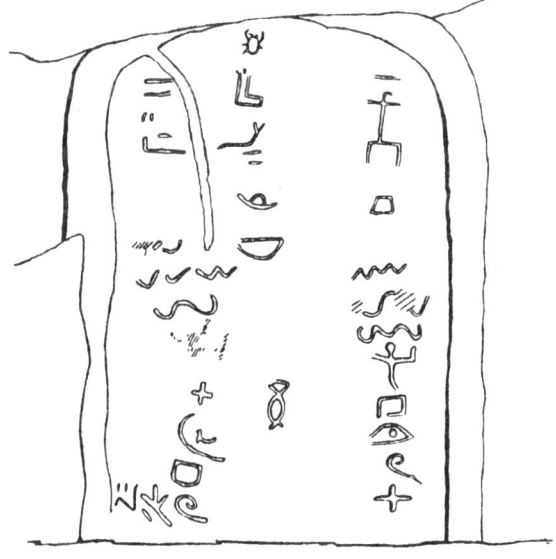

Protosinaitische Inschrift

offensichtlich kein Ägypter, denn das Ägyptische hat trotz mancher Vereinfachung nie den Schritt zur reinen Lautschrift getan. Der Erfinder dieser Schrift, aus der sich gleichermaßen die semitischen wie die indoeuropäischen Alphabete ableiten, war offenbar ein Sklave oder ein »Gastarbeiter« aus Kanaan, denn die Schriftzeichen, die er in die Wände und Steine ritzte, gaben kanaanäische Wörter und Gottheiten wieder. Es konnte nicht ausbleiben, daß manche Leute jetzt sogar genau angeben konnten, wer das Alphabet erfunden hat: wer anders als Moses, unser Tausendsassa.

Weniger abwegig ist dagegen die Überlegung, daß Moses und seine Leute hier bei ihren kanaanäischen Landsleuten das Schreiben gelernt haben könnten und daß die Bibel diesen Zusammenhang überliefert hat. Jedenfalls scheint mir der zeitliche und örtliche Zusammenhang von Dofka und dem Befehl, alles aufzuschreiben, doch ein starkes Indiz dafür zu sein, daß wir hier wirklich ein Stück des Wanderwegs lokalisieren können. Moses wäre danach auf der Höhe der heutigen Ölfelder von Abu Zenima in einem Wadi in das Gebiet von Serabit el-Chadem gewandert, dem Dofka der Bibel. Von dort wäre er im Landesinneren dem Wadi gefolgt, das ins Wadi Mukatab führt, das wiederum ins Wadi Feiran übergeht.

Im Wadi Feiran

Das Wadi Feiran, Firan, Pharan, Peiran oder Feran, wie man es auch immer schreiben will, ist das längste Trockenflußbett im südlichen Sinai und besitzt zugleich die größte Oase mit Tausenden von Palmen. Dort gab es Wasser, dort konnte man überleben – wenn man die alteingesessenen Oasenbewohner vertrieb. Nicht ohne Grund wird daher die erste kriegerische Auseinandersetzung der Israeliten dorthin verlegt. Es ist der Kampf bei Refidim, bei dem die Kinder Israel immer dann siegten, wenn Moses seine Hand emporhielt. »Wenn er aber seine Hand sinken ließ, siegte Amalek. Aber Mose wurden die Hände schwer«, fährt die Bibel fort, »Aaron aber und Hur stützten ihm die

Hände, auf jeder Seite einer. So blieben die Hände erhoben, bis die Sonne unterging. Und Josua überwältigte Amalek…«

Interessant ist, daß die Bibel den Berg Horeb in Refidim ansiedelt. Tatsächlich wird die Oase Feiran vom dritthöchsten Berg des Sinaimassivs, dem 2070 Meter hohen Dschebel Serbal, beherrscht, den man vom Wadi aus sieht. Mit seinen fünf Sägezahnzacken ist er ein unverwechselbares Wahrzeichen, und unwillkürlich denkt man daran, daß sich das hebräische Wort für »brennender Dornbusch« von einem Wortstamm mit der Bedeutung »spitzig« ableitet, der vielleicht mit dem Wort »Sinai« zusammenhängt, eine der Bezeichnungen für den Gottesberg. Waren der Dornbusch und der Gottesberg hier im Wadi Feiran?

Das Verzeichnis der Lagerplätze im vierten Mosesbuch nennt nach Dofka einen nicht identifizierbaren Platz Alusch und gibt dann Refidim an. Dazu paßt durchaus die Entfernung von fünfzig Kilometern zwischen Dofka und der Oase Feiran.

Dem steht allerdings der biblische Bericht entgegen, nach dem die Israeliten ausgerechnet in Refidim wegen Wasserknappheit meuterten. Das ist grotesk, denn die Oase im Wadi Feiran war nie ohne Wasser. Auch daß hier die Schlacht gegen die Amalekiter stattgefunden haben soll, klingt reichlich merkwürdig, denn nach eindeutigen Angaben der Bibel wohnten die Amalekiter seit Abrahams Zeiten viel weiter nördlich im Negev. Deshalb werden sie auch im Zusammenhang mit der Oase von Kadesch-Barnea genannt, die im Norden des Sinai auf der Höhe des Negev liegt. Man kann es drehen und wenden, wie man will: Eine Schlacht mit den Amalekitern im Südsinai kann es einfach nicht gegeben haben.

Das ist die Stunde der Nordroutenverfechter, die nun genüßlich darauf verweisen, daß ja auch das Weidegebiet der Midianiter mehr im Nordsinai zu suchen sei, wo Moses bei seinem Schwiegervater gelebt hatte. Sie sind überzeugt, daß der Gottesberg in der Nähe der Oase von Kadesch-Barnea liegt, denn kaum war Moses mit seiner Schar am Gottesberg angekommen, war auch schon sein Schwiegervater da, um ihn zu besuchen. Das wäre im Süden des Sinai kaum möglich gewesen.

Die Nordroutenverfechter halten daher den Dschebel Halal beim Wadi Arisch in der Nähe von Kadesch-Barnea, etwa fünfzig Kilometer südlich von el-Arisch, für den »Berg des Gesetzes«. Dieser etwa neunhundert Meter hohe Bergrücken sieht zwar aus der Ferne recht unscheinbar aus, steigt aber, aus der Nähe betrachtet, recht majestätisch auf.

Fazit Welcher der drei Gottesberge, wenn überhaupt, der richtige ist, läßt sich nicht schlüssig beweisen. Die Argumente im Pro und Contra halten sich etwa die Waage. Auf jeden Fall ist es eine gefährliche Sache, sich in die Kampflinie zwischen den Nordrouten- und Südroutenverfechter zu begeben, weil jede Seite behauptet, gerade die stärkere zu sein und die «Mehrzahl der Wissenschaftler« hinter sich zu haben. Wahrscheinlich fließen aber auch hier wieder mehrere Überlieferungen verschiedener Wüstengruppen zusammen. Die eine mußte sich den Platz an der Wasserstelle ebenso erobern wie jene, die zur Oase Feiran kam. Die Bibel hat beides kombiniert und die wichtige Schlacht gegen die Amalekiter zu den Mosesleuten ins Wadi Feiran verlegt. Dort liest es sich so, als hätten sämtliche Israeliten das alles zusammen mit Moses erlebt.

Es kann aber kein Zweifel bestehen, daß die Bibel eindeutig die Südroute bevorzugt, vermutlich, weil sie vor allem den Weg der Mosesgruppe beschreibt. Die Widersprüche liegen immer nur in den Details, nicht in der Wegbeschreibung als Ganzes. Wir weichen also mit Sicherheit nicht von den Spuren des Moses ab, wenn wir den Gottesberg in Südsinai suchen, wobei der Dschebel Serbal mehr Chancen hat als der traditionelle Mosesberg.

Die einzig präzise Angabe über die Entfernung des Gottesberges von einem bekannten Punkt, die die Bibel im fünften Buch Moses (1) macht, deutet jedenfalls nach Süden. Dort heißt es, daß man von Kadesch-Barnea elf Tagesreisen braucht, um zum Horeb zu kommen. Das ist genau dort, wo wir uns jetzt befinden: zwischen Dschebel Serbal und Dschebel Musa.

Am Gottesberg

Moses und das Gesetz

Man kann die biblischen Erzählungen über Moses und die Israeliten in einige große Themenkreise aufteilen. Da ist zunächst die Flucht aus Ägypten, der eigentliche Exodus, den Jahwe »mit starker Hand« leitete. Darauf folgt der lange Aufenthalt in der Wüste, der mit der Landnahme, dem Eindringen ins Gelobte Land, endet.

Flucht und Landnahme sind zentrale Motive des Alten Testaments. Sie sind geradezu Kennzeichen und Definition des Gottes Jahwe und damit des entstehenden »Judentums«. So heißt es im ersten Gebot nicht, wie die Christen verkürzt lernen: »Ich bin der Herr, dein Gott, du sollst keine anderen Götter haben neben mir«, sondern: »Ich bin Jahwe, dein Gott, der dich aus Ägyptenland, aus der Knechtschaft, geführt hat. Du sollst keine anderen Götter haben neben mir.« Daß dieser Gott seinem Auserwählten Volk auch die Zehn Gebote und das Gesetz gegeben hat, die überhaupt erst die Grundlage für ein Zusammenleben als Volk und als neue Religionsgemeinschaft bildete, wird dagegen in der Bibel nicht auf eine derartige Bekenntnisformel gebracht. Nirgendwo heißt es: »Ich bin Jahwe, dein Gott, der dir das Gesetz gegeben hat«, obwohl alle Geschichten, die mit dem Gottesberg zusammenhängen, von nichts anderem reden als von Geboten und Gesetzen. Nirgendwo ist in dem Itinerar, das sonst alle Stationen der Wüstenwanderung aufführt, der Gottesberg überhaupt erwähnt.

Die Tradition hat das später wieder ausgeglichen und gleich alle Bücher Moses »Thora«, »Gesetz«, genannt, obwohl weite Teile des Pentateuch überhaupt nichts mit einem Gesetz zu tun haben. Die eigentliche Thora mit ihren 248 Geboten und 365 Verboten – für jeden Knochen des Skeletts ein Gebot und für jeden Tag des Jahres ein Verbot – wird vom zweiten Buch Moses im Anschluß an die Gottesberggeschichte (20–40), vom dritten Buch Moses, dem *Leviticus*, und vom fünften Buch Moses (12–30) gebildet. Dabei ist der Begriff »Gesetz« für Thora nicht ganz korrekt. Er stammt aus der Septuaginta, der griechischen Übersetzung des Alten Testaments, die Thora mit »Nomos«, also »Gesetz«, wiedergibt. Thora heißt dagegen ganz allgemein »Belehrung«, »Anweisung«.

Diese Gesetze sind eine Mischung aus bürgerlichem Gesetzbuch, Kultordnung und Diätvorschrift. Da gibt es umständliche Anweisungen für den Bau von Altären, heiligen Stätten und Kultgegenständen. Minutiös wird beschrieben, wie man zu opfern hat. Bestimmungen für die verschiedenen religiösen Feste wechseln mit einer Unzahl von Speise- und Reinheitsregeln. Überhaupt gibt es kaum etwas, was nicht geregelt ist. Mußte ein Israelit seine Notdruft verrichten, so wußte er genau, was Jahwe dazu gesagt hatte: »Du sollst eine Schaufel haben, und wenn du dich draußen setzen willst, sollst du damit graben; und wenn du gesessen hast, sollst du zuscharren, was von dir gegangen ist.« Das Geschlechtsleben ist ebenso geregelt wie die Frage, wer wen heiraten darf. Die Strafen für die Vergewaltigung einer Jungfrau, bei Viehdiebstahl, Körperverletzung oder bei Vergehen gegen Sklaven sind genau festgelegt. Es gibt zahlreiche Sozial- und Fürsorgegesetze, Steuergesetze, Gesundheitsvorschriften, so bei Aussatz, Schorf, Geschwüren, Brandwunden, ja, sogar bei Kahlköpfigkeit.

Alles das soll Jahwe Moses auf dem Gottesberg mitgeteilt haben – womit immerhin die Dauer von vierzig Tagen erklärt wäre, die Moses auf dem Berg in Rauch und Feuer fastend zugebracht hat. Die jüdischen Sagen wissen daher auch ganz genau, wie Moses dort oben seine Tage verbrachte: »Bei Tage lernte er das Gesetz kennen, in der Nacht suchte er es sich zu erklären.«

Doch nie und nimmer können all diese Vorschriften und Gebote damals en bloc vom Himmel gefallen und von Moses fleißig aufgeschrieben worden sein. Gewisse Regeln des sozialen Zusammenlebens und der Hygiene werden schon längst bestanden haben und manches wird auf der Wüstenwanderung dazugekommen sein. Viele dieser Gesetze sind nachweislich sogar erst von einer späteren Priesterschaft gesammelt und zusammengestellt worden. Um ihnen göttliche Autorität zu verleihen, hat man ihre Verkündigung an den Gottesberg zurückverlegt, als Gott ohnehin dabei war, die Zehn Gebote zu erlassen. Und mehr als die Zehn Gebote hat Gott damals nicht mitgeteilt. Das geht aus einer jener verräterischen Bibelstelle hervor, die manchmal schlagartig spätere Zusätze entlarven. Da heißt es nach der Verkündigung der Zehn Gebote: »Diese Worte redete Jahwe auf dem Berg... mit gewaltiger Stimme zu eurer Versammlung – und mehr nicht.«

Aber selbst wenn am Gottesberg nur die Zehn Gebote formuliert worden sind, bleibt die Episode merkwürdig und kompliziert genug, denn auch sie stammt offenbar aus verschiedenen Traditionen, von verschiedenen Erzählern und ist durch Erweiterungen und Einschübe mehrfach verändert worden. Schaut man genauer hin, so lassen sich vor allem drei unterschiedliche Tendenzen erkennen. Einmal geht es um den Zeitpunkt, an dem Jahwe durch Moses seinem Volk gewisse Regeln und Ordnungen gab. Ein anderes Thema ist das Erlebnis einer Gotteserscheinung und der Versuch, Gott von Angesicht zu Angesicht zu sehen. Schließlich wird die Bedeutung des »Bundes«, den Jahwe damals mit seinem Volk schloß, besonders betont.

Jitro und das Gesetz

Die Erzählungen vom Gottesberg beginnen mit einer Episode, die ohne die Offenbarung auf dem Gottesberg auskommt. Hier erscheint kein leibhaftiger Gott und überreicht die Gesetzestafeln, hier ist Moses der Mann, der schon über die Weisungen Gottes verfügt, und Jitro die Gestalt, die ein geregeltes Verfahren einführt. Die Überlieferung führt offenbar die neue Religion des Jahwe auf den Priester von Midian zurück, den Schwiegervater des Moses. Kein Wunder, daß wir in diesem Zusammenhang wieder ein Stück Familiengeschichte erfahren. Nach dem Sieg über die Amalekiter bei Refidim, so lesen wir in der Bibel, stößt plötzlich Jitro zu den Israeliten. Unvermittelt und ohne Begründung heißt es, daß Moses seine Zippora schon vor dem Exodus zurückgeschickt hatte und daß er zwei Söhne hat: »Und Jitro, der Priester in Midian, Moses Schwiegervater, hörte alles, was Gott an Mose und seinem Volk Israel getan hatte, daß Jahwe Israel aus Ägypten geführt hatte. Da nahm er mit sich Zippora, die Frau des Mose, die er zurückgesandt hatte, samt ihren beiden Söhnen...« (Auf der Reise von Midian nach Ägypten war es nur einer gewesen.) Als Jitro mit Moses' Söhnen und Zippora in die Wüste an den Berg Gottes kam, wo Moses sich gelagert hatte, ließ er diesem ausrichten: »Ich, Jitro, dein Schwiegervater, bin zu dir gekommen und deine Frau und ihre beiden Söhne mit ihr. Da ging Mose hinaus ihm entgegen und neigte sich vor ihm und küßte ihn. Und als sie sich untereinander gegrüßt hatten, gingen sie in das Zelt. Da erzählte Mose seinem Schwiegervater alles, was Jahwe um Israels willen dem Pharao und den Ägyptern angetan hatte, und all die Mühsal, die ihnen auf dem Wege begegnet war, und wie sie Jahwe errettet hatte aus der Ägypter Hand.«

Für Jitro, der Moses vielleicht seinerzeit mit dem midianitischen Gott Jahwe bekannt gemacht hatte, war das alles nur Bestätigung, daß Jahwe unter den vielen Göttern, die es gab, der bessere war: »Nun weiß ich, daß Jahwe größer ist als alle Götter« – von Monotheismus keine Spur.

Gleich darauf wird erzählt, daß Moses am anderen Morgen dasaß, um Recht zu sprechen, während das Volk um ihn herumstand »vom Morgen bis zum Abend«. Es ist die schon erwähnte Stelle, da Jitro den Moses tadelt: »Was tust du denn mit dem Volk? Warum mußt du ganz allein dasitzen und alles Volk steht um dich herum vom Morgen bis zum Abend?... Es ist nicht gut, wie du das tust. Du machst dich zu müde, dazu auch das Volk, das mit dir ist. Das Geschäft ist dir zu schwer, du kannst es nicht allein ausrichten.« Für die Bagatellfälle wurden daraufhin Leute aus dem Volk als Friedensrichter eingesetzt, und nur »wenn es eine größere Sache ist, sollen sie diese vor dich bringen, alle geringeren Sachen aber sollen sie selber richten. So mach dir's leichter und laß sie mit dir tragen.«

Wir erleben die Einsetzung von »redlichen, gottesfürchtigen Leuten« zu Laienrichtern. Daran ist nichts Besonderes, abgesehen davon, daß die Bibel damit dem Moses mangelndes Organisationstalent bescheinigt oder übertriebenen Ehrgeiz, alles selber machen zu müssen. Merkwürdig ist nur der Zeitpunkt. Moses verteidigt sich nämlich vor Jitro mit dem Satz: »...Wenn sie einen Streitfall haben, kommen sie zu mir, damit ich richte zwischen dem einen und dem anderen und tue ihnen kund die Satzungen Gottes und seine Weisungen.« Moses ist also bereits im Besitz der »Thora«, und man muß sich fragen, woher er diese »Satzungen Gottes und seine Weisungen« hat, denn erst danach steigt Moses auf den Gottesberg, um sie dort in Empfang zu nehmen. Es kann wohl nicht anders sein, als daß wir hier die Erinnerung einer Gruppe haben, etwa aus der Gegend von Kadesch-Barnea, die mit dem Folgenden nichts zu tun hat.

Jahwe und das Gesetz

Man erinnert sich, daß Moses zweimal auf den Gottesberg hinaufgestiegen ist – ein erstes Mal, um die Gesetzestafeln in Empfang zu nehmen, ein zweites Mal, als er nach dem Tanz des Volkes um das Goldene Kalb die Tafeln im Zorn zerschmettert hatte und neue brauchte. Doch gerade diese Geschichte ist aus so vielen verschiedenen Berichten zusammengesetzt, daß, nimmt man sie wörtlich, Moses nicht weniger als sechsmal auf den Berg steigen mußte. Bei diesem Durcheinander kommt es sogar zu der absurden Situation, daß Jahwe die Zehn Gebote gerade in dem Augenblick verkündet, als Moses gar nicht auf dem Berg ist. Das hindert die Bibel aber nicht daran, Moses daraufhin noch dreimal auf den Berg zu schicken.

Allein im Kapitel 19 besteigt Moses dreimal hintereinander den Gottesberg, und nach so erbaulichen Zwischenüberschriften in deutschen Bibeln wie »Zurüstung des Volkes«, »Erscheinung des Herrn« denkt man, das muß so sein. In Wirklichkeit sind hier drei verschiedene Überlieferungen miteinander verbunden worden. Die erste Besteigung hat keinen anderen Zweck, als den Bund und die Erwählung des Volkes Israel mit Jahwe feierlich zu bestätigen. Von Geboten und Weisungen ist keine Rede. Bei der zweiten Besteigung erhält Moses den Auftrag, das Volk vom Berg fernzuhalten, wenn Jahwe erscheint. Alle Kleider sollen gewaschen werden, und »keiner rühre eine Frau an«. Als dann Jahwe vor dem Volk im rauchenden Berg erscheint, ist Moses unten beim Volk und erhält von Jahwe den Auftrag, zu ihm auf den Berg zu kommen. Auch hier ist von Weisungen und Geboten keine Rede; wichtig ist die Gotteserscheinung. Die dritte Besteigung hat eher den Charakter einer milden Schikane. Jahwe teilt dem Moses lediglich mit, das Volk dürfe wirklich nicht an den Berg heran, wohl aber dürften er und Aaron kommen. Moses steigt, ohne irgendeine moralische Belehrung erhalten zu haben, den Berg wieder hinunter, um Aaron zu holen – und just da verkündet Jahwe die Zehn Gebote, und erst danach »nahte sich Mose dem Dunkel, darinnen Gott war«.

Markiert man neben dem Bibeltext, ob sich Moses gerade auf dem Berg oder unten befindet und schlüsselt man das Ganze nach Jahwist (normal) und Elohist *(kursiv)* auf (der erste Satz mit der Zeitangabe stammt aus dem Priesterkodex) – dann liest sich das im Zusammenhang so:
unten

> »Im dritten Monat nach dem Auszug der Israeliten aus Ägypten am gleichen Tage gelangten sie in die Wüste Sinai. Sie waren von Refidim aufgebrochen und in die Wüste Sinai gekommen und lagerten sich in der Wüste. *Die Israeliten lagerten sich dort dem Berg gegenüber.*

oben

> *Und Mose stieg hinauf zu Gott,* und Jahwe rief ihm vom Berg herab zu: *So rede nun zum Hause Jakob und verkünde den Söhnen Israels: Ihr habt gesehen, was ich den Ägyptern angetan, wie ich euch auf Adlerflügeln getragen und euch zu mir hierhergebracht habe. Wenn ihr nun auf meine Stimme hört und meinen Bund haltet, dann sollt ihr unter allen Völkern mein besonderes Eigentum sein, denn mir gehört die ganze Erde. Ihr sollt mir ein Königreich von Priestern und ein Heiliges Volk sein. Das sind die Worte, die du den Israeliten kundtun sollst.*

172

Mose ging hin, rief die Ältesten des Volkes zusammen und trug ihnen alle diese Worte vor, die ihm Jahwe aufgetragen hatte. Das ganze Volk antwortete einmütig: Alles, was Jahwe befohlen hat, wollen wir tun. Und Mose überbrachte die Antwort des Volkes Jahwe.

Hierauf sprach Jahwe zu Mose: Siehe, ich werde im dichten Gewölk zu dir kommen, damit das Volk es hört, wenn ich mit dir rede, und dir für immer glaubt. Mose teilte Jahwe die Antwort des Volkes mit. *Da sprach Jahwe zu Mose: Geh zu dem Volk! Sie sollen sich heute und morgen zurüsten, ihre Kleider waschen,* und auf den dritten Tag sollen sie bereit sein. Denn übermorgen wird Jahwe vor den Augen des ganzen Volkes auf den Berg Sinai herabkommen. Du aber bezeichne rings um den Berg eine Grenze und gebiete: Hütet euch, auf den Berg zu steigen oder auch nur seinen Fuß zu berühren! Jeder, der den Berg berührt, muß sterben. Keine Hand darf ihn berühren; er soll gesteinigt oder durch Pfeilschuß getötet werden. Weder Mensch noch Tier darf am Leben bleiben. *Erst wenn das Widderhorn geblasen wird, dürfen sie den Berg hinaufsteigen.*

Mose ging vom Berg zu dem Volk herab, ließ das Volk sich zurüsten und seine Kleider waschen. Und Mose gebot dem Volk: Haltet euch für übermorgen bereit! Naht euch keiner Frau!

Am dritten Tag, als es Morgen wurde, brachen Donner und Blitz los, eine schwere Wolke lagerte sich über dem Berg, und es ertönte mächtiger Posaunenschall. *Das ganze Volk, das im Lager war, erbebte. Mose führte das Volk aus dem Lager heraus Gott entgegen und sie stellten sich am Fuß des Berges auf.* Der Berg Sinai war ganz in Rauch gehüllt, weil Jahwe im Feuer auf ihn herabgekommen war. Der Rauch stieg auf wie der Rauch eines Schmelzofens. Der ganze Berg erbebte heftig. Der Posaunenschall wurde immer stärker. *Mose redete, und Gott antwortete ihm im*

Donner [wörtlich: »mit Stimme«]. Jahwe stieg herab auf den Berg Sinai, auf den Gipfel des Berges.

oben

Und Mose stieg hinauf. Jahwe sprach zu Mose: Steige hinab und ermahne das Volk, daß es nicht zu Jahwe durchbreche, um ihn zu sehen, denn viele von ihnen würden umkommen. Auch die Priester, die sonst Jahwe sehen dürfen, sollen sich heiligen, damit Jahwe nicht gegen sie losbricht. Da sprach Mose zu Jahwe: Das Volk kann nicht auf den Berg Sinai hinaufsteigen, denn du selbst hast uns gemahnt: Grenze den Berg ein und erkläre ihn heilig. Da entgegnete ihm Jahwe: Steige hinab und komme in Begleitung Aarons wieder herauf! Die Priester aber und das Volk sollen die Grenzen nicht durchbrechen, um zu Jahwe hinaufzusteigen. Er würde sie sonst vernichten.

unten

Mose stieg zum Volk herab und sagte es ihnen. Nun redete Gott all diese Worte...«

Im Text folgen nun die Zehn Gebote, aber weder das Volk noch Moses scheinen das geringste verstanden zu haben, denn dann heißt es weiter:

»*Als das ganze Volk* den Donner und die Blitze, den Posaunenschall und den rauchenden Berg sah, *flüchtete sich das ganze Volk und zitterte und blieb in der Ferne stehen. Sie sprachen zu Mose: Rede du mit uns, so wollen wir hören! Gott aber möge nicht mit uns reden, sonst müssen wir sterben. Mose antwortete dem Volk: Fürchtet euch nicht! Denn Gott ist gekommen,* um euch auf die Probe zu stellen und die Furcht vor ihm in euch wachzurufen, damit ihr nicht sündigt. *So blieb das Volk in der Ferne stehen, Mose aber trat an das dunkle Gewölk heran, in dem Gott war.*«

Moses, der Mann Gottes, wird hier als der Mittler zwischen Jahwe und dem Volk dargestellt. Er ist der Mann, der mit Gott redet und dem Gott seinen Willen kundtut. Er ist der einzige, der Gott ungestraft sehen darf.

Doch dann erhält Moses die Weisung, ein viertes Mal auf den Berg zu steigen und nicht nur Aaron, sondern gleich auch die siebzig Ältesten und einen gewissen Nadab und einen Abihu mitzubringen, über die wir sonst nichts erfahren. Sie sollen Moses nur begleiten, denn »Mose allein nahe sich zu Jahwe und lasse jene sich nicht nahen«, heißt es ausdrücklich. Erzählt wird aber das glatte Gegenteil. Daran wird deutlich, daß es nicht gelungen ist, die Geschichte in die Handlung bruchlos einzupassen: »Da stiegen Mose und Aaron, Nadab und Abihu und die siebzig von den Ältesten Israels hinauf und sahen den Gott Israels. Unter seinen Füßen war es wie eine Fläche von Saphir und wie der Himmel, wenn es klar ist, und er reckte seine Hand nicht aus wider die Edlen Israels. Und als sie Gott geschaut hatten, aßen und tranken sie.«

Gesetz und Bund

Diese kurze Erzählung gehört zum »Urgestein der Tradition« wie der Versuch Jahwes, Moses zu töten, und enthält in seiner mythischen Einfachheit mehr, als wir auf den ersten Blick ahnen.

Offen zutage liegt das Motiv der Gotteserscheinung, es wird ja zweimal gesagt, daß sie Gott sahen. Wir sind hier plötzlich in einer ganz anderen, urtümlichen Welt. Man kann zu Gott auf ein Höhenheiligtum hinaufsteigen, der Gott läßt sich sehen – ohne Donner, Blitz und Rauch, die in späterer Ausschmückung dazu dienen, die heilige Scheu, die Furcht vor Gott zu erwecken, die bei uns in der »Gottesfurcht« zum Gehorsam geworden ist. Hier ist das ganz anders. Die einzige Besonderheit ist der klare Saphir, der wie der Himmel glänzt. Es gibt weder Angst noch Schrecken; man trifft sich ohne Verwunderung mit Gott wie mit seinesgleichen und macht es sich gemütlich: »Und als sie Gott geschaut hatten, aßen und tranken sie.« Von Geboten und Weisungen ist auch hier mit keinem Wort die Rede.

Aber gerade in der auf den ersten Blick etwas deplaziert wirkenden Mahlzeit ist das zweite Hauptmotiv versteckt. Gemeinsames Essen und Trinken ist von jeher das Zeichen des Friedens und der Friedfertigkeit. Ein Gast, mit dem man das

Mahl geteilt hat, genießt Gastfreundschaft und Schutz, auch wenn man ihm zur Begrüßung nur symbolisch Salz und Brot anbietet. Dabei sind nicht das Brot und das Salz wichtig, sondern das Bündnis, das darin sichtbar wird: Du bist mein Gast, du stehst unter meinem Schutz. Die hebräische Sprache hat diesen Urzusammenhang festgehalten. Einen Bund schließen heißt, aus dem Hebräischen wörtlich übersetzt einen »Bund schneiden«, was ursprünglich aber auch der Ausdruck für ein »Mahl schneiden« war. Hat man also zusammen gegessen, hat man auch einen Bund, d.h. den Frieden miteinander geschlossen. Mit Gott und vor Gott zu essen und zu trinken bedeutet daher soviel, wie diesen Gott zum Partner zu gewinnen. Der Sinn dieser Geschichte, die sicherlich älter als alle anderen Gottesbergerzählungen ist, wird also in einem Bild ausgedrückt: Jahwe hat mit den Israeliten ein Treuebündnis geschlossen.

Ein solcher Bund – von Luther irreführend mit »Testament« übersetzt – war eine gegenseitige Verpflichtung nach der Art weltlicher Verträge, und das Alte Testament kennt eine ganze Reihe solcher heilsgeschichtlich wichtigen Bundesschlüsse, so den Bund, den Abraham schloß, den Bund von Moab, den Josuabund und den Davidbund.

Man versteht die Ereignisse am Sinai daher schon vom Ansatz her falsch, wenn man darin nur die Verkündigung der Zehn Gebote und die Gesetzgebung sieht. Die gab es auch. Aber für Moses war es ebenso wichtig, wenn nicht wichtiger, mit dem neuen Gott Jahwe einen gegenseitigen Treuepakt zu schließen und dies dem Volk mitzuteilen. Aus diesem Grund ist bei den Erzählungen vom Gottesberg neben der Gesetzgebung immer von der Gotteserscheinung, der Theophanie, und dem Bund die Rede. So hieß es schon in der ersten Bergbesteigung des Moses: »Werdet ihr nun meiner Stimme gehorchen und meinen Bund halten, so sollt ihr mein Eigentum sein vor allen Völkern.« Und darum wird unmittelbar vor der Theophanie mit der Mahlzeit eine Szene beschrieben, in der Moses am Gottesberg »alle Worte des Herrn niederschrieb« und dieses »Buch des Bundes« laut vorlas.

Zwar schreibt Martin Noth mit Recht, daß die Darstellung der

Innere Zusammenhang zw. Gesetz Bund + Gottesoffenbarung

Sinaiereignisse in der Bibel »eine so komplizierte literarische Zusammensetzung erhalten hat, daß eine einleuchtende Analyse heute nicht mehr gelingt« (wobei die Theologen häufig Philologie mit Theologie verwechseln), aber der innere Zusammenhang zwischen Gotteserscheinung, Bund und Gesetz ist deutlich, auch wenn es den Redaktoren des Pentateuch nicht gelungen ist, aus den Einzelgeschichten eine in sich stimmige Erzählung zu machen.

Aaron und das Goldene Kalb

In den beiden letzten Bergbesteigungen – den bekannten mit den Tafeln – sind alle Motive vereinigt. Obwohl Moses das »Buch des Bundes« mit den Geboten bereits niedergeschrieben hat, erhält er das Gesetz jetzt noch einmal, diesmal von Gott selbst auf steinerne Tafeln geschrieben. Alle wesentlichen Aspekte des Geschehens sind nun in der Gestalt des Moses gebündelt. Er wird zum Heros, zum Kristallisationspunkt aller biblischen Traditionen.

Es ist schon eine großartige Szene, die man erst einmal unbefangen auf sich wirken lassen sollte. Da erhält der Anführer einer flüchtigen Nomadengruppe von Gott den Auftrag, auf den Berg dieses Gottes zu steigen, um dort zwei von Gott selbst beschriebene Tafeln mit den »Zehn Geboten« zu erhalten, die seitdem für die Menschheit Forderung und Anspruch sind. Zur gleichen Zeit meutert unten das Volk und macht sich ein verbotenes Gottesbild, das Goldene Kalb. Gott, in seinem Zorn, will dieses »halsstarrige Volk« vernichten, aber Moses fleht: »Vergib ihnen doch ihre Sünde«, und die Bitte um Gnade hat Erfolg: »Da gereute Jahwe das Unheil, das er seinem Volke zugedacht hatte.« Moses darf noch einmal auf den Berg steigen, »und der Herr ging vor seinem Angesicht vorüber«. Moses verneigt sich im Gebet: »Vergib uns unsere Missetat und Sünde und nimm uns an als dein Erbe. Und Jahwe sprach: Siehe, ich will einen Bund schließen...«

Gesetz und Abfall, Reue und Vergebung – was hier mitten in

177

der Wüste am Anfang einer Religion steht, gehört zu den Urthemen der Menschheitsgeschichte. Die Bibel erzählt es mit einfachen Worten: »Und Jahwe sprach zu Mose: Komm herauf zu mir auf den Berg und bleibe daselbst, daß ich dir gebe die steinernen Tafeln, Gesetz und Gebot, die ich geschrieben habe, um sie zu unterweisen. Da machte sich Mose auf mit seinem Diener Josua und stieg auf den Berg Gottes. Aber zu den Ältesten sprach er: Bleibt hier, bis wir zu euch zurückkommen. Siehe, Aaron und Hur sind bei euch; hat jemand eine Rechtssache, der wende sich an sie.

Als nun Moses auf den Berg kam, bedeckte die Wolke den Berg, und die Herrlichkeit Jahwes ließ sich auf dem Berg Sinai nieder, und die Wolke bedeckte ihn sechs Tage; und am siebenten Tag erging der Ruf Jahwes an Mose aus der Wolke. Und die Herrlichkeit Jahwes war für die Israeliten anzusehen wie ein verzehrendes Feuer auf dem Gipfel des Berges. Und Mose ging mitten in die Wolke hinein und stieg auf den Berg und blieb auf dem Berg vierzig Tage und vierzig Nächte.«

Warum Moses so lange auf dem Berg blieb, sagt die Bibel nicht. Wir erfahren nur, daß er beim Abstieg »die zwei Tafeln des Gesetzes in seiner Hand« hatte, und »die waren beschrieben auf beiden Seiten. Und Gott hatte sie selbst gemacht und selber die Schrift eingegraben.«

Als Moses die Tafeln empfing, war das Unglück jedenfalls bereits geschehen: Die Schar unten am Berge war längst unruhig geworden. Ihr Anführer war verschwunden, sie wußten nicht, wie es weitergehen sollte, und so hatten sie sich hilfesuchend an Aaron gewandt: »Auf, mach uns einen Gott, der vor uns hergehe! Denn wir wissen nicht, was diesem Mann Mose widerfahren ist, der uns aus Ägyptenland geführt hat.«

Aaron hatte daraufhin alle goldenen Ohrringe einsammeln lassen »und bildete das Gold in eine Form und machte ein gegossenes Kalb. Und sie sprachen: Das ist dein Gott, Israel, der dich aus Ägyptenland geführt hat.« Als Aaron merkte, daß das Volk das Stierbild akzeptierte, baute er einen Altar und ordnete ein Fest an, um dem Gottesbild zu opfern.

Während der Feierlichkeiten, als das Volk gerade um das

Goldene Kalb herumtanzte, kam Moses ins Lager zurück, und es »entbrannte sein Zorn und er warf die Tafeln aus der Hand und zerbrach sie unten am Berge und nahm das Kalb, das sie gemacht hatten, und ließ es im Feuer zerschmelzen und zermalmte es zu Pulver und streute es aufs Wasser und gab's den Kindern Israel zu trinken«.

Dann wandte sich Moses an Aaron. Nach der Darstellung Mohammeds im Koran ist es sogar zu einer Rauferei zwischen den beiden gekommen, so daß sich Aaron verzweifelt wehren mußte: »Pack mich doch nicht am Bart und am Kopf!« Die Bibel ist da zurückhaltender. »Was hat dir das Volk getan?« fragt Moses, »daß du eine so große Sünde auf sie gebracht hast? Aaron sprach: Zürne nicht, mein Herr! Du weißt ja selbst, wie böse dieses Volk ist. Sie sprachen zu mir: Mache uns einen Gott, der vor uns herzieht; denn wir wissen nicht, was diesem Mann Mose geschehen ist, der uns aus Ägyptenland geführt hat. Ich sprach zu ihnen: Wer Gold hat, der reiße es ab und gebe es mir.«

Doch Aaron schwindelt, wenn er sich nicht erklären kann, wie gerade ein Stier daraus geworden ist: »Und ich warf es ins Feuer; daraus ist das Kalb geworden.«

Die Sünde

Meist ist man an dieser Stelle über den »Abfall« der Kinder Israel und ihre Gottlosigkeit, zumindest aber über ihre Undankbarkeit gegenüber Jahwe, entrüstet. Doch dazu besteht kein Anlaß, auch wenn es in der Bibel heißt, daß Jahwe so zornig auf Aaron war, »daß er ihn vernichten wollte«. Der Zorn Jahwes und seines Mannes Moses hatte ganz andere Gründe.

Aaron und die Kinder Israel waren keineswegs von Jahwe abgefallen und hatten sich einen neuen Gott gemacht, wie meist aus dieser Bibelstelle herausgelesen wird. Im Gegenteil: Das Goldene Kalb war eigens zu Ehren Jahwes angefertigt worden. Als Aaron das Opferfest für das Stierbild anordnete, sagte er ausdrücklich: »Morgen ist ein Fest für Jahwe!« Man kann den biblischen Bericht so oft nachlesen, wie man will: Nirgends ist von einem neuen Gott, einem anderen Gott oder einem Abfall von Jahwe die Rede.

Worin bestand dann aber die Sünde, die Aaron und das Volk auf sich geladen hatten? Warum läßt die Bibel Gott sagen, das Volk habe »schändlich« gehandelt, weil es »so schnell von dem Wege abgewichen, den ich ihnen geboten habe«?

Die Antwort ist für einen Juden leichter zu finden als für einen Christen, dessen Kirche von frühester Zeit an gegen eines der Zehn Gebote verstößt, indem sie die bildliche Darstellung Gottes duldet. Für ihn erscheint es nicht als Sünde, Gott selbst und sein Ebenbild, den Menschen, in Plastik und Malerei wiederzugeben. Einem Juden dagegen fällt sofort auf, daß Aaron und das Volk gegen das Gebot gehandelt haben: »Du sollst dir kein geschnitztes Bild machen, kein Abbild von dem, was im Himmel droben oder unten auf der Erde oder im Wasser unter der Erde ist«, und: »Du sollst dich nicht vor diesen Bildern niederwerfen und sie nicht verehren.« Aus diesem Grund ist das Judentum bis heute eine Religion ohne religiöse darstellende Kunst. Jahwe hat kein Gesicht und keine Gestalt.

Wir sehen nun, worin die Sünde bestand, aber damit ist noch nicht die Frage beantwortet, warum sie überhaupt begangen wurde. Die jüdischen Sagen kommen mit einer naheliegenden Erklärung. Da bestürmt das Volk den Aaron: »Sieh die Ägypter, die tragen ihren Gott durch die Straßen, sie führen Reigen auf und spielen vor ihm und sehen ihn mit ihren Augen; macht uns gleichfalls solche Götter, wie die ägyptischen sind, daß wir sie leibhaftig vor uns wandeln sehen.«

Hier wäre also der Wunsch gewesen, sich den unvorstellbaren Gott zumindest in einem Symbol zu veranschaulichen. Selbst der Monotheismus des Echnaton hatte noch die Sonnenscheibe als sinnliches Zeichen gekannt. Der Jahwe des Moses hatte auch das verboten. Für das gläubige Volk war dies wohl zuviel an Abstraktion. Der Wunsch, sich ein Götterbild zu machen, einen »Götzen«, wie die Bibel abfällig sagt, hat sicher beim Goldenen Kalb eine Rolle gespielt. Aber warum wollte das Volk das Goldene Kalb gerade in dem Augenblick, da Moses verschunden war?

180

Martin Buber, der jüdische Religionsphilosoph, bietet hier eine sehr einleuchtende Erklärung an, die zugleich ein Schlaglicht auf das skeptische Verhältnis des Volkes zu Moses wirft: »Für die Schar, die wegesunkundig in die ›große und furchtbare Wüste‹ vorstoßen soll, steht das Problem der Führung im Mittelpunkt.« Das heißt, der Wert des Gottes Jahwe und seines Knechts Moses ließ sich daran ermessen, wie gut der Marsch durch die Wüste gelang. Moses hatte ihnen das Versprechen dieses Gottes gebracht, »daß er sie führen und schützen wolle, ja, er hat sie gelehrt, daß solch ein steter Beistand, solch ein Gegenwärtigbleiben bei den von ihm Erwählten, zu dessen Wesen, wie es sich in seinem Namen darstellt, gehöre. Aber das konstant und gleichmäßig funktionierende Orakel, das sie erwarten, ist ihnen nicht geliefert worden. An den Wegstationen wartete der sonderbare Mann auf irgendwelche Zeichen aus der Luft oder sonstwoher, ehe er den Weiterzug befahl; nie wußte man, was im nächsten Augenblick geschehen würde, nie konnte man sich darauf verlassen, daß man morgen in einer erfreulichen Oase sich von den Strapazen würde erholen können.

Er sagte zwar, der Mann, daß der Gott ihnen vorangehe und daß er das durch die oder jene Zeichen kundgebe; aber das unumstößlich Tatsächliche war es ja doch, daß man ihn nicht sehen konnte, und wen man nicht sieht, dem kann man eben auch nicht folgen. Man folgt eben doch nur dem Mann, und wie oft er unsicher ist, merkt man doch; da zieht er sich jeweils in sein Zelt zurück und brütet Stunden, ja tagelang, bis er dann endlich herauskommt und sagt, so und so solle es geschehen.

Was ist denn das für eine Führung? Und muß nicht etwas zwischen ihm und dem Gott nicht in Ordnung sein, wenn er den nicht vorzeigen kann? Er sagt zwar, der Gott sei nicht zu sehen, er sei wohl da, nur zu sehen sei er nicht – aber was soll das heißen?... Man erzählt sich freilich..., der Mann behaupte, daß man sich von dem Gott kein Bild machen dürfe; aber das ist doch offenbar widersinnig. Solange man kein richtiges Bild hat, wird man auch keine richtige Führung haben.

Und jetzt ist der Mann vollends verschwunden. Er hat gesagt, er gehe hinauf zu dem Gott, hinauf, da wir den Gott doch hier brauchen, wo wir sind – aber er ist nicht wiedergekommen, und es ist anzunehmen, daß der Gott ihn umgebracht hat, denn etwas zwischen ihnen ist eben nicht in Ordnung gewesen. Was soll man da tun? Man muß die Sache selbst in die Hand nehmen, man muß ein Bild machen, und dann wird die Kraft Gottes in das Bild fahren, und man wird eine richtige Führung haben.«

Genau das ist auch die Erklärung, die die Bibel selbst gibt, wenn das Volk sagt: »Mache uns einen Gott, der vor uns herzieht; denn dieser Mose da, der Mann, der uns aus Ägypten herausgeführt hat – wir wissen nicht, was ihm zugestoßen ist.« Das Goldene Kalb als Mosesersatz: An die Stelle des verschwundenen Führers tritt jetzt der Gott selbst, den er verkündet hat. Das Goldene Kalb aber auch als Ausdruck der Angst und des Verlorenseins in der Wüste, und schließlich: Das Goldene Kalb als Zeichen des Mißtrauens in die Führungskraft des Moses. Daß sich das Volk ein verbotenes Bild seines Gottes gemacht hatte, war kein Abfall von Jahwe, sondern von Moses, dessen Autorität wieder einmal auf dem Spiel stand.

Der Himmelsstier

Warum aber wurde Jahwe durch einen Stier dargestellt? Was hat Jahwe mit einem Stier zu tun?

Der Stierkult war damals schon seit Jahrhunderten in allen Ländern verbreitet. So kannten die Ägypter den Gott Apis, der stets in der Gestalt eines Stiers mit der Sonnenscheibe zwischen den Hörnern dargestellt wurde. In Sakkara, in der Nähe der alten Hauptstadt Memphis, hatte Ramses II. sogar ein nahezu zweihundert Meter langes unterirdisches Gruftsystem, das Serapeion, für die Aufbewahrung mumifizierter heiliger Stiere aus dem Felsen schlagen lassen. Auch die Göttin Hathor wurde mit Hörnern dargestellt. Denn nicht eigentlich der Stier, sondern seine Hörner waren beim Stierkult entscheidend. Bei den Völkern des östlichen Mittelmeers, von den alten Hethitern bis zu den Ägyptern, gab es Altäre, deren Zentrum ein Stiergehörn oder gar eine ganze Serie von Hörnern bildete. Könige und

Götter trugen Kopfbedeckungen, die mit einem oder mehreren Hornpaaren geschmückt waren wie die Helme der alten Germanen. Ja, selbst am Altar Jahwes waren später Hörner angebracht. Das Stiergehörn und seine symbolische Vereinfachung hatten eine solche herausragende Bedeutung, daß das entsprechende Zeichen bis heute das Alphabet anführt.

Meist wird der Stier allerdings mit dem Fruchtbarkeitskult in Zusammenhang gebracht. Das Goldene Kalb gilt infolgedessen als Beweis, daß die Israeliten von Jahwe abgefallen seien, weil der kein Fruchtbarkeitsgott war und daher auch nicht mit einem Stier dargestellt werden konnte. Doch das ist genauso falsch wie die fast unausrottbare Vorstellung, der Stier sei ein Symbol der Fruchtbarkeit. Haustiere wie Katzen und Hunde, von Mäusen ganz zu schweigen, leisten da erheblich Besseres, auch wenn das Geschlechtsorgan eines Stiers durchaus eindrucksvoller ist. Aber wäre beim Stierkult das Zeugungsorgan gemeint, hätte man als Symbol wohl viel eher den Phallus genommen und nicht den Kopf mit dem Gehörn.

Wer ein wenig mit Symbolen vertraut ist, wird längst einwenden wollen, daß das Stierhorn, sogar in symmetrischer Verdoppelung, genau das männliche Geschlechtsorgan wiedergibt. Das ist nicht falsch, und sicherlich ist das Horn auch ein Symbol für die Zeugungskraft; es muß diesen Symbolwert aber nicht notwendigerweise von Anfang an oder ausschließlich gehabt haben. Wir kennen aus der Psychoanalyse, den Märchen und Mythen genug Verdichtungen verschiedener Sinngehalte in einem einzigen Bild.

So steht das Stiergehörn zweifellos auch für die Mondsichel, die das Sterben und Wiedererstehen des Mondes anzeigt. In diesem Sinn war Apis der Gott der Fruchtbarkeit: Es ging nicht um die reiche Nachkommenschaft, sondern im Sinne des Osiriskults um den Gedanken, daß das Leben aus dem Tode entsteht wie beim Samenkorn, das stirbt, um Halm zu werden.

Daß Stier und Stiergehörn aber nicht notwendigerweise reine Fruchtbarkeitssymbole waren, sondern auch mit ganz anderen Vorstellungen und Assoziationen verbunden wurden, zeigen die Götterhimmel anderer Völker. So war bei den Hethitern der

Stier nicht dem Fruchtbarkeitsgott Telipinu, sondern dem Himmelsgott zugeordnet. Auch in der sumerisch-akkadischen Dichtung aus dem babylonischen Kulturkreis lernen wir einen Stier kennen, der nichts mit Fruchtbarkeit und nichts mit dem Mond zu tun hat. So im Epos des Gilgamesch, des sagenhaften Königs von Uruk, der nach den archäologischen Befunden etwa um 2750–2600 v. Chr. gelebt haben dürfte. Seine entscheidende Tat bestand darin – und sie wird im Epos immer wieder erwähnt –, daß er jenen Stier gepackt und getötet hatte, »der vom Himmel herabkam«. Die Venussterngöttin Ischtar wollte Gilgamesch mit Hilfe des Himmelsstiers vernichten. Sie erhielt den Stier von ihrem Vater, den Himmelsgott Anu, schickte ihn zur Erde hinunter, wo er im Euphratgebiet zu wüten begann: »Der Himmelsstier warf nach vorn den Geifer aus, mit des Schweifes Dicke schleuderte er seinen Mist.« Was auch immer dieser Himmelsstier sein mag, mit Fruchtbarkeit hat er nichts zu tun, im Gegenteil, er verbreitet Schrecken und Angst und tritt als feindliches Element auf. Es ist sogar eine Heldentat, ihn zu töten.

Ein ähnliches Ereignis wird im sumerisch-babylonischen Mythos vom Gott Ninrag beschrieben. Auch hier ist es ein Geschöpf der Ischtar, das Berge vernichten und das Land niederwerfen kann. Hier erfahren wir etwas über sein Aussehen: »Furchtbaren Glanz schenkte ihm Anu im Himmel als Geschenk«, heißt es da, und »sein furchtbarer Glanz bedeckte das Haus Bels [der Erde] wie ein Kleid«. Er fährt in einem Wagen aus Lasurstein von »schrecklicher Furchtbarkeit«, und »infolge des Getöses [seines Wagens] und Dröhnens erbeben bei deinem Geh'n Himmel und Erde. Infolge der Erhebung deines Armes streckt sich ein Schatten aus«, so daß der Himmel »gleich rotfarbiger Wolle gefärbt« wurde.

Das könnte die Beschreibung eines Vulkanausbruchs sein und erinnert an das, was die Kinder Israel erlebt haben: Die Erde bebt und dröhnt, der rotgefärbte Himmel käme durch die Vulkanasche zustande, die das Sonnenlicht trübt. Doch das Ganze wird als kosmisches Ereignis beschrieben und nicht, wie man erwarten könnte, als eine Tat des Gottes der Unterwelt. Zur kosmischen Deutung würden auch der wiederholt erwähnte »Arm« passen, der Himmelswagen und die beteiligten Götter: Ischtar als Venus, Anu als Himmelsgott, Schamasch [wörtlich: Sonne] als Sonnengott und die an anderer Stelle des Mythos erwähnten Anunnaki und Igigi, die vom Sonnengott beleuchtet werden und die wir wohl am Himmel zu suchen haben, zumal sie als Kinder des Himmelsgottes gelten.

In einem dritten babylonischen Mythos finden wir eine neue Variante. Zwar ist das beschriebene Ereignis wieder am Himmel zu suchen, wieder richtet es Unheil an und wieder wird, wie beim Gilgamesch-Epos, ein Held gesucht, der es besiegt – aber diesmal wird es als Schlange, als »Labbu«, beschrieben: »Es seufzen die Städte, die Menschen der Wohnstätten ... es klagen die Menschen ... Wer hat denn die [große] Schlange geboren? Bel zeichnet am Himmel [das Bild Labbus]: 50 Meilen seine Länge, eine Meile sein Kopf ... Wer wird hingehen und den Labbu [töten], das weite Land erretten und die Königsherrschaft ausüben?«

Himmelsschlange und Himmelsstier werden mit den gleichen Eigenschaften beschrieben. Selbst der Charakter des wütenden Stiers taucht im Wort »Labbu« wieder auf: Es kommt von dem assyrischen »Lababu«, das »wüten« bedeutet, so daß Labbu ein Wüterich wäre wie der Stier im minoischen »Labyrinth«. Dieser Labbu – weich gesprochen Lawu – findet sich auch im hebräischen »Leviathan« wieder, »der flüchtigen Schlange, der gewundenen Schlange«, die bei Jesaja als Drache geschildert wird und dem griechischen Typhon entspricht; wie überhaupt Himmelsstier und Himmelsschlange in zahlreichen Mythen der verschiedensten Völker auftauchen.

Ich könnte mir vorstellen, daß die weite Verbreitung von Stier und Schlange im Mythos und im Kult auch einem gemeinsamen Erlebnis entspricht. Gerade die Schilderung des Labbu legt den Gedanken nahe, in dieser Himmelsschlange von »50 Meilen Länge« einen Kometen zu sehen. Ein solches überall sichtbares, aber nicht voraussehbares kosmisches Ereignis galt von jeher als unglückverheißend, weil es die göttliche Ordnung störte. So erwähnt auch die Bibel den »starken Arm Gottes«, der am Tage in einer Wolkensäule und in der Nacht in einer leuchtenden

Feuersäule zu sehen war, im Zusammenhang mit den zehn Plagen.

Weil die Menschen früher keine rationale Erklärung für das Erscheinen von Kometen hatten und auch keine Bezeichnung dafür besaßen, beschrieben sie sie nach ihrem Aussehen als Schlange, Strahl, Horn, Stier oder Arm – wobei die Chinesen offenbar Schlange und Drachen bevorzugten, während im Mittelmeerraum mehr das Horn, das Symbol des Stiers, zum Mittelpunkt des Kults wurde.

Ob Schlange oder Stier hängt übrigens davon ab, wie man einen Kometen sieht. Zieht der Komet seitwärts vorbei, erscheint er als Feuerschlange oder als Horn. Kommt er aber auf den Betrachter zu oder entfernt sich von ihm, so sieht er mehr einer Kugel ähnlich (der »feste« Kern des Kometen), von der zwei gegenüberliegende Schweife wie Hörner abstehen (die leuchtenden Gaspartikelchen). Und da durch den Druck des Sonnenwindes der Kometenschweif immer von der Sonne wegweist, zeigt der Komet beim Vorüberziehen an der Erde eine sich verändernde Gestalt, die leicht als kosmisches Kampfgeschehen aufgefaßt werden kann.

Der Stierkult würde sich danach auf Kometen beziehen, wie die Göttin Ischtar auf den Planeten Venus, der Sonnengott auf die Sonne, die Mondgöttin auf den Mond oder der alttestamentarische »Herr Zebaoth« auf den »Herrn der himmlischen Heerscharen«, der die Kinder Israel mit »starkem Arm« befreite und uns unvermutet wieder zum Stier zurückbringt: Das hebräische 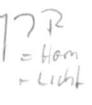 Wort für Lichtstrahl heißt »keren«. Keren bedeutet zugleich aber auch »Horn«. Das klassische Beispiel für diese Doppeldeutigkeit des Wortes ist der Moses des Michelangelo, der zwei Hörner auf dem Kopf trägt. Von Hörnern steht in der Bibel zwar nichts, aber es heißt – wir werden noch zu der Stelle kommen –, daß sein Gesicht von Licht strahlte. Dabei verwendet das hebräische Original den Wortstamm »k-r-n« für »strahlen«. Das verstanden die Übersetzer der Vulgata, der lateinischen Bibelübersetzung, falsch, denn das semitische Wort »keren« war längst als »cornu« ins Lateinische gewandert, wo es »Horn« bedeutete. Daher ist in der Vulgata tatsächlich von einem gehörnten Moses die Rede.

Wenn es aber zutreffen sollte, daß Moses mit seiner Schar einem Kometen als dem »starken Arm Jahwes« gefolgt war, dann hätte es durchaus nahegelegen, diesen Jahwe in der Doppeldeutigkeit von Horn und Strahl mit einem Stier zu identifizieren. Das würde auch verständlich machen, warum die Israeliten das Stierbild mit den Worten feierten: »Das ist dein Gott, Israel, der dich aus Ägypten geführt hat.« Damit war eben jener Jahwe gemeint, dessen starker Arm sie herausgeführt hatte, dessen Wolken- und Feuersäule aber inzwischen offenbar verschwunden war, so daß das Goldene Kalb als Führer vor ihnen hergehen sollte. »Stier ist Jahwe« steht daher auch auf einer alten Tonscherbe, die man bei Nablus im biblischen Sichem gefunden hat, und noch Jerobeam, der erste König des Nordreichs Israel (926–907), ließ zwei goldene Stiere herstellen und sagte: »Siehe, Israel, das da ist dein Gott, der dich aus Ägyptenland herausgeführt hat.«

Das Stierbild als Analogiezauber hat sich nicht durchgesetzt. Die Stierhörner aber blieben als alte Erinnerung. Die Bundeslade, das Heiligtum der Kinder Israel, war mit Stierhörnern geschmückt.

Krise und Tiefpunkt

Übersetzt man die Bilder der Bibel, dann erleben wir hier Moses auf dem Tiefpunkt seiner Karriere. In dem Moment, als er mit Gott einen Bund schloß und die Gebote erhielt, war er von Aaron durch das Stierbild aus der Rolle des alleinigen Vermittlers zwischen Jahwe und Volk verdrängt worden. Ob er wiederkam oder nicht – das Volk hatte jetzt seinen Gott und konnte sich an ihn wenden; es hatte sich nicht von Jahwe abgewandt, sondern von Moses.

Selbst die Bibel läßt die Kinder Israel an dieser Stelle fast beleidigend unbeteiligt von ihrem Befreier reden: »Wir wissen nicht, was diesem Mann Moses geschehen ist, der uns aus Ägyptenland geführt hat.« Und der Koran, gewiß keine verläßliche Quelle, aber eine interessante Interpretation späterer Ansichten, läßt Moses überhaupt nur auf den Gottesberg steigen, weil er vor »seinem« Volk flüchtete. »Warum bist du denn so eilig von deinen Leuten weggegangen, Mose?« läßt Mohammed Gott sagen, worauf Moses antwortet: »Die da unten sind hinter mir her. Und ich bin zu dir geeilt, Herr, damit du [mit mir] zufrieden seiest.«

Das klingt nach Aufstand, und vielleicht hat es tatsächlich am Gottesberg einen Aufruhr gegeben, der über das übliche Murren des Volkes hinausging. Nach der Rechnung der Bibel war man schon einige Monate unterwegs, und von einem Gelobten Land war weit und breit nichts zu sehen. Beschwerliche Bergwüsten, Hunger und Durst, keine Aussicht auf Besserung waren gewiß Anlaß genug, an Moses zu zweifeln. Er hatte sonstwas versprochen, und nun zog er offensichtlich planlos von Wasserstelle zu Wasserstelle, nachdem auch Jitro die Bitte des Moses abgelehnt hatte: »Komm mit uns, so wollen wir Gutes an dir tun ... Denn du weißt, wo wir in der Wüste lagern sollen, und du sollst unser Auge sein.« Wie sollte man sich da auf Moses verlassen können?

Die Bibel beschreibt diese Krise mit der Geschichte vom Goldenen Kalb, in der Aaron erstmals als Widersacher des Moses auftritt. Moses bekommt einen Wutanfall, zerstört die Tafeln und das Kalb und ordnet, um seine schwindende Autorität zu retten, ein Strafgericht an. Mit dem Ruf »Wer für Jahwe ist, der komme zu mir!« sammelt er seine Anhänger – es sind bezeichnenderweise die Leviten – und trägt ihnen auf, im Lager ein Blutbad anzurichten: »Jeder gürte sein Schwert um die Hüfte! Geht im Lager hin und her von einem Tor zum andern und tötet auch den eigenen Bruder, Freund und Anverwandten!« und die Bibel, wieder großzügig mit Zahlen, gibt das Ergebnis bekannt: »Und es fielen an dem Tag vom Volk gegen dreitausend Mann.«

Moses hatte sich durchgesetzt, aber ein Stachel ist geblieben. In einer Geste von »schwermütiger Deutlichkeit« nahm er sein Zelt, in dem er mit Gott sprach und in dem das Volk das Orakel stellen konnte, und schlug es in einiger Entfernung vom Lager auf. Wer jetzt mit Gott durch das Orakel sprechen wollte, mußte

188

das Lager verlassen und zu Moses hinausgehen. Das »Zelt der Offenbarung«, von Luther »Stiftshütte« genannt, stand seit dem Zwischenfall mit dem Goldenen Kalb nicht mehr mitten im Lager. Dort bat Moses Jahwe verzweifelt um einen kundigen Führer: »Siehe, du hast mir befohlen: Führe dieses Volk hinauf! Du hast mir aber nicht kundgetan, wen du mir senden willst... Wenn ich nun wirklich Gnade in deinen Augen gefunden habe, so laß mich deine Wege wissen ... Bedenke doch, daß dieses Volk dein Volk ist.«

Deutlicher kann die Bibel nicht zugeben, daß Moses ohne Orientierung ist und nicht mehr weiter weiß. Kaum ist der große Aufbruch vorbei, ist er bereits am Ende. Aber Gott tröstet ihn: »Ich selbst werde mitgehen, und ich werde dir Ruhe geben.« Was das auch immer heißen mag, die Bibel leitet daraus zwei Orientierungshilfen ab. Einmal läßt sie die Wolken- und Feuersäule weiter vorausziehen; aber wenn die wirklich noch am Himmel gewesen wären, hätte Moses ja nicht nach dem richtigen Weg zu fragen brauchen. Zum anderen läßt sie die Bundeslade den richtigen Weg finden, in der Jahwe anwesend gedacht ist. Aber ob nun Bundeslade oder Goldenes Kalb, von allein liefen die nicht voraus und zeigten den Weg.

Die Bibel läßt daher Moses ganz nüchtern nach einem wegekundigen Führer fragen, und auf die Antwort Gottes, er werde selbst mitziehen, will es Moses ganz genau wissen, mit wem er sich da einläßt. Und so fragt er, der sich eben noch darüber erregt hat, daß das Volk sich Gott bildlich vorstellt, ganz naiv, ob er nicht seinen Jahwe einmal von Angesicht zu Angesicht sehen könne. Damit klingt wieder das Motiv der Gottesschau an. Aber obwohl noch wenige Zeilen vorher behauptet wird, Moses rede mit Jahwe »von Angesicht zu Angesicht, wie jemand mit seinem Freunde spricht«, heißt es nun: »Mein Angesicht kannst du nicht schauen, denn kein Mensch sieht mich und bleibt am Leben.« Aber Jahwe bietet einen Ausweg an: »Ich will alle meine Schönheit an dir vorüberziehen lassen und den Namen Jahwes vor dir ausrufen... Siehe, bei mir ist ein Platz, da magst du dich auf den Felsen stellen. Wenn dann meine Herrlichkeit vorübergeht, will ich dich in die Höhlung des Felsens stellen und meine

Hand über dich decken, bis ich vorübergegangen bin. Wenn ich meine Hand zurückziehe, wirst du meine Rückseite schauen. Aber mein Angesicht darf man nicht schauen.«

Unheimliches und Bedrohliches schwingt da mit, aber auch die alte magische Vorstellung, daß man jemanden in seine Gewalt bekommt, wenn man seinen Namen und seine Gestalt kennt. Denn der Name ist schon die Sache selbst und das Abbild das magische Mittel, die Gegenwart des anderen herbeizuzwingen. »Wort« und »Gegenstand« sind im Hebräischen zum Beispiel dasselbe Wort.

Die Ankündigung Jahwes, er werde im Vorüberziehen seinen Namen rufen, bedeutet also in der Bildersprache der Bibel, daß sich der Gott wenigstens zum Teil in die Gewalt und Verfügbarkeit des Moses begeben, ihm helfen will. In der Krise schöpft Moses neue Hoffnung: Sein Gott will ihm und seinem Volke weiterhelfen. Aber dazu bricht er eine Legitimation, damit man ihm auch glaubt, und das kann nur ein Bund sein. Da aber die Tafeln des Bundes zerbrochen sind, muß Moses noch einmal auf den Gottesberg steigen.

Wort + gegenstand - im hebräischen das selbe Wort!

Die Gebote

[handschriftliche Notiz]

Die neuen Tafeln

Von allen biblischen Erzählungen, die sich um den Gottesberg ranken, ist die vom letzten Aufstieg zu Gott die eindrucksvollste und handlungsreichste. An sie denkt man zuerst, wenn von der Verkündigung der Zehn Gebote die Rede ist. Auch sie beginnt mit einem Auftrag Gottes: »Haue dir zwei steinerne Tafeln zurecht, wie die ersten waren. Steige zu mir auf den Berg hinauf, und ich will auf die Tafeln die Worte schreiben, die auf den ersten Tafeln standen, die du zerbrochen hast. Halte dich für morgen bereit, in der Frühe auf den Berg Sinai hinaufzusteigen und dort auf dem Gipfel des Berges vor mich hinzutreten. Niemand darf mit dir hinaufsteigen, und niemand darf sich auf dem ganzen Berg sehen lassen. Auch Schafe und Rinder dürfen nicht nach diesem Berge hin weiden.«

Moses machte sich zwei Steintafeln zurecht und stieg mit ihnen am nächsten Morgen auf den Sinai. »Da kam Jahwe hernieder in einer Wolke, und Moses trat daselbst zu ihm, und er rief den Namen Jahwe. Und Jahwe zog an ihm vorüber...« Die Bibel sagt nicht, was im einzelnen geschah, und sie bauscht nichts auf. Weder gibt es Blitz, Donner und Posaunenschall noch fährt Jahwe im Feuer herab. Solche Vorstellungen übertragen wir unbedacht aus den vorhergehenden Erzählungen, ohne uns klarzumachen, daß von den sechs Gottesberggeschichten nur eine einzige derartige Phänomene schildert. Wir erfahren nur, daß sich Moses eilends verneigte und auf die Erde warf und bat: »Wenn ich Gnade in deinen Augen gefunden habe, o Herr, dann möge doch mein Herr in unserer Mitte mitziehen. Es ist zwar ein halsstarriges Volk. Aber vergib uns unsre Schuld und unsere Sünde und nimm uns an als dein Erbe.«

Hier treffen endlich Gottesoffenbarung, Bund und Gebote zusammen: »Und Jahwe sprach: Siehe, ich will einen Bund mit dir schließen ... halte, was ich dir heute gebiete! ...Und Jahwe sprach zu Mose: Schreibe diese Worte auf; denn aufgrund dieser Worte habe ich mit dir und mit Israel einen Bund geschlossen... Und er schrieb auf die Tafeln die Worte des Bundes, die Zehn Worte.«

Und noch einmal geschieht Unerklärliches: Als Moses nach vierzig Tagen zurückkehrte, war ihm die Begegnung mit Gott anzusehen. Seine Erleuchtung, seine strahlende Freude war zu einem wirklichen Lichtglanz geworden: »Als nun Mose vom Berg Sinai herabstieg, hatte er die zwei Tafeln des Gesetzes in der Hand und wußte nicht, daß die Haut seines Angesichts glänzte, weil er mit Gott geredet hatte.«

Es ist jene Stelle, an der in der lateinischen Übersetzung »facies cornuta« – »gehörntes Gesicht« – steht, statt entsprechend dem hebräischen Original »facies coronata«: »strahlendes Gesicht«. Aus diesem Strahlenkranz, der »Korona«, ist in der christlichen Ikonographie der Strahlenschein entstanden, der die ganze Figur umgibt, und der Nimbus, der Heiligenschein um den Kopf. Sie beide sind Symbol für die Gegenwart des göttlichen Lichts, waren aber ursprünglich auch ein Bild für die Erleuchtung selbst. Als Buddha zur letzten Weisheit durchdrang, »erglänzte des Heiligen Leib wie in Verklärung überhell, in lichtem, lauterem Weiß«.

Für Moses – so wie im Neuen Testament für Jesus – bedeutete diese Verklärung die Legitimation, der wahre Mann Gottes zu sein. Darum heißt es auch im Neuen Testament an entsprechender Stelle: »Da erscholl eine Stimme aus der Wolke: Dieser ist mein auserwählter Sohn, ihn sollt ihr hören!«

Das Alte Testament drückt diese Anerkennung durch Furcht und Ehrfurcht aus: »Als aber Aaron und ganz Israel sahen, daß die Haut seines Angesichts glänzte, fürchteten sie sich, ihm zu nahen.« Doch Moses rief sie wieder zu sich, um ihnen die Furcht zu nehmen. Aber noch im Zustand dieser Verklärung »gebot er ihnen alles, was er mit Jahwe geredet hatte auf dem Berg Sinai«. Es war die Verkündung der Zehn Gebote. Dann heißt es weiter: »Und als er dies alles mit ihnen geredet hatte, legte er eine Decke auf sein Angesicht...«

Die kultischen Gebote

Die Zehn Gebote sind in der Bibel nur zweimal zu finden. Einmal, wie zufällig eingestreut, im zweiten Mosesbuch (20), und dann, mit einigen Abweichungen, im fünften Mosesbuch (5), wo in einer Erzählung an die Zeit nach dem Exodus erinnert wird. Aber dort, wo man sie sucht, stehen sie gerade nicht: Als Moses zum letztenmal auf den Gottesberg steigt, den Bund schließt, die Gebote erhält und verklärt wird, werden zwar auch Gebote aufgeführt, aber es sind nicht die berühmten Zehn.

Im zweiten Mosesbuch (34) wird eine Anzahl von kultischen Geboten genannt, die sich wie Tag und Nacht von dem sogenannten »ethischen Katalog« der Zehn Gebote unterscheiden. Was sie regeln, sind keine mitmenschlichen Gebote wie »Du sollst nicht töten«, es handelt sich vielmehr um Anweisungen für den religiösen Kult. Im einzelnen wird festgelegt (wobei ich Wiederholungen auslasse):

»Du sollst keine anderen Götter anbeten
du sollst die Kultheiligtümer anderer Völker zerstören
du sollt dir keine gegossenen Götzenbilder machen
du sollst das Fest der ungesäuerten Brote halten
du sollst alle Erstgeburt auslösen (als Opfer anbieten)
du sollst sechs Tage arbeiten, am siebenten Tag ruhen
du sollst das Wochenfest halten
dreimal im Jahr soll alles, was männlich ist, vor Jahwe erscheinen
du sollst das Opferblut nicht zusammen mit dem Sauerteig darbringen
das Opfer des Paschafestes soll nicht über Nacht stehen bleiben
du sollst das Beste von den ersten Ackerfrüchten in das Haus Jahwes bringen
du sollst das Böcklein nicht kochen in der Milch seiner Mutter.«

Nach der Bibel kann kein Zweifel sein, daß dies die »Zehn Worte« sind, die Moses von Jahwe mit der Aufforderung erhalten hatte: »Halte, was ich dir heute gebiete.«

Doch es stellt sich die Frage, ob da nicht nachträglich manipuliert worden ist. Zum Beispiel ist es bisher noch niemandem gelungen, genau festzustellen, ob es sich hier wirklich um die »Zehn Worte« handelt. Denn faßt man, wie ich es versucht habe, die Anweisungen thematisch zusammen, so kommt man auf mindestens zwölf Gebote. Zählt man alle Stellen, die mit einem »du sollst« oder einer ähnlichen Aufforderung eingeleitet werden, sind es weit mehr. Es lassen sich aber auch weniger als zehn zusammenstellen oder mit Gewalt sogar genau zehn – je nachdem, was man zusammenfaßt oder ausläßt, da es doppelt vorkommt.

Da die geradezu magische Zahl »Zehn« aber immer wieder erwähnt wird, könnte dies als Beweis gelten, daß hier die »echten« Zehn Gebote durch die kultischen ersetzt wurden. Nur ist das Argument schwach: Auch die klassischen Zehn Gebote bestehen bei genauer Zählung aus zwölf Vorschriften. Von der Zahl her kann also keiner der beiden Kataloge auf seine Echtheit pochen.

Ein stärkerer Einwand ist, daß der kultische Katalog schon deshalb nicht von Moses stammen kann, sondern eine spätere Ergänzung durch die Priesterschaft sein muß, weil eine Anzahl von Geboten gar nicht auf die Lebensumstände von Wandernomaden zutrifft, die die Kinder Israel ja nun einmal für lange Zeit waren. So setzt das Gebot, Ackerbaufrüchte zu opfern, eine seßhafte Agrarbevölkerung voraus; von einem Erntefest ist die Rede, was in der Wüste wie reiner Hohn klingt; da soll man nur sechs Tage arbeiten, als wenn Wandernomaden eine feste Arbeitszeit hätten. Genaue Termine für Feste werden verkündet, die sich normalerweise erst im Lauf der Zeit herausbilden und nicht schon zwei Monate nach der Flucht aus Ägypten. Schließlich wird genau mitgeteilt, welche Völkerschaften die Kinder Israel bei ihrer Einwanderung ins Gelobte Land vertreiben werden – einer jener typischen Prophezeiungen aus dem nachhinein, von denen die Bibel voll ist.

Selbst die triviale, wenn auch nicht ganz einsichtige Kochbuchnotiz, man solle das Böcklein nicht in der Milch seiner Mutter kochen, weist auf eine viel jüngere Epoche hin: Erst in talmudischer Zeit, also frühestens im 5. vorchristlichen Jahrhundert, wurde aus diesem Satz verbindlich abgeleitet, man dürfe grundsätzlich Fleisch und Milchprodukte nicht zusammen essen. Das Ergebnis dieser Komplizierung sind die bis heute gültigen »typisch jüdischen« Speisevorschriften, nach denen es sogar notwendig ist, für Milchiges und Fleischiges getrenntes Geschirr und verschiedenes Besteck, in Hotels sogar verschiedene Räume zu benutzen. – Umgekehrt fehlen im kultischen Katalog andere wichtige Vorschriften wie das rituelle Schlachten, das Schächten, oder die Beschneidung.

Das alles zusammen macht deutlich, daß der kultische Katalog, zumindest in dieser Form, nicht von Moses stammen kann. Zu deutlich ist er von späteren Zeiten geprägt, auch wenn einzelne Elemente sicherlich sehr alt sind.

Der ethische Dekalog

Demgegenüber hat der ethische Katalog, der in griechischer Übersetzung der »Zehn Gebote« auch »Dekalog« genannt wird, grundsätzlich wesentlich bessere Chancen, als mosaisch zu gelten. Sätze wie »Du sollst nicht töten«, »Du sollst nicht stehlen« etc. sind an keine bestimmte Zeit gebunden. Man kann zwar jederzeit behaupten, sie seien erst nach Moses formuliert worden, aber niemand kann beweisen, daß sie nicht von Moses stammen.

Zunächst noch einmal die Gebote, wie sie im zweiten Mosesbuch (20) niedergeschrieben sind. Zum Vergleich setze ich die Formulierungen daneben, die wir seit Luther – nicht eben ganz korrekt – für »die« Zehn Gebote halten:

»Ich, Jahwe, bin dein Gott,
der dich aus dem Ägypterlande,
dem Sklavenhause, herausgeführt hat.

1. Du sollst keine andern Götter haben neben mir.	1. Du sollst keine andern Götter haben.

2. Du sollst dir kein geschnitztes Bild machen, kein Abbild von dem, was im Himmel droben oder unten auf der Erde oder im Wasser unter der Erde ist.

3. Du sollst dich vor diesen Bildern nicht niederwerfen und sie nicht verehren. Denn ich, Jahwe, dein Gott, bin ein eifernder Gott, der die Schuld der Väter ahndet an den Kindern, Enkeln und Urenkeln derer, die mich hassen, der aber Huld erweist bis ins tausendste Glied an denen, die mich lieben und meine Gebote halten.

4. Du sollst den Namen Jahwes, deines Gottes, nicht mißbrauchen; denn Jahwe läßt den nicht ungestraft, der seinen Namen mißbraucht.

2. Du sollst den Namen deines Gottes nicht unnützlich führen.

5. Gedenke des Sabbattages, daß du ihn heiligst. Sechs Tage sollst du arbeiten und all deine Werke tun. Der siebte Tag aber ist Sabbat für Jahwe, deinen Gott. Da darfst du keinerlei Werk tun, weder du selbst noch dein Sohn, noch

3. Du sollst den Feiertag heiligen.

deine Tochter, noch dein Knecht, noch deine Magd, noch dein Vieh, noch der Fremde, der sich in deinen Toren aufhält. Denn in sechs Tagen hat Jahwe den Himmel, die Erde und das Meer und alles, was in ihnen ist, geschaffen; aber am siebten Tag ruhte er. Deshalb hat Jahwe den Sabbattag gesegnet und ihn geheiligt: [Variante Deut 5: denke daran, daß du selbst im Ägypterlande Sklave warst und Jahwe, dein Gott, dich von dort mit starker Hand und ausgestrecktem Arm herausführte. Darum gebot dir Jahwe, dein Gott, den Sabbattag zu feiern.]

6. Ehre deinen Vater und Deine Mutter, damit du lange lebst in dem Lande, daß Jahwe, dein Gott, dir geben will.

7. Du sollst nicht töten.

8. Du sollst nicht ehebrechen.

9. Du sollst nicht stehlen.

10. Du sollst nicht als falscher Zeuge gegen deinen Nächsten auftreten.

4. Du sollst deinen Vater und deine Mutter ehren.

5. Du sollst nicht töten.

6. Du sollst nicht ehebrechen.

7. Du sollst nicht stehlen.

8. Du sollst nicht falsch Zeugnis reden wider deinen Nächsten.

11. Du sollst nicht begehren das Haus deines Nächsten.	9. Du sollst nicht begehren deines Nächsten Haus.
[Variante Deut 5: Du sollst nicht deines Nächsten Weib begehren.]	
12. Du sollst nicht begehren das Weib deines Nächsten, noch seinen Knecht, noch seine Magd, noch sein Rind, noch seinen Esel, noch irgend etwas, was deinem Nächsten gehört.«	10. Du sollst nicht begehren deines Nächsten Weib, Knecht, Magd, Vieh oder alles, was sein ist.

Was stand wirklich da?

Wie man sieht, ist auch hier die wegen der Abzählbarkeit an den Fingern so beliebte Zehnerzahl bei Geboten und Vorschriften überschritten. Luther kommt ja nur deswegen auf zehn, weil er das Verbot, sich Gottesbilder zu machen und sie anzubeten, einfach ausläßt. Selbst wenn man (nach meiner Zählung) Gebot zwei und drei zusammenfaßt, weil es einen Gedanken ausdrückt, kommt man als Christenmensch immer noch auf elf Gebote, und als Jude allemal: Die Juden zählen nämlich auch den Satz »Ich, Jahwe, bin dein Gott« zu den Zehn Geboten, obwohl es sich genaugenommen nur um eine Aussage und nicht um eine Aufforderung handelt.

Auch hier ist also offensichtlich später etwas dazugekommen, aber was? Durch den kultischen Katalog gewitzt, suche ich nach einem Anachronismus, der dem Nomadenleben widerspricht und finde ihn leicht in dem Gebot, nicht das Haus des Nächsten zu begehren. Viehnomaden, zumal Flüchtlinge, haben keine Häuser, sondern Zelte. Auffälligerweise ist dies auch die einzige Stelle, an der die beiden überlieferten Dekaloge nicht übereinstimmen: Im fünften Mosesbuch steht die Aufforderung, nicht das Weib des Nächsten zu begehren; aber auch das kann nicht ursprünglich sein, denn dann hätten wir ja nur eine Wiederholung des Gebots, keinen Ehebruch zu begehen. Nach wie vor stimmt hier irgend etwas nicht, zumal bei dem sonst so straff aufgebauten Dekalog das letzte Gebot nur eine ausführliche Wiederholung des Gedankens ist, den Besitz des Nächsten unangetastet zu lassen.

Untersucht man den Aufbau des Dekalogs genauer, fällt eine deutliche Zweiteilung auf: In der ersten Hälfte wird das Verhältnis des Menschen zu Gott geregelt, in der zweiten sein Verhältnis zu seinem Mitmenschen. Fast alle Gebote und Anweisungen sind negativ formuliert: »Du sollst nicht...« Zwischen diesen beiden Blöcken stehen die beiden einzigen Gebote, die positiv formuliert sind: Das Gebot »Gedenke des Sabbattages« gehört dabei noch zum kultischen ersten Teil, das andere »Du sollst deinen Vater und deine Mutter ehren« leitet bereits den sozialen zweiten Teil ein. Wir haben hier also eine saubere spiegelbildliche Anordnung von Ver- und Geboten, die einen kultischen und einen ethischen Teil umfassen.

Aus diesem Rahmen fällt zwar das doppelte Verbot, den Besitz des Nächsten anzutasten, inhaltlich nicht heraus, aber es hat formale Eigentümlichkeiten: Es verbietet keine Handlung, sondern ein Begehren, und es ist das einzige Gebot, das bis hin zu Ochs und Esel Details aufzählt. Alle anderen Gebote sind dagegen von prägnanter Kürze.

Diese Kürze ist das zweite Charakteristikum, das an den Geboten auffällt. Es sind Merksätze: Du sollst nicht töten, du sollst nicht stehlen. Das stimmt auch dort, wo die Gebote aus mehreren Sätzen bestehen: Der erste Satz ist jeweils das eigentliche Gebot, der Rest, meist durch »denn« eingeleitet, nur Begründung oder Erklärung der Folgen. Besonders deutlich wird das am Sabbatgebot, das zwar das gleiche gebietet, aber in den beiden überlieferten Fassungen vollkommen verschieden begründet.

Daraus kann man schließen, daß auch das letzte Gebot einmal so knapp und kurz war und daß die Auflistung mit Ochs und

Esel sekundär ist, also später hinzugefügt wurde. Die Frage ist nur, was stand da einmal? Der Besitzstand des Nächsten war schon durch das Gebot »Du sollst nicht stehlen« gesichert, die Frau durch das Gebot »Du sollst nicht ehebrechen« geschützt, Häuser gab es nicht. Als ehrlicher Mensch würde man gern das Verbot zu lügen einsetzen, das Jahwe offensichtlich mit Ausnahme der falschen Zeugenaussage gestattet.

In diesem Zusammenhang hat Elias Auerbach einen interessanten Vorschlag gemacht. Er meint, anstelle des »Nächsten Haus« habe es ein generelles Verbot gegeben, das als Kurzformel »des Wüstenideals das zähe Festhalten an den Formen des nomadischen Lebens« verdeutlicht habe, nämlich: »Du sollst kein Haus begehren.« Denn »der Beduine sieht im seßhaften Leben des Bauern einen moralischen und sozialen Niedergang gegenüber dem freien Leben in der Wüste«. Du sollst kein Haus bauen hieß soviel wie: Behalte deine Freiheit!

Daß dies keine romantische Interpretation von der Freiheit eines Wüstensohnes ist, kann man sogar mit der Bibel selbst belegen. Noch im 9. vorchristlichen Jahrhundert, also Jahrhunderte nach Moses, gab es im Negev den Stamm der Rechabiter, die als eifrige Anhänger Jahwes galten. Als man sie zum Weingenuß verführen wollte, wiederholten sie die Regeln ihrer Vorfahren: »Wir trinken keinen Wein. Denn unser Ahnherr Jonadab, der Sohn Rechabs, hat uns folgendes Gebot gegeben: ›Ihr dürft niemals Wein trinken ... Auch dürft ihr kein Haus bauen, keine Saat bestellen und keinen Weinberg anpflanzen oder besitzen. Vielmehr sollt ihr euer Leben lang in Zelten wohnen, damit ihr lange lebet auf dem Boden, auf dem ihr als Fremdlinge weilt.‹ Und wir haben alles, was unser Ahnherr Jonadab, der Sohn Rechabs, uns befohlen hat, getreu gehalten.« Und noch rund tausend Jahre nach Moses heißt es von den Nabatäern, die im nördlichen Teil der Sinaihalbinsel lebten: »Es ist ein Gesetz bei ihnen, weder Korn zu säen noch Fruchtbäume zu pflanzen, noch Wein zu trinken, noch ein Haus zu bauen.«

Zelt und Haus symbolisieren bis heute verschiedenartige Lebensweisen und Lebensräume, so wie es anderswo die Unterscheidung zwischen Land- und Stadtbevölkerung oder die diskriminierende Trennung zwischen Zigeunern und Seßhaften gibt. Wenn es also stimmen sollte, daß das zehnte Gebot einmal die nomadische Lebensweise festlegte, dann wäre dies – so Auerbach – »der klarste Beweis für die Herkunft der Zehn Gebote aus der Zeit des Mosche. Denn zu einer späteren Zeit war ein solches Gesetz undenkbar, da es das seßhafte Leben verurteilte und verbot.« Als die Israeliten schließlich seßhaft wurden, verlor das Gebot seinen Sinn und wurde verändert, indem man nun den Nachbarn einführte: »Du sollst nicht begehren *deines Nächsten* Haus und alles, was sein ist.« Damit hätte sich der am Anfang vermutete Anachronismus »Haus« gerade als sein Gegenteil herausgestellt, nämlich als ein deutlicher Hinweis auf das hohe Alter der Gebote.

Die Folgerung daraus ist freilich für die erklärte Absicht der Bibel ruinös: Wenn Moses wirklich ein für allemal verboten hatte, Häuser zu bauen, dann hatten weder er noch seine Schar vor, in Kanaan seßhaft zu werden. Dann bräche die ganze biblische Dramaturgie zusammen. Dann hätte es zwar eine Flucht aus Ägypten und einen Wüstenaufenthalt auf der Sinaihalbinsel gegeben, aber keine göttliche Verheißung eines eigenen Landes und kein Ziel, das Moses angesteuert hat. In der Wüste waren die Kinder Israel bereits da, wo sie hinwollten; allenfalls mußten sie sich noch Brunnen und Weidegebiete erkämpfen. Die Landnahme der Bibel wäre dann nicht als »Rückkehr in die Heimat« geplant gewesen, sondern hätte sich eher zufällig ergeben – und sie wäre eindeutig gegen Moses' Absicht und Jahwes Gebot erfolgt. Moses wäre ein einfacher Nomadenscheich im Sinai gewesen, wie es sie noch heute gibt, ein Patriarch, der über ein paar Familien herrschte.

Diese Annahme, die mir der Wirklichkeit recht nahezukommen scheint, setzt voraus, daß die Gebote auf Moses zurückgeführt werden können. Auch dafür gibt es natürlich keine Beweise im strengen Sinn, vor allem wissen wir nicht, welches Erfahrungsgut anderer Kulturkreise damals und später Gehalt und Gestalt der Gebote beeinflußt haben, so daß es schließlich sogar mehr als zehn »Worte« waren.

Faßt man alle Überlegungen zusammen, so könnte man sich

wie Elias Auerbach die ursprünglichen Zehn Gebote so vorstellen:

1. Ich, Jahwe, bin dein Gott; du sollst keine andern Götter haben als mich
2. Du sollst dir kein Gottesbild machen
3. Du sollst den Namen Jahwes, deines Gottes, nicht unnütz führen
4. Gedenke des Sabbattages, ihn zu heiligen
5. Ehre deinen Vater und deine Mutter
6. Du sollst nicht morden
7. Du sollst nicht ehebrechen
8. Du sollst nicht stehlen
9. Du sollst gegen deinen Nächsten keine Falschaussage machen
10. Du sollst kein Haus begehren.

Die historische Tat

Bei vielen Stationen im Leben des Mannes Moses kann man darüber im Zweifel sein, ob sie sich so oder überhaupt zugetragen haben. Diese oder jene Schilderung mag wie ein Traumbild für einen dahinterliegenden Gedanken stehen, das eine oder andere mag ihm nur zugeschrieben sein, als sich die verschiedenen Erinnerungen der einzelnen Stämme auf einen Mann und einen Namen verdichteten. In seiner Gestalt wurde alles gebündelt, er wurde zum Heros, zum Kristallisationspunkt der Tradition. Er wurde Vorbild, war aber nicht das Urbild.

Nimmt man aber Moses als historische Figur, dann sind die Gelehrten hier eher als anderswo bereit, in den Zehn Geboten das eigentliche und bleibende Werk des Moses zu sehen. So stellt es auch die Bibel dar. Wann immer Moses im Alten und Neuen Testament erwähnt ist, wird vor allem der Zusammenhang mit dem Gesetz betont.

Allerdings gibt es auch hier keine einheitliche Auffassung, und es ist verständlich, daß jüdische Gelehrte »ihren« Moses anders beurteilen als christliche. So schreibt der Jude Yohanan Aharoni,

»die Auffassung, das in den Zehn Geboten verkündete Gesetz sei wesentlich das Werk von Moses selbst, wird heute kaum bestritten«. Der deutsche Alttestamentler Rudolf Smend ist dagegen wesentlich skeptischer und meint, bisher jedenfalls habe sich nicht »die Mosaität des Dekalogs zwingend erweisen oder auch nur überwiegend wahrscheinlich machen lassen, und es steht einstweilen auch nicht zu erwarten, daß sich das ändern wird«.

Es ist die Frage, ob eine solche Skepsis gerechtfertigt ist. Mit derselben textanalytischen Methode kann man auch mit Leichtigkeit nachweisen, daß die Worte der Bergpredigt nicht von Jesus stammen, daß Jesus am Ende überhaupt nicht der war, als der er beschrieben wird, daß auch er nur eine »literarische Fiktion« ist.

Geht man nun aber nicht so sehr von der Textkritik und der Überlieferungsgeschichte aus, sondern denkt vielmehr von der Situation und der Person her, dann verändern sich die Akzente, und die Skepsis verliert an Boden. So schreibt Walther Eichroth: »Wenn es richtig ist, daß ein Volk nicht von allgemeinen Grundsätzen und Prinzipien lebt, sondern von konkreten Einrichtungen und Ordnungen, in denen jene Grundsätze reale Gestalt gewonnen haben, so war Mose vor die Notwendigkeit gestellt, gültige Normen aufzustellen, an die sich die Rechtsprechung halten konnte.« Von diesen Normen her kommt er dann zu dem Schluß: »Es spiegelt sich ... in diesen Gesetzen der ungeheure Bruch mit dem altorientalischen Rechtsdenken aus einer neuen Gotteswirklichkeit heraus so unmißverständlich wider, daß sie nicht als Neuschöpfung aus der Zeit der ersten Ansiedlung mit ihren Wirrnissen, sondern nur als unmittelbare Ergebnisse der mosaischen Rechtsumbildung verstanden werden können, so ungeklärt in Einzelpunkten das Verhältnis zur ursprünglichen Fassung erscheinen mag.«

So sieht auch Martin Buber den Dekalog »wenn überhaupt, dann nur als das Werk eben des Mannes, dem es oblag, die Situation zu bewältigen«. Und Paul Volz schließt aus der »lapidaren Sprache« und dem »gewaltigen Inhalt«, daß der Dekalog nicht aus der späteren Gemeinde, sondern von einem schöpferischen Genius stammen müsse und daher nicht nur ein »schriftstellerisches Dokument«, sondern eine »Lebensurkunde« ist, »nicht ein Wort Moses, sondern *das* Wort Moses, nicht bloß eine Urkunde neben anderen aus der Mosezeit, sondern das *Programm*, in dem die Mose-Stiftung nach ihren Grundsätzen enthalten ist und in dem die Keime für die folgende Entwicklung des Alten Testaments gegeben sind«.

Tatsächlich gibt es keinen Grund, den Zusammenhang zwischen Moses und den Geboten anzuzweifeln, wohl aber eine psychologische Stütze, die eine solche Verbindung nahelegt. Sie ergibt sich aus der Biographie des Moses selbst, wie sie die Bibel schildert. Wir hatten da einen Moses kennengelernt, der eine schwere Zunge und eine schwere Sprache hat und gelegentlich von Ferne zusehen mußte, wie die Israeliten selbständig mit dem Pharao verhandelten. Die Bibel schildert ihn uns als einen Mann, der weder mit der Organisation seiner Schar zurechtkam noch als Anführer das Volk zufriedenstellte. Ständig kam es zu Unruhen und zu Aufständen, und davon, daß er das Volk ins Gelobte Land führte, kann keine Rede sein. Vierzig lange Jahre dauerte das ganze Unternehmen, und Moses selbst starb, bevor sie das Gelobte Land erreichten.

Das alles sind keine Heldentaten, derentwegen man sich ewig an ihn erinnern müßte. Deswegen können nicht andere Gruppen und Stämme, die vor oder neben Moses ausgewandert sind, ihn in der Volkssage zu ihrem Helden gemacht haben, so daß er in der Bibel als der gemeinsame Heros aller Israeliten erscheint.

Aber irgend etwas muß Moses ja schließlich geleistet haben, das alle beeindruckte und das allen zugute kam, so daß sie sich mit ihm identifizierten, auch wenn sie selbst nicht Augenzeugen gewesen waren. Diese Leistung, die aus den verschiedenen Stämmen ein Volk machte, war der Glaube, daß Moses mit Jahwe einen Treuebund geschlossen hatte, und die Tatsache, daß er Gebote und Regeln verkündete, deren Einhaltung die stete Hilfe Jahwes sicherte. Nicht als Führer, sondern als »Mann Gottes« und »Gesetzgeber« wurde er zur Identifikationsfigur seines Volkes.

Vorbilder und Parallelen

Dabei war das, was Moses verkündete, schon vor ihm bekannt. Längst hatte Hammurabi (1728–1686), der bedeutendste Herrscher der 1. Dynastie von Babylon, auf einer über zwei Meter hohen Basaltsäule das babylonische Recht kodifiziert. Sein Codex Hammurabi berührt sich mit einigen Bestimmungen im zweiten Mosesbuch. Längst gab es auch aus der Zeit um 1500 v. Chr. das ägyptische Totenbuch mit seiner »negativen Konfession«. Sie wird so genannt, weil das Bekenntnis, das der Tote vor dem Totengericht abzulegen hat, in verneinender Form gehalten ist:

> »Ich habe kein Unrecht gegen Menschen begangen,
> ich habe kein Tier mißhandelt...
> ich habe keinen Gott gelästert...
> ich habe nicht getötet,
> und ich habe auch nicht zu töten befohlen...
> ich habe nicht die Frau eines [anderen] Mannes beschlafen...
> ich habe keine Diener bei seinem Vorgesetzten verleumdet...
> ich habe keine Lüge gesagt...
> ich habe das Hohlmaß nicht verletzt...
> ich habe keine Nahrung gestohlen...«

Es ist eine längere Litanei, die im Gegensatz zum Codex Hammurabi auch religiöse Gebote enthält:

> »Ich habe nicht getan, was die Götter verabscheuen...
> ich habe die Opferbrote in den Tempeln nicht vermindert...
> ich habe die Opferkuchen der Verklärten [= Toten] nicht fortgenommen...
> ich habe kein Fleischopfer versäumt an den Tagen [des Festes]...
> ich bin nicht dem Gott[esbild] bei seiner Prozession in den Weg getreten...
> ich habe keinen Gott beleidigt...«

Daß sich die Gebote des Moses inhaltlich mit den babylonischen oder ägyptischen Regeln treffen, beweist dabei keine gegenseitige Abhängigkeit, denn daß Töten, Stehlen oder Ehebrechen den sozialen Frieden stören und daher geächtet werden, hat bisher noch jede menschliche Gemeinschaft herausgefunden. Es sind Grundregeln des menschlichen Zusammenlebens.

Auffälliger ist dagegen schon die negative Formulierung des Totenbuches. Denn verwandelt man das persönliche Bekenntnis des Toten »Ich habe nicht...« in ein Gebot für Lebende, so haben wir ein Charakteristikum der Zehn Gebote mit ihrem »Du sollst nicht...« Denn man kann, wie dies an anderer Stelle des Totenbuches geschieht, das Ganze auch positiv sagen:

»Ich habe den Gott zufriedengestellt mit dem, was er möchte:
Brot gab ich den Hungrigen
Wasser den Dürstenden
Kleider den Nackten
ein Fährboot dem Schifflosen
Gottesopfer habe ich den Göttern,
Totenopfer den Verklärten dargebracht.«

Auf jeden Fall wäre es naiv anzunehmen, Moses habe diese Regeln nicht gekannt, ganz gleich, ob man ihn nun für einen Ägypter hält oder für einen Mann, der als Ägypter erzogen worden ist. Entscheidend ist aber, was Moses daraus gemacht hat – und das ist seine eigentliche große Tat: Im Vergleich zu allen anderen Gebots- und Gesetzessammlungen seiner Zeit hat er die Gebote geordnet, auf ihre allgemeinste Formel gebracht und auf eine überschaubare und merkbare Anzahl reduziert. Welcher Fortschritt das ist, wird nur im Vergleich deutlich. So enthält der Codex Hammurabi (nach moderner Einteilung) 282 Paragraphen, die negative Konfession des ägyptischen Totenbuchs immerhin noch über siebzig mögliche Vergehen. Im übrigen geht der Codex Hammurabi noch rein kasuistisch vor, das heißt, ein bestimmtes Vergehen wird detailliert beschrieben und die dazugehörige Strafe genannt: Einem Sohn, der seinen Vater schlägt, wird die Hand abgehackt; eine Priesterin, die ein Wirtshaus betritt, wird ertränkt; ebenso eine Wirtin, die mit falschem Gewicht mißt; eine Frau, die ihren Mann wegen eines anderen

Mannes mordet, wird gepfählt usw. Das Ganze ist also eher eine Art Sammlung von Richtersprüchen.

Die negative Konfession des Totenbuches verzichtet auf Strafandrohungen, aber auch sie hat noch den Charakter einer mehr zufälligen und beliebig vermehrbaren Fallsammlung; auch sie orientiert sich am konkreten Beispiel:

»Ich habe das Lot der Standwaage nicht verschoben

ich habe die Milch nicht vom Munde des Säuglings fortgenommen

ich habe das Vieh nicht von seiner Weide verdrängt...

ich habe dem fließenden Wasser keinen Damm entgegengestellt...

ich habe kein Waisenkind an seinem Eigentum geschädigt...

ich habe kein Geschrei gemacht...

ich bin nicht aggressiv gewesen...

ich habe niemanden belauscht...

ich habe keinen Schrecken erregt...

ich habe keine Tränen verursacht...« usw.

Es sind Lebensweisheiten wie das alttestamentarische Buch der Sprüche, das auch auf ägyptische Vorlagen zurückgeht. Aber die geradezu kristalline Klarheit der Zehn Gebote mit ihrer symmetrischen Spiegelung von ethischen und kultischen Geboten, mit ihrem du sollst und du sollst nicht, erreichen sie nie. Die ägyptischen Gebote sind gesammelt, aber nicht gestaltet.

Genau das aber ist das Verdienst eines Moses, daß er knappe, allgemeine Anweisungen in eine Form gegossen hat, die die Zeiten überdauerte. Immerhin haben die Zehn Gebote als »das Ewig-Kurzgefaßte, das Bündig-Bindende« über die Jahrtausende hin gewirkt und das Gewissen geschärft. Und sie waren imstande, aus der Enge der jüdischen Jahwereligion in das Christentum überzugehen und für die ganze Menschheit zu gelten, während alle anderen Sammlungen aus jener Zeit vergangen und vergessen sind. Aber auch das allein erklärt noch nicht die Wirkung des Moses.

Echnaton und der Eine Gott des Moses

Das Neue: der Eine Gott

Große Neuerungen, die die Menschheit später als selbstverständlich hinnimmt, weil sie sie nach vielen Widerständen schließlich akzeptiert hat, lassen sich nicht nur auf die formale Eigenschaft zurückführen, das Unüberschaubare überschaubar gemacht zu haben. Die nahezu unglaubliche Wirkung eines Moses in den drei Religionen Judentum, Christentum und Islam lag vielmehr darin, daß er Gängiges mit Neuem verband: die konzentrierte Ethik und Moral mit einer neuen Gottesvorstellung, dem Monotheismus.

Im Dekalog wird zum erstenmal verbindlich das Gebot formuliert, daß man keine anderen Götter neben Jahwe haben soll; und das in einer Zeit, in der es bei allen Völkern ganze Götterhierarchien gab – mit einer zeitlich begrenzten Ausnahme: das Ägypten zur Zeit des Ketzerkönigs Echnaton.

Echnaton hatte in der Sonne den Schöpfer und Erhalter aller Dinge gesehen und sie als erster einen »Einzigen Gott« genannt. Aton, die Sonnenscheibe, war zwar auch vorher schon verehrt worden, neu aber war, daß sie den bisherigen Hauptgott Amun ersetzte und keine anderen Götter neben sich duldete. Aton, einst nur »ohne seinesgleichen«, wurde bei Echnaton zu einem Gott »ohne einen anderen außer ihm«.

Für uns, die wir in der Tradition eines einzigen Schöpfergottes aufgewachsen sind, klingt das ganz selbstverständlich. Religionsgeschichtlich ist es aber das Ergebnis einer langen Entwicklung, die man stark vereinfacht so darstellen kann: Als der Mensch sich bewußt wurde, daß es Mächte gab, von denen er sich mit seiner Umgebung abhängig fühlen mußte, begann er hinter und in den einzelnen Naturereignissen bewegende Kräfte zu sehen, die er zu Flußgöttern, Gewittergöttern, Erdbebengöttern personifizierte. Götter lebten in den Bäumen und Tieren. Später erhielten nicht

208

nur Naturphänomene, sondern auch Eigenschaften und Fähigkeiten eigene Götter: die Fortpflanzung, die Lust, die Tapferkeit, die Weisheit.

Der frühe Mensch erlebte die Welt als Ergebnis vieler einzelner Mächte, und der Götterhimmel wuchs mit der Zahl der Wörter und Begriffe, mit denen sie definiert werden konnten. Später wurden die Götter nach ihrer Wichtigkeit für den Menschen geordnet. Es gab nun einen Göttervater, der über den anderen thronte, es gab einflußreiche Götter und solche, die weniger vermochten. Noch hatte jeder dieser Gottheiten seine und nur diese Funktion, aber sie war bereits in eine Rangordnung eingebunden. Niemals durfte der Gott des Weines hoffen, die Stelle des Zeus einzunehmen.

Vom Denken und dem Grad der Abstraktionsfähigkeit des Menschen hing die Zahl der Götter ab. Denn je mehr Kräfte man unter einem Gesichtspunkt zusammenfassen konnte, desto mehr untergeordnete Götter konnten aufgegeben werden. Der Animismus entwickelte sich zum Polytheismus und der zum Henotheismus, der Herrschaft einiger weniger Götter. Der Übergang vom Henotheismus zum Monotheismus, zur Existenz und Herrschaft eines einzigen Gottes, ist für uns heute nur eine Sache der Logik. In Wirklichkeit aber war und ist es ein Umschlag von der Quantität in die Qualität, der Übergang in eine vollkommen neue Kategorie: Alles nur auf ein einziges beherrschendes und regierendes Prinzip zurückzuführen ist durchaus nicht allen Religionen gelungen. Selbst die Bibel ist nicht frei von der Polarität Gut und Böse, Gott und Teufel.

Zum erstenmal in der Menschheitsgeschichte hat, soweit wir wissen, der Ägypter Echnaton diesen Schritt gewagt. Er hat den Glauben an den einen und einzigen Gott Aton gefordert und – wie die Geschichte lehrt – seine Zeitgenossen damit überfordert: Die ägyptische Religion kehrte nach Echnaton wieder zur Gewaltenteilung zwischen den Göttern zurück. Aus dem einen wurden wieder die vielen. Der Pharao Echnaton war mit seiner Idee gescheitert.

Die Aussätzigen   *Beleg der Hypothese*

Doch die Idee von dem einen Gott war nicht tot. Während die konservativen Amunpriester wieder die Herrschaft in den Tempeln übernahmen, gab es Gruppen, die weiter dem verfemten Atonkult anhingen. Zu ihnen hat auch Moses gehört, der »ägyptische Mann«; und da die Atonleute mit ihrer Idee von dem einzigen Gott unter den Ägyptern keine Chancen hatten, suchten sie sich ihre Anhängerschaft unter den israelitischen Fremdarbeitern im Nildelta. Moses mußte allerdings seinen neuen Gott zum Gott Abrahams, Isaaks und Jakobs, also zum Gott der Juden, ummodeln.

Die Bibel sieht das natürlich ganz anders. Aber was hier als verwegene These erscheint, gehört nun gerade zu dem wenigen, was außerbiblische antike Quellen überhaupt zu Moses und dem Exodus sagen. Zwar verwechseln Manetho und andere ständig Josef mit Moses und bringen die Israeliten mit den Hyksos durcheinander, aber es ist doch recht interessant, was diese Quellen erstaunlich einheitlich hervorheben und betonen. Dort heißt es beispielsweise übereinstimmend, daß sich eine religiöse Bewegung innerhalb Ägyptens gegen den polytheistischen Kult gewandt und mit den Nomaden im Nildelta sympathisiert habe, die aus Palästina stammten und wieder dorthin zurückgekehrt seien. Nicht genug damit: Als Anführer dieser Nomaden wird ein Ägypter genannt, der mal Osarsif, mal Moses und mal Tisiten heißt. Aber welcher Name auch immer – alle drei haben mit dem Sonnenkult zu tun. Osarsif, eine Vermengung aus dem ägyptischen Osiris und dem aus der Bibel bekannten Josef, war nach diesen Texten ein ehemaliger Priester des Sonnenkultzentrums von Heliopolis (»Sonnenstadt«). Auch der Moses dieser Quellen soll aus Heliopolis stammen. Und im Namen »Tis-Iten« steckt eine Abwandlung des Wortes »Aton«, eben jenes Wortes, das nach Echnaton nie mehr für einen Eigennamen verwendet wurde – es sei denn, jemand war ein heimlicher Anhänger des Atonkults.

Darüber hinaus gibt es aber noch ein anderes interessantes Detail: Stets ist im Textzusammenhang davon die Rede, daß die

Ägypter »Unreine und Aussätzige« vertrieben hätten. So heißt es an einer Stelle, die Juden seien unter Moses als Krätzige und Aussätzige vertrieben worden. Manetho schreibt, der Pharao habe alle Aussätzigen und Unreinen zusammentreiben und in die Steinbrüche östlich des Nils bringen lassen, wo sie schwere Arbeit verrichten mußten. Später habe er ihnen gestattet, sich in der Stadt Avaris im Nildelta anzusiedeln. Dort hätten sie Osarsif zu ihrem Führer gemacht, der darauf den Namen Moses angenommen habe.

Die Bezeichnung »Unreine und Aussätzige« ist dabei nicht wörtlich zu verstehen, sondern meint nach altem Sprachgebrauch die kultisch Unreinen. Darum heißt es auch bei Manetho, der Pharao habe die Aussätzigen und übrigen Unreinen in die Steinbrüche geschickt, um wieder, wie seine Vorfahren, die Götter schauen zu können. Die Ausbübung des reinen Kults setzte voraus, daß man ihn von den Verunreinigungen des Atonkults befreite. Der Ausdruck wurde später wörtlich genommen, so daß es in einer der alten Quellen naiv heißt, Moses aus Heliopolis sei mit einhundertzehntausend Aussätzigen, Blinden, Lahmen und anderen Gebresthaften nach Judäa gezogen – als wenn eine solche Ansammlung von Krüppeln imstande gewesen wäre, den Wüstenmarsch zu überstehen und Kanaan zu erobern. Selbst Tacitus referiert, die meisten Schriftsteller stimmten darin überein, daß der Anlaß für die Vertreibung der Juden eine ekelhafte Krankheit gewesen sei. Das wäre zwar eine Übereinstimmung mit der Bibel, die im Zusammenhang mit dem Exodus auch von einer Pest redet; aber wahrscheinlicher ist, daß auch die Bibel die religiöse Unreinheit allzu wörtlich genommen und in eine Seuche umgedeutet hat. Vielleicht war auch beides zusammengekommen, denn ein anderer Autor schreibt, eine Pest, die Ägypten heimgesucht habe, sei den Ägyptern ein Zeichen dafür gewesen, daß die Götter über den Verfall der ägyptischen Gottesverehrung zürnten. Deshalb habe man die Ausländer vertrieben.

Der Sonnenkultpriester

Wenn die alten Berichte einen wahren historischen Kern haben, dann setzen sie nicht nur stillschweigend voraus, daß Moses als Sonnenkultpriester ein Ägypter und kein Jude war; sie machen vor allem deutlich, daß der neue Gott des Moses tatsächlich aus Ägypten stammte und mit dem Atonkult zusammenhing. Zitiert man darauf beruhigt Julius Wellhausen, die Idee des Monotheismus stamme entweder aus dem Himmel oder aus Ägypten, dann muß man sich die Frage gefallen lassen, warum der Gott des Moses dem Gott Echnaton so wenig ähnlich sieht. Der Gott des Moses hieß Jahwe und nicht Aton, und was Jahwe als »Herr der himmlischen Heerscharen« auch gewesen sein mag: Von einer Sonne ist nie die Rede. Was also soll Moses übernommen haben? Wäre es nicht natürlich gewesen, daß er als Anhänger des Echnaton auch dessen Aton übernimmt?

Götter wechseln ihre Namen nicht so leicht; selbst der »Göttervater« »Zeus-patér« ist vorzeiten halbwegs unbeschädigt als »djaus-pitta« (lat. Jupiter) bis in den indischen Götterhimmel gekommen und lebt dort heute noch. Und manche meinen sogar, Aton ließe sich in der griechischen Athene wiederfinden, so wie Jahwe sprachlich mit Jovis zusammenhängen könnte. Ausgerechnet Jahwe und Aton aber haben nichts miteinander zu tun. Nun hat auch niemand behauptet, Moses habe den Gott namens Jahwe aus Ägypten mitgebracht, sondern es geht um die Vermutung, er habe die Idee des Monotheismus von dort. Und das ist etwas anderes.

Wo aber hatte Moses seinen Jahwe her? Die Bibel gibt eine klare Antwort: von Jitro. Die Geschichte mit dem Dornbusch, die Berufung, den neuen Gott zu verkünden – alles das hatte, wie wir bereits gesehen haben, stets mit dem Priester von Midian zu tun.

Die Geschichte ließe sich dann etwa so denken: Moses, als erklärter Anhänger des Atonkults kompromittiert, verließ nach Echnatons Tod Ägypten – vielleicht weniger wegen der etwas dubiosen Mordgeschichte, sondern eher als Glaubensverfolgter. Beim Priester von Midian lernte er einen neuen Gott kennen:

Jahwe mit Namen. Vielleicht war der besser als Aton, der offenbar unterlegen war und ihn in Schwierigkeiten gebracht hatte. Moses grübelte, und vielleicht hatte er in der Einsamkeit der Wüste Sinai ein »Gotteserlebnis«, das ihm den Gott seines Schwiegervaters genauso zeigte, wie er es vom verfemten Aton kannte, nämlich als einen Gott, der alle diejenigen Eigenschaften in sich vereinigte, die bisher auf verschiedene Götter verteilt waren. Moses hätte dann seine enttäuschten Hoffnungen auf diesen neuen, besseren Gott Jahwe projiziert, er hätte altvertraute Ideen mit einem neuen, unverbrauchten Gott verbunden.

Der neue Gott war daher dem Aton gar nicht so unähnlich. Wurde das Symbol des Gottes Aton, die Sonnenscheibe, mit einem abstrakten Kreis wiedergegeben, dann war der Gott Jahwe überhaupt nicht mehr darstellbar. So wie Echnatons Aton als alleiniger Schöpfer und Erhalter des Lebens galt, so war der Jahwe des Moses ebenfalls alles in allem: ein »Allherr«.

Und doch gibt es möglicherweise auch eine Verbindung zwischen den beiden Götternamen »Aton« und »Jahwe«. Wir erinnern uns, daß der unaussprechliche Name »Jahwe« im Lauf der Zeit durch die Bezeichnung »Adonai« ersetzt worden ist, die wiederum mit dem phönizischen Gottesnamen »Adonis« verwandt ist. Was die Herkunft des Worts »Adonai« angeht, so ist in der 1922 erschienenen *Historischen Grammatik der hebräischen Sprache des Alten Testaments* von Hans Bauer und Pontus Leander nachzulesen, daß Adonai ein nichtsemitisches Lehnwort unbekannter Herkunft aus einer vorsemitischen Schicht ist.

Das kommt uns gerade recht, denn es bestätigt nur die aufkeimende Vermutung, daß die verblüffende Ähnlichkeit zwischen Aton und Adonai mehr sein könnte als eine nur zufällige Klangähnlichkeit. Denkbar ist, daß die verfemte Gottesbezeichnung »Aton« in einen anderen Sprachkreis gewandert und dort die Bedeutung »Herr« angenommen hat. Die Endung »-ai« wird analog zu den protohebräischen Ras-Schamra-Texten aus dem 13. vorchristlichen Jahrhundert als eine Verstärkung gedeutet. Hatte »Adon« die Bedeutung »Herr« wie heute noch im Neuhebräischen, dann wäre »Adon-ai« der wahre Herr, der »Allherr«, der wie Aton alles in allem war.

Die Allmacht wäre dann die Eigenschaft, die beide Gottesvorstellungen miteinander verbände. Der Jahwe des Moses errettete »sein« Volk aus allen bedrohlichen Lebenslagen und erhielt es am Leben, ohne daß dabei eine andere Gottheit nötig war. Jahwe konnte das alles allein, was bei den anderen Völkern immer nur viele Götter vermochten. So wurde Jahwe zum alleinigen Gott der Israeliten, die sich dadurch als Auserwähltes Volk fühlten. Denn »hat [sonst] je Gott den Versuch gemacht, zu kommen, um sich ein Volk mitten aus einem anderen Volk herauszuholen unter Heimsuchungen, Zeichen und Wundern, durch Krieg, mit starker Hand und ausgestrecktem Arm, durch große Schrecknisse, gleich all dem, was Jahwe, euer Gott, für euch in Ägypten vor deinen Augen getan hat?«

Doch der alleinige Gott war nicht der einzige Gott, und genaugenommen trifft auf den Jahweglauben der Begriff Monotheismus nicht zu. Zwar ist aus dem Satz »Du sollst keine andern Götter haben neben mir« im Lauf der Zeit der Gedanke entstanden, daß es nur einen Gott gibt und die »andern Götter« nicht wirklich existent, sondern von Menschen gemachte Abgötter sind, was durch abschätzige Bezeichnungen wie »Idole« oder »Götzen« für die anderen Götter unterstützt wird, obwohl formal kein Unterschied zwischen der bildlichen Darstellung von Zeus und Gottvater besteht – aber schon die Tatsache, daß der Gott des Moses einen Eigennamen hat, deutet an, daß es noch andere Götter gibt. Der reine Monotheismus dagegen kennt keinen Gottesnamen. Für Moses jedenfalls waren andere Götter ebenso existent wie für seinen Schwiegervater Jitro, der lediglich feststellte, daß sich Jahwe als stärker erwiesen habe als die anderen Götter.

Auch in den Zehn Geboten werden die anderen Götter nicht als Scheingebilde hingestellt. Viel weniger eindeutig als in der Übersetzung »Du sollst keine anderen Götter haben als mich« steht im hebräischen Original »Nicht werden dir andere Götter sein mir ins Angesicht«. Das kann genausogut heißen, daß man in der Gegenwart Jahwes keine anderen Götter anrufen soll, wie aber auch, daß zwischen Jahwe und den Menschen keine anderen Götter vermittelnd auftreten sollen. Das eine würde den Al-

214

leinanspruch, das andere die unmittelbare Gegenwart Gottes bedeuten. Von einer alleinigen Existenz Jahwes ist in der Tat nicht die Rede. Die anderen Götter werden lediglich zurückgedrängt, weil sie sich als wirkungslos erwiesen haben. Jahwe duldet keine anderen Götter, ja, er ist ein eifersüchtiger Gott, der diejenigen bis zu den Urenkeln verfolgt, die andere Götter anbeten.

Wie gesagt, strenger Monotheismus ist das alles nicht. Im Gegensatz zu Echnatons Aton war Jahwe nicht der einzige Gott, den es überhaupt gab, wohl aber der einzige Gott, den die Kinder Israel hatten. Der Bund, den Moses auf dem Gottesberg geschlossen hatte, war ein Ausschließlichkeitsverhältnis zwischen Jahwe und dem Volk Israel. Jahwe hatte sich dieses Volk ausgewählt, um seine Macht zu zeigen. Dafür mußten die Israeliten versprechen, nur diesem einen Gott zu dienen.

Dieses persönliche Verhältnis eines Volkes zu seinem Gott könnte übrigens eine Erklärung sein, warum sich der mosaische Glaube über Jahrtausende hin erhalten hat und damit die älteste noch lebende Religion der Erde ist. Der strenge und absolute Monotheismus eines Echnaton war in seiner Ausschließlichkeit nur für wenige vorstellbar. Mit Aton konnte man kein Schutz- und Trutzbündnis abschließen. Den gemäßigten Monotheismus eines Moses dagegen konnte das Volk nachvollziehen.

Bis zum heutigen Tag bildet daher dieses enge Verhältnis zwischen Israeliten und Jahwe das Glaubensbekenntnis der Juden. Während die christlichen Kirchen in ihrem Glaubensbekenntnis Gott mehrere Eigenschaften zuschreiben, wenn sie sagen: »Ich glaube an Gott, den Vater, den Allmächtigen, den Schöpfer des Himmels und der Erde«, kennt das Judentum seit Moses' Zeiten nur die Formel »Schma jisraél: Adonaî elohénu, adonaî achád«: »Höre Israel: Jahwe ist unser Gott, und Jahwe ist Einer.« Falls tatsächlich ein sprachlicher Zusammenhang zwischen Aton und Adonai bestehen sollte, hätten wir hier eine geradezu verblüffende, wenn auch unbeabsichtigte Rückkehr zum Ursprung der Mosesreligion, wenn man »Adonai« durch »Aton« ersetzt: »Aton ist unser Gott, und Aton ist einer.« Das und nichts anderes war das »Glaubensbekenntnis« Echnatons.

DAS VOLK

Das neue Heiligtum

Nomadenleben

Wenn die biblischen Angaben stimmen, dann hat sich Moses mit seiner Schar etwa ein Jahr lang am Gottesberg aufgehalten: Am ersten Tag des dritten Monats nach dem Auszug aus Ägypten waren sie am Sinai angekommen, und am zwanzigsten Tag im zweiten Monat des zweiten Jahres sind sie wieder aufgebrochen. Auch wenn diese erstaunlich präzisen Daten höchstwahrscheinlich erfunden sind, so wollen sie doch einen längeren Aufenthalt signalisieren. Die Bibel erklärt nicht, warum es so lange gedauert hat; die bloße Tatsache, daß Moses wochenlang auf dem Berg verschwunden war, reicht als Begründung nicht aus. Auch der Hinweis, daß sich die Wolkensäule eben erst nach einem Jahr weiterbewegt hat, ist schwach.

In Wahrheit werden die Kinder Israel froh gewesen sein, eine ergiebige Oase wie das Wadi Feiran gefunden zu haben. Hier konnten sie zunächst von dem Gewaltmarsch ausruhen und auch ihren Schafen, Ziegen und Eseln etwas Ruhe gönnen. Wie wir aus der Bibel und aus anderen Quellen wissen, hatten die Nomaden jener Zeit normalerweise das Mehrfache an Schafen gegenüber allen anderen Haustieren zusammengenommen. Schafe sind genügsam und geben Fleisch, Milch und Wolle. Doch man konnte keine weiten Strecken mit ihnen ziehen, da sie mindestens einmal am Tag mit Wasser versorgt werden müssen. Nur in den Wintermonaten, wenn der Regen einsetzt und das Gras saftig steht, brauchen sie nur alle paar Tage zusätzlich Frischwasser. Allein das sprach schon dafür, eine Weile die Oase besetzt zu halten, die sich die Israeliten bei der Schlacht bei Refidim erkämpft hatten. Darüber hinaus muß jede Nomadengruppe ihre Vorräte ergänzen. Vor dem erhofften Winterregen wird Gerste ausgesät, die man im Frühjahr, schon im April, ernten kann. Ebenso wurden wohl die Vorräte an Linsen und Bohnen ergänzt.

Erst im Frühjahr waren auch die Lämmer kräftig genug, um mitzuziehen.

Rechnet man unter diesem Gesichtspunkt noch einmal die biblischen Angaben nach, so sieht man, daß sich die Israeliten einfach nach dem jahreszeitlichen Rhythmus gerichtet haben. Wenn der Exodus zur Zeit des ersten Frühlingsvollmonds stattgefunden hat und der Abmarsch vom Sinai am »zwanzigsten Tag im zweiten Montag des zweiten Jahres« erfolgte, dann sind wir jetzt etwa im Mai: Die karge Ernte ist eingebracht, die Lämmer können auf den Weg gebracht werden, die »Hausarbeit« ist erledigt.

Wenn auch die Bibel das alles mit diversen Wundern erklärt, etwa wenn es heißt: »Die Kleider an euren Leibern zerschlissen nicht, das Schuhwerk an deinen Füßen nutzte sich nicht ab«, so werden die Flüchtlinge wohl doch Pausen gebraucht haben, um die lebensnotwendigsten Dinge herzustellen.

Um in der Wüste zu überleben, sind Zelte nötig gegen die Hitze am Tag und die bittere Kälte während der Nacht. Die Kinder Israel, in Ägypten an Lehmhütten gewöhnt, mußten sich aus Ziegenhaaren jene Zeltbahnen weben, aus denen auch heute noch die Nomadenzelte im Orient bestehen. Sie brauchten Tierhäute, um Sandalen, Ledereimer zum Wasserschöpfen und Behälter für das Wasser und die Milch herzustellen, denn mit zerbrechlicher Keramik können umherziehende Nomaden wenig anfangen. Und sie brauchten trotz biblischer Wunder neue Kleider, denn, wie die jüdischen Sagen ganz realistisch fragen: »Wurden denn den Kleinen die Kleider nicht zu knapp?« und: »Rochen sie aber nicht nach Schweiß des Körpers?«

Sie werden fürchterlich gerochen haben, und das nicht nur, weil sie als Gemüse Lauch, Zwiebeln und Knoblauch verzehrten. In der Wüste ist das kostbare Wasser erst zuallerletzt zum Waschen da. Trotzdem sind die hygienischen Verhältnisse gar nicht so verheerend. Die trockene Wüstenluft läßt die Feuchtigkeit auf der Haut sofort verdampfen, so daß man nie schweißnaß ist. Nasse und schmutzige Hände kann man im Wüstensand sauberreiben. Tierexkremente werden zum Verbrennen gesammelt, menschliche Exkremente zerfallen mit oder ohne das gottgewollte Schäufelchen in kurzer Zeit, und das Toilettenpapier ersetzt heute wie damals ein nicht zu scharfkantiger Stein.

Im Zeltdorf hatte jeder seine Aufgaben. Die Kinder hüteten Schafe und Ziegen, die Frauen mußten weben, Körner mahlen und buttern, indem sie die Milch in den Lederbeuteln schüttelten. Es mußte Feuermaterial gesammelt werden, also Dung und Gestrüpp, das überall vertrocknet in den Wadis steht; die Ledersachen mußten zusammengenäht werden, wozu man die fingerlangen, harten Dornen der Akazienbäume verwendete. Am Abend wurden die Muttertiere gemolken und das Fladenbrot gebacken oder der Brei gekocht, den man mit Gewürzen wie Koriander, Kümmel, Dill oder Minze und, wenn man Glück hatte, auch mit Honig würzen konnte.

Das ewige Einerlei von Hammel- und Ziegenfleisch ließ sich bei Gelegenheit auch durch Jagdbeute unterbrechen. Da, wo man auf trichterförmig gebaute Krale aus grauer Vorzeit stieß, konnte man Gazellen hineintreiben und fangen. Es gab Löwen und möglicherweise noch den Strauß. Und falls die Kinder Israel damals noch nicht wußten, daß ihnen Jahwe es als Nahrung verboten hat, konnten sie Eidechsen und ähnliches Kleingetier bis hin zur Springmaus erbeuten. Getrocknete Heuschrecken sind als Proviant für unterwegs geradezu ideal.

Die Bundeslade

Es ist sicher kein Zufall, daß die Bibel in diese Periode handwerklicher Tätigkeit auch die Herstellung der Kultgeräte verlegt, die die Israeliten auf Anweisung Jahwes anfertigen mußten. Zu diesem Zweck hatte Jahwe eigens einige Leute »mit Kunstsinn, Einsicht, Wissen und Geschick zu jeglicher Arbeit« erfüllt, um »Arbeiten in Gold, Silber und Kupfer auszuführen, Steine zu schneiden und zu fassen und Holz zu schnitzen – kurz, jegliche Arbeit auszuführen«. Die Bibel erzählt ausführlich, nach welchen Maßen die »kunstverständigen Männer« das Heiligtum, den Schaubrottisch, die Leuchter, den Räucher- und den Brandopferaltar, das große kupferne Becken, die Priesterkleidung mit

ihrem Schmuck – und schließlich auch die Bundeslade her-
stellten.

Wir können uns eine genauere Beschäftigung mit diesen Ge-
rätschaften ersparen, denn allzu deutlich hat hier eine spätere
Priesterschaft ihren Kult in die Moseszeit projiziert, um ihn zu
legitimieren. Allein die Materialangaben gehen ins Phantastische.
So sollen die Kinder Israel an die tausend Kilogramm Gold (eine
Tonne!) und 3500 Kilogramm Silber sowie über 250 Kilogramm
Kupfer auf dem Wüstenmarsch dabeigehabt haben! Denn so viel
wäre nötig gewesen, um alle aufgeführten Kultgeräte herzustellen. Alles in allem rund fünf Tonnen Metall, die die Mosesschar
so mir nichts, dir nichts vierzig Jahre lang durch die Wüste
geschleppt hätte – ein Reichtum, um den sie ganze Pharaonenge-
schlechter beneidet hätten.

Ein Kultgegenstand geht aber mit Sicherheit auf die Moseszeit
zurück, und da es das erste und einzige Heiligtum der zwölf
Stämme Israels war, der erste und einzige sichtbare Ort einer
immerwährenden Anwesenheit Jahwes unter seinem Volk, wollen wir ihn näher ansehen. Es ist die Bundeslade, das Wanderhei-
ligtum der Wüstennomaden.

Seit der Wüstenzeit war dieser Schrein aus Akazienholz über
sechshundert Jahre lang der wichtigste Kultgegenstand der Juden
gewesen, den sie überall mit hinnahmen und sorgsam hüteten.
Einmal war die Lade allerdings in die Hände der Feinde gefallen.
Das ereignete sich etwa im Jahr 1050 v. Chr., als die Philister sie
nach einer Schlacht entführten und sie bei sich neben Dagon,
dem syrischen Wettergott, aufstellten. Man glaubte damals nämlich, daß ein Gott, dessen Bild man erobert hatte, nun dem
eigenen Volk dienstbar sein würde. Aber Jahwe, der Gott Israels, ließ sich nicht erobern, im Gegenteil: Er brachte den Philistern nur Unglück, wie die Bibel im ersten Buch Samuel erzählt.
Jede Nacht fiel Dagon von seinem Sockel, bis er eines Tages in
Stücke zerbrach, und wo man die Lade auch hinbrachte, sie
verbreitete Schrecken und Krankheit. Als schließlich eine Seuche
ausbrach, wollten die Philister das schreckliche Heiligtum wieder loswerden und schickten es nach sieben Monaten mit einem
Sühnegeschenk an die Israeliten zurück.

Rund fünfzig Jahre später holte König David die Lade aus der jüdischen Stadt Baala nach Jerusalem. Man opferte einen Stier und ein fettes Kalb, setzte die Lade auf einen neuen Wagen und zog sie in die Davidsstadt Jerusalem. »Und David«, so erzählt die Bibel weiter, »tanzte mit aller Macht vor Jahwe her und war umgürtet mit einem leinenen Priesterschurz. Und David mit den ganzen Hause Israel führte die Lade Jahwes herauf mit Jauchzen und Posaunenschall.« In Jerusalem wurde die Lade im Allerheiligsten des Tempels aufgestellt und blieb dort, bis Nebukadnezar im Jahr 586 v. Chr. Jerusalem einnahm, den Tempel zerstörte und die Juden in die Babylonische Gefangenschaft führte. Seitdem ist auch die Lade verschwunden und mit ihr die letzte greifbare Erinnerung an Moses, denn »es war nichts in der Lade als nur die zwei steinernen Tafeln des Moses, die er hineingelegt hatte am Horeb, die Tafeln des Bundes, den Jahwe mit Israel schloß, als sie aus Ägypten gezogen waren«. So jedenfalls steht es im ersten Buch der Könige.

Nach der biblischen Erzählung hatte Moses den Auftrag zum Bau der Lade und der anderen Kultgegenstände von Jahwe erhalten: »Macht eine Lade aus Akazienholz; zwei und eine halbe Elle soll die Länge sein, anderthalb Ellen die Breite und anderthalb Ellen die Höhe. Du sollst sie mit feinem Gold überziehen innen und außen und einen goldenen Kranz an ihr ringsherum machen. Und gieß vier goldene Ringe und tu sie an ihre vier Ecken, so daß zwei Ringe auf der einen Seite und zwei auf der anderen seien. Und mache Stangen von Akazienholz und überziehe sie mit Gold und stecke sie in die Ringe an den Seiten der Lade, daß man sie damit trage ... Und du sollst in die Lade das Gesetz legen, das ich dir geben werde ...«

Dieser Aron ha-berit, der »Kasten des Bundes«, war – in heutige Maße übersetzt – etwa 1,25 Meter lang, 75 Zentimeter hoch, 75 Zentimeter breit und hat damit die Proportionen eines kleinen Mumiensarkophags, mit dem er auch den Namen gemeinsam hat: Als Josef in Ägypten starb, wurde er in einen Aron, einen Sarg, gelegt. Im modernen Hebräisch bedeutet Aron Schrank.

Der »Schemel seiner Füße«

Daß dieser Kasten zur Aufbewahrung der Gesetzestafeln gedacht war, erscheint zwar logisch, im Pentateuch spielt dieser Gedanke aber kaum eine Rolle; die Bezeichnung »Bundeslade« taucht erst relativ spät auf. Als die Philister die Lade entführten, wird nicht einmal erwähnt, ob sie auch die Tafeln mitnahmen. Das liegt daran, daß der Lade in den älteren Texten des Pentateuch eine ganze andere Funktion zugeteilt wird. Dort ist sie nicht – oder nicht nur – Transportmittel für die Gesetzestafeln, sondern sie gilt vor allem als Thronsitz Jahwes, als »Schemel seiner Füße«. Denn ausdrücklich hatte Jahwe gefordert: »Sie sollen mir ein Heiligtum machen, daß ich unter ihnen wohne. Genau nach dem Bild, das ich dir von der Wohnung und dem ganzen Gerät zeige, sollt ihr's machen.« Das Modell des Heiligtums, das nach orientalischer Vorstellung das Abbild des Himmlischen ist, bildet praktisch den Aufbau auf der Lade und wird in der Bibel genau beschrieben.

Moses erhielt den Auftrag, eine Platte »aus feinem Golde« zu machen, die genau als Deckel auf die Lade paßte und in der Bibel »kapporet« genannt wird. Da sich diese Bezeichnung von einem Wortstamm herleitet, der zugleich »bedecken« und »entsühnen« heißen kann, wird sie meist mit »Sühneplatte« oder »Versöhnungsplatte« übersetzt, obwohl sie auch ganz einfach »Deckel« meinen kann, denn »du sollst die ›kapporet‹ oben auf die Lade tun«, heißt es in der Bibel. Vielleicht, so die Gelehrten, war die Kapporet ursprünglich einmal ein von der Lade unabhängiger Kultgegenstand, der nun mit der Lade kombiniert wurde. Denn es ist diese Platte und nicht die Lade, die die Gegenwart Gottes bewirkt.

Allerdings war damit der »Schemel seiner Füße« noch nicht vollständig. »Und du sollst zwei Kerubim machen aus getriebenem Golde an beiden Seiten der Sühneplatte, heißt es in der Bibel, und die Kerubim sollen ihre Flügel nach oben ausbreiten, daß sie mit ihren Flügeln die Sühneplatte bedecken und eines jeden Antlitz gegen das des anderen stehe. Und ihr Antlitz soll zur Sühneplatte gerichtet sein.«

Erst damit war die Lade zu einem Heiligtum geworden, in dem Jahwe gegenwärtig war, denn »dort will ich dir begegnen, und von der Sühneplatte aus, die auf der Lade mit dem Gesetz ist, zwischen den beiden Kerubim, will ich mit dir alles reden, was ich dir gebieten will für die Kinder Israel«.

Begegnung und Gespräch mit Jahwe waren damit der ursprüngliche und eigentliche Zweck dieses tragbaren Wanderheiligtums, das für Nomaden wie geschaffen war. Ruhte das Volk an einem Platz, so wurde die Lade mit ihrem Aufbau in ein Zelt gestellt. Und »wenn Moses hinausging zur Stiftshütte, so stand alles Volk auf und jeder trat in seines Zeltes Tür und sah ihm nach, bis er zur Stiftshütte kam. Und wenn Moses zur Stiftshütte kam, so kam die Wolkensäule hernieder und stand in der Tür der Stiftshütte, und der Herr redete mit Moses.«

Dort konnte man Jahwe auch befragen. Nach der Beschreibung der Bibel handelte es sich um ein Losorakel mit verschiedenfarbigen Steinen, den Urim und Tummim, die Luther mit »Licht und Recht« übersetzt. Man stellte seine Frage, und Gott antwortete mit der Farbe des Steins, den man zog oder der geworfen wurde; die Bibel erklärt das Verfahren nicht näher, das Gott nur noch stumm und ohne Worte handeln läßt.

Kerubim und Barke

Was die Bibel als Heiligtum Jahwes beschreibt, ist freilich so originell nicht. Wieder und immer wieder ist eine solche Lade, ein solcher Schrein, bewacht von geflügelten Wesen, in Ägypten in die Tempelwände gemeißelt. Wie eine Kajüte steht dieser Kasten auf der tragbaren Sonnenbarke, die nach der Vorstellung der alten Ägypter den Schiffen nachgebildet ist, auf denen die Sonnengötter täglich den Himmelsozean durchfahren oder der siegreiche Jahresgott im Winter die große Wasserflut überquert, um im Frühjahr das Festland zu erreichen. Wie die Sonnenbarken, in denen die ägyptischen Götter auf Prozessionen über Land gefahren oder getragen werden konnten, war auch die Lade des Moses ein tragbares Heiligtum. Standen jene im Allerheilig-

sten der ägyptischen Tempel, so wurde die Bundeslade im Allerheiligsten des Jerusalemer Tempels aufbewahrt.

Die Lade Jahwes entspricht also einem in Ägypten – und nicht
nur dort – durchaus bekannten Kultgegenstand. Auch in Baby-
lonien wurden die Götter zur Neujahrsprozession auf solchen
Schiffen in die Stadt gebracht, und der Babylonier Gudea von
Lagasch schildert bereits 2600 Jahre v. Chr., wie die Sonnengötter auf Schiffen zu Festen transportiert wurden.

Selbst die geflügelten Wesen, die Moses auf der Lade anbrin-

Das Vorbild der tragbaren Bundeslade mit ihren geflügelten Keruben (oben) ist
die ebenfalls tragbare Götterbarke ägyptischer Tempel. Auch sie zeigt (hier zur
Verdeutlichung dunkler gehalten) zwei Keruben mit gespreizten Flügeln.

gen ließ, sind nichts Neues, obwohl doch verboten war, irgendein Abbild herzustellen. In Ägypten beschützten sie den Kasten mit dem Gott auf der Barke, aber auch die Gräber der Toten. Auf den vergoldeten Schreinen, die den Sarg Tutanchamuns umgeben, aber auch an den Ecken des Sarkophags selbst finden wir die Göttin Nephtys als geflügelte Beschützerin. Was aber hier noch in der Gestalt freundlicher Mädchen dargestellt ist, hat sich in anderen altorientalischen Kulturkreisen in Mischwesen mit Tierköpfen oder Tierleibern verwandelt, die als geflügelte Sphingen vor den Palasteingängen stehen. Mit ihnen sind die Keruben verwandt (»Kerubím« ist der hebräische Plural von Kerub), die über das Griechische und Lateinische bei uns zum Vogel Greif geworden sind, jenem Fabeltier, das auf einem Löwenkörper einen Adlerkopf trägt. In der Bibel sind die Kerubim, ähnlich wie die Seraphim, himmlische Wesen höherer Ordnung, die immer dann auftreten, wenn es um kosmische Mächte und um Feuer geht. Das Wort »Seraphim« heißt wörtlich »die Brennenden«, oft im Sinn von feurigen Schlangen.

Den Keruben begegnen wir in der Bibel zum erstenmal bei der Vertreibung aus dem Paradies, wo sie als schreckenerregende Wächter fungieren: »Und als er den Menschen vertrieben hatte, stellte er östlich vom Garten Eden die Kerube auf und das zuckende Flammenschwert, damit sie den Weg zum Baum des Lebens bewachen.« Der Prophet Ezechiel sieht die Keruben in einer Vision von Wolken und loderndem Feuer: »Inmitten der Lebewesen sah es aus wie feurige Kohlenglut, wie wenn Fackeln zwischen den Wesen hin und her gehen, und hellen Schein verbreitete das Feuer, und von dem Feuer gingen Blitze aus. Und die Wesen schossen gleich Blitzen hin und her.« Oder in Psalm 18 heißt es von Jahwe: »Da wankte die Erde, und sie erbebte, erschüttert wurden die Berge bis auf den Grund ... Sein Odem war rauchende Wolke, aus seinem Mund brach verzehrendes Feuer ... und er neigte den Himmel und fuhr hernieder, auf Wolkendunkel ruhte sein Fuß. Vom Kerub getragen, flog er dahin ... aus dem Glanz vor ihm brachen hervor Hagelschauer und Feuerkohlen, vom Himmel redete im Donner Jahwe, der höchste ließ seine Stimme erschallen ...«

Das klingt wie eine überhöhte Schilderung der biblischen Plagen, und es ist wohl kein Zufall, daß Jahwe, der Herr dieser himmlischen Wesen, im Zusammenhang mit der Lade und den Kerubim mit dem gleichen altertümlichen Namen bezeichnet wird, den wir schon bei den wunderbaren Himmelszeichen des Exodus kennengelernt haben: Jahwe Zebaot, »Jahwe der himmlischen Heerscharen«. So heißt das Heiligtum sogar »Lade Jahwes Zebaot, der über den Keruben thront« oder »Lade, die benannt ist nach dem Namen Jahwes Zebaot, der über den Keruben auf ihr thront«.

Mag Moses auch noch soviel aus dem Ägyptischen entlehnt haben – sein Gott Jahwe gewinnt früh seinen eigenen Charakter. Zwar ist der Gott der Bundeslade als Heerführer der kosmischen Mächte auch Herr über die anderen Götter genau wie Aton. Aber Jahwe, der die Kinder Israel mit seinem »starken Arm« aus der Knechtschaft geführt hat, hilft seinem Volk auch ganz konkret im Kampf gegen seine Feinde: Jahwe ist Heerführer der »Streiter Gottes«, der »Israeliten«. Die Lade ist nicht nur der »Schemel seiner Füße«, sie ist zugleich ein Palladium, ein schützendes Heiligtum, das man mit in die Schlacht nahm, um die Feinde zu vertreiben. Im ersten Buch Samuel wird die Geschichte erzählt, wie die Israeliten die Lade ins Lager trugen, was bei den eigenen Leuten ein Jubelgeschrei und bei den Philistern Angst auslöste: »Ihr Gott ist zu ihnen ins Lager gekommen... wehe uns...!«

Jahwe führt für sein Volk Krieg, und daß die Lade auch schon zu Zeiten der Wüstenwanderung als Schutzgott im Kampf gebraucht wurde, geht aus der Formel hervor, die Moses immer dann aussprach, wenn die Lade aufbrach: »Jahwe, steh auf, daß deine Feinde zerstieben und alle, die dich hassen, vor deinem Antlitz fliehen!«

So zog die Lade vor den Kindern Israel her durch die Wüste, von Männern an Stangen getragen oder von Rindern auf einem Wagen gezogen – Wegweiser und Schutz zugleich auf einer Wanderung, die keiner von denen überleben sollte, die Jahwe aus Ägypten geführt hatte.

Widerstand und Empörung

Der Aufbruch nach einem Jahr Rast am Gottesberg markiert einen deutlichen Einschnitt, der sich auch in der Erzählweise der Bibel niederschlägt. Die Erzählungen von den Plagen, der Flucht aus Ägypten, vom Weg zum Gottesberg und von der Gesetzgebung wirken wie eine fortlaufende, chronologisch zusammenhängende Geschichte, die auf einen Höhepunkt zusteuert. Daß das Volk unterwegs immer wieder meutert, weil es kein Wasser hat oder weil es an Moses zweifelt, erhöht nur die Dramaturgie: Moses setzt sich am Ende gegen den Unverstand und den Kleinglauben seines Volkes durch, und Jahwe kann durch seine Wunder zeigen, daß er der richtige Gott ist, auf den man sich verlassen kann.

Die langen Jahre, die das Volk nun in der Wüste verbringt, werden dagegen nur noch in einzelnen Episoden geschildert. Stünde nicht da und dort, daß die Wanderung vierzig Jahre gedauert hat, man würde es dem erzählten Ablauf nicht entnehmen können. Geschildert wird im übrigen nichts anderes als der verzweifelte Versuch des Moses, seine Stellung zu behaupten. Waren die Meutereien und das »Murren des Volkes« anfangs eher retardierende Elemente, um die Handlung mit um so größerer Glorie voranzutreiben, so sind sie nun Hauptbestandteil der Erzählung. Moses und sein Gott handeln nicht mehr aktiv, sie schaffen nichts Neues und Staunenswertes, sondern sie sind vollauf damit beschäftigt, zu reagieren und von Meuterei zu Meuterei zu retten, was zu retten ist.

Je länger die Wüstenwanderung mit all ihrem Ungemach dauert, desto mehr verliert Moses an Kredit. Wenn er ihnen auch nicht, wie die Bibel behauptet, von allem Anfang an Kanaan versprochen hat, sondern bestenfalls ein erträgliches Leben in Freiheit, so merkte das Volk doch irgendwann, daß die planlose Umherwanderei zu nichts führte und daß man es an den sprichwörtlichen Fleischtöpfen Ägyptens besser gehabt hatte. Das schlug zuerst auf Moses und dann auf seinen Gott zurück. Denn »nur solange der Führer Erfolg hat«, schreibt Martin Buber, »sieht man ihn mit der Vollmacht des Himmels ausgestattet; sowie ihm aber etwas mißrät oder auch nur ungute Umstände eintreten, erblickt man alsbald gleichsam eine Kluft, die sich zwischen ihm und dem Gott auftut ... Ist doch immer und überall in der Religionsgeschichte dies das größte Hindernis eines beständigen Glaubenslebens, daß man Gott mit dem Erfolg identifiziert.«

Stärker als zuvor stand Moses nach dem Bundesschluß am Sinai unter Erfolgszwang, und wir werden sehen, wie er damit fertig wurde. Zunächst aber wollen wir versuchen, uns über den weiteren Wanderweg Klarheit zu verschaffen.

Vom Sinai nach Kadesch

Die Israeliten waren von Ägypten aus an der Westseite der Halbinsel Sinai den Golf von Suez hinabgezogen, nach Serabit el-Chadem abgebogen und ins Wadi Feiran gekommen, wo sie mitten im Sinaimassiv für ein Jahr am Gottesberg haltmachten. Man nimmt an, daß Moses und seine Schar danach weiter durch das Sinaimassiv nach Osten zogen und an der Ostseite der Halbinsel wieder nach Norden wanderten, bis sie nach Kadesch kamen.

Man kann das zwar nicht beweisen, denn die Ortsangaben des Itinerars sind normalerweise in der Wüste nicht mehr lokalisierbar, aber die geographische Beschaffenheit der Halbinsel läßt gar keinen anderen Weg zu, denn der Zentralsinai nördlich des Sinaimassivs ist durch zwei steil abfallende, von West nach Ost verlaufende Gebirgsketten, das Tih-Gebirge und das Gebirge el-Igma, von der Südspitze nahezu abgeriegelt und die dahinterliegende Bergwüste vollkommen wasserlos. Wenn die Mosesschar also nicht denselben Weg zurückwandern wollte, mußte sie, parallel zu der unpassierbaren Gebirgskette, zunächst einmal weiter nach Osten ziehen, um dann nach Norden abzubiegen. Da vom Sinaimassiv nur das Wadi Sa'al in nordöstlicher Richtung verläuft und genügend Wasserstellen besitzt, bleibt eigentlich gar kein anderer Weg.

Dies wird indirekt von israelischen Archäologen unter Beno Rothenberg bestätigt, die in den Jahren 1967 bis 1972 Hunderte von Besiedlungsspuren auf der Sinaihalbinsel untersucht haben, die von der Steinzeit bis in geschichtliche Zeit reichen. Trägt man die Fundorte von Siedlungen, Häusern, Heiligtümern und Friedhöfen in eine Karte ein, so erkennt man deutlich, daß von grauer Vorzeit an das Sinaimassiv um den Dschebel Musa und die Trockenflußbetten wie das Wadi Feiran oder das Wadi Sa'al besiedelt waren. Und da schon der Weg der Kinder Israel bis zum Gottesberg mit der dichtesten Besiedlungsspur übereinstimmt, dürfte er auch auf dem zweiten Teil der Wanderung durch besiedeltes Gebiet geführt haben: durch das Wadi Sa'al.

In diesem langen Wadi müßte übrigens auch der erste Rastplatz nach dem Aufbruch vom Gottesberg gelegen haben. Nach dem Itinerar lag er bei den sogenannten »Lustgräbern«. Die Bibel erklärt diesen seltsamen Namen damit, daß sich dort die Kinder Israel an zu vielen Wachteln den Magen verdorben hätten und zur Strafe für ihre Freßgier eine Seuche ausbrach: »Daher heißt die Stätte Lustgräber, weil man dort das lüsterne Volk begrub«, heißt es dazu in der Bibel.

Was die Bibel hier in falscher Etymologie moralisierend »die Gräber der Lüste« nennt, sind in Wirklichkeit die »kibrothata'awa«, die Gräber der Ta'awat (eines unbekannten Volksstammes), wobei der Name des Volksstamms dem hebräischen Wort für »lüstern« zum Verwechseln ähnlich klingt. Offensichtlich machten Moses und seine Schar bei einem Friedhof Rast, dessen Namen sie nicht verstanden und daher umdeuteten, weil längst keine Ta'awat mehr dort wohnten.

Es ist fast ein echtes Wunder, daß eben jener Friedhof, der schon tausend Jahre vor Moses dort existierte, im Jahr 1970 von Beno Rothenberg im Wadi Hagag, einem kleinen Seidenwadi des Wadi Sa'al kurz vor Ejn Chudra, entdeckt oder, genauer gesagt, wiederentdeckt wurde, denn was britische Archäologen schon einmal im 19. Jahrhundert beschrieben hatten, war inzwischen wieder in Vergessenheit geraten.

Es ist eine Ansammlung von etwa vierzig zwei Meter hohen und vier Meter dicken turmartigen Bauten, die aus Bruchsteinen aufgeschichtet sind. Die kleinen Türen, kaum einen Meter hoch und oben schmaler als an der Basis, zeigen sämtlich nach Westen zur untergehenden Sonne, die das Reich des Todes symbolisiert. Zahlreiche Knochenfunde beweisen, daß diese Konstruktionen, die durch ihr inneres sogenanntes »falsches Gewölbe« auffällig an mykenische Kuppelgräber erinnern, tatsächlich einmal Grabstätten waren. Die Grabbeigaben verraten, daß die Tonnengräber aus der Steinzeit oder allenfalls aus der frühen Bronzezeit stammen und damit die ältesten freistehenden Gebäude der Welt sind, deren Dächer noch erhalten sind.

In den Kibrot-Hata'awa sind freilich keine Israeliten begraben, die sich an Wachteln überfressen haben. Doch die heute mehr als viertausend Jahre alten Gebäude können sehr wohl dazu dienen, den Wanderweg der Kinder Israel zu fixieren, zumal sie die Beduinenlegende mit Moses verbindet. Die Beduinen nennen die Steingebäude nämlich »Nawamis«, was Mücken bedeutet, und erzählen dazu, die Kinder Israel hätten sie gebaut, um sich vor Stechmücken zu schützen.

Wenig Glück hat man dagegen mit den weiteren Stationen, die die Bibel angibt. Die nächste Station Hazeroth (»Gehöfte«) kann schon wieder überall liegen; manche meinen, die Oase Ejn Chudra sei damit gemeint, was eine gewisse Logik für sich hätte. Aber wo soll man die Station Rithma suchen, die »Ginsterstrauch« bedeutet?

Die Verfechter der Nordroute lokalisieren die Lagerplätze nach Möglichkeit in der Nähe von Kadesch, können aber dann nicht erklären, wieso die Israeliten immerhin zwanzig Lagerplätze brauchten, um vom Gottesberg in der Nähe von Kadesch bis in die Oase selbst zu kommen.

Die Liste mit zahlreichen Stationen setzt wohl eher einen langen Weg voraus und unterstützt die Verfechter der Südroute, die die Bibel ohnehin favorisiert. Doch auch dann gibt es in der Liste manches Durcheinander, denn ganz offensichtlich stehen bekannte Orte wie Ezjon Geber an der falschen Stelle. Wenn Ezjon Geber bei Elat liegt, kann es nicht gut, wie die Bibel will, die letzte Station vor Kadesch sein, denn dann hätten die Kinder Israel auf der Hälfte des gesamten Wanderwegs nicht ein einziges Mal angehalten.

Nach den »Lustgräbern« sind wir also wieder auf Vermutungen angewiesen, d.h. auf die begehbaren Wadis, die die Gebirgswüste durchschneiden. Danach könnte der Wanderweg so ausgesehen haben: Über das Wadi Sa'al zogen die Israeliten nach Ejn Chudra und nach Ejn Furtaga, um dann den Wasserstellen des Wadi Watir zu folgen, das parallel zum Golf von Elat nach Norden führt.

Für die zweite Hälfte des Weges zwischen dem Golf von Elat und Kadesch sind die Spekulationen noch vager. Aus Verlegenheit wird der Wanderweg meist als ziemlich gerade Strecke bis Kadesch gedacht, als wenn die Israeliten nichts anderes vorgehabt hätten, als direkt nach Kadesch zu gelangen. Aber von dieser Vorstellung muß man sich lösen. Daß die umherirrenden Flüchtlinge eines Tages nach Kadesch und lange Zeit später sogar nach Palästina kamen, war das eher zufällige Ergebnis, nicht das beabsichtigte Ziel der Reise. Möglicherweise haben sie mehr oder weniger durch Zufall einen Arm des riesigen Wadi el-Arisch erreicht und waren im »Bach Ägyptens«, wie es die Bibel nennt, nach Norden gewandert, bis sie von der großen Oase Kadesch erfuhren und sich dorthin wandten.

Nichts war geplant, auch wenn die Bibel es zu kaschieren versucht, indem sie wieder die Wolkensäule hervorholt und zusammen mit der Bundeslade vor den Kindern Israel herziehen läßt. In Wirklichkeit verrät die Wanderung rund um die Sinaihalbinsel, daß Moses – wenn überhaupt – nur eine dunkle Vorstellung von seinem Ziel hatte. Wo auch immer er hinzog – ins Sinaimassiv, an den Golf von Elat, ins Ostjordanland oder auch westlich des Negev bis Kadesch-Barnea –, nirgendwo kam er mit seinen Leuten zur Ruhe, überall saßen »Feinde«, an keiner Stelle hatte ihnen Jahwe ein Fleckchen ausgespart.

Die Bibel begründet das lange Herumwandern in der Wüste mit dem Beschluß Jahwes, die Flüchtigen wegen ihrer Sünden nicht ins verheißene Land kommen zu lassen, sondern es erst ihren Kindern zu geben. Aber er hätte dem Volk einen großen

Teil seiner Sünden – nämlich das »Murren gegen Gott« – ersparen können, wenn er sie schnurstracks nach Kanaan geführt oder ihnen als Viehnomaden wenigstens gute Weidegründe und satt zu essen gegeben hätte. Aber nichts dergleichen, und Moses, der Mann Gottes, hatte schwer darunter zu leiden.

Resignation

So, wie es die Bibel erzählt, waren sie noch kaum vom Gottesberg aufgebrochen und noch nicht bei den »Lustgräbern« angekommen, als Moses völlig verzweifelte und Gott bat, ihn lieber zu töten als all das mitzuerleben, »denn es ist mir zu schwer«. Es hatte wieder einen der üblichen Aufstände wegen des Essens gegeben, und »das Volk lag Jahwe mit lauten Klagen in den Ohren, daß es ihm schlecht gehe«. Jahwe sandte ein Feuer herab und verbrannte ein paar Meuterer, aber es nützte nichts: »Wer gibt uns Fleisch zu essen«, klagten sie, »wir denken an die Fische zurück, die wir in Ägypten umsonst zu essen bekamen, an die Gurken und Melonen, an den Lauch, die Zwiebeln und den Knoblauch. Jetzt aber sind wir am Verschmachten, gar nichts ist da – nichts als Manna bekommen wir vor die Augen.«

Das ist der ideale Stoff für eine Predigt über die Undankbarkeit des Menschen, der das wunderbare Manna verschmäht – in Wirklichkeit ein klebrig-süßes Sekret von Schildläusen, die Saft aus Tamariskenbäumen saugen –, und seinen Hang, auch das zur guten alten Zeit zu verklären, was einstmals Anlaß zur Klage war. Es wäre naheliegend, daß Moses bei dieser Gelegenheit seinem Volk in prophetischem Zorn die Leviten liest und die Fürsorge Jahwes rühmt, der bisher noch immer »seinem« Volk geholfen hat. Nicht so die Bibel. Sie zeigt uns einen Moses, der resigniert Zwiesprache mit seinem Gott hält: »Warum verfährst du so übel mit deinem Knechte, und warum finde ich so gar keine Gnade in deinen Augen, daß du die Last des ganzen Volkes auf mich legst? War ich es denn, der dieses ganze Volk im Schoße trug, oder war ich es, der es gebar, daß du zu mir sagen könntest: Trag es an deinem Busen, wie die Wärterin den Säugling trägt, in das Land, das du seinen Vätern zugeschworen hast? Woher soll ich Fleisch nehmen, um es diesem ganzen Volk zu geben?... Ich allein vermag nicht, dieses Volk zu tragen; es ist zu schwer für mich. Willst du weiterhin so mit mir verfahren, dann töte mich lieber, wenn ich Gnade in deinen Augen gefunden habe, damit ich mein Elend nicht länger ansehen muß.«

Mag die Geschichte auch erfunden sein als dramaturgischer Kunstgriff, um den Wachtelsegen vorzubereiten, den Jahwe regnen lassen wird, »bis ihr's nicht mehr riechen könnt und es euch zum Ekel wird«, und der schließlich zum Tod an den »Lustgräbern« führt – die tiefe Resignation des Moses hingegen brauchte nicht erfunden zu werden, sie ist typisch für ihn.

Wann immer das Volk auch unzufrieden war, Moses war nie der aktive Führer, der gesagt hätte, was geschehen mußte. Wie sollte er auch: Außer Hoffnungen und Versprechungen hatte er nichts zu bieten. Zwar lag die Führung in seinen Händen, aber weder wußte er den Weg noch konnte er seine Leute mit Essen und Trinken versorgen. Daß er dabei späteren Zeiten ein schönes Beispiel für die Ergebung in Gottes Willen abgab, wird ihn wenig getröstet haben. Goethe, der in seinen Straßburger Studententagen eine theologische Dissertation geschrieben hatte, die allerdings nicht angenommen wurde, und der sich über Jahre mit Moses und dem Exodus beschäftigt hat, beschrieb die Lage drastisch als eine Situation, »wo es jeden Tag, jede Stunde an Rat und Tat gebricht und der Heerführer, der auf seinen Füßen stehen sollte, sich wiederholt aufs Angesicht wirft, um Gnaden und Strafen von oben zu erflehen, die beide nur verzettelt gereicht werden, so daß man mit dem verwirrten Volke den Hauptzweck völlig aus den Augen verliert«. Für ihn war Moses ein »trübsinniger, in sich verschlossener, rechtschaffener Mann, der sich zwar zum Tun und Herrschen geboren fühlt, dem aber die Natur zu solchem gefährlichen Handwerke die Werkzeuge versagt hat«.

Einen solchen Eindruck konnte das Volk tatsächlich von dem redegehemmten Moses haben, und die Bibel erzählt in zahlreichen Episoden, daß das Volk die Führungseigenschaften ihres Anführers durchaus angezweifelt hat. Doch beim Zweifel blieb es nicht. Obwohl Moses als Gesetzgeber in Erscheinung getreten war, der mit Gott sprach und einen Bund geschlossen hatte, wird ihm nun der Führungsanspruch überhaupt streitig gemacht.

Mirjams Anklage

Zum zweitenmal kommt es zur offenen Meuterei: Aaron und Mirjam attackieren ohne ersichtlichen Anlaß Moses und stellen sich als gleichberechtigt neben ihn: »Redet denn Jahwe nur mit Moses?« verkünden sie. »Hat er nicht auch mit uns geredet?« Das heißt: Ist Moses als einziger berechtigt, das Volk zu führen, weil er der Prophet, der Verkünder von Jahwes Wort und Willen ist, oder haben nicht auch die beiden angeblichen Geschwister des Moses das gleiche Recht auf Führung, da Gott auch mit ihnen gesprochen hat?

Auch diesmal bleibt Moses passiv und unternimmt nichts zu seiner Verteidigung, denn die Bibel läßt Gott selbst die Antwort geben und den Unterschied zwischen Prophet und Prophet klarmachen: »Und er sprach: Hört meine Worte: Ist jemand unter euch ein Prophet Jahwes, dem will ich mich kundmachen in Gesichten und durch Träume will ich mit ihm reden. Nicht so bei meinem Knecht, dem Moses«, denn Moses hat eine Sonderstellung, mit ihm spricht Jahwe direkt und unverstellt: »Von Mund zu Mund rede ich mit ihm, nicht durch dunkle Worte oder Rätsel, ja, Jahwes Gestalt darf er schauen.« Und mit der zornigen Frage »Warum habt ihr euch dennoch nicht gescheut, Gerede über Moses, meinen Knecht zu machen?« kommt die Strafe Gottes: Mirjam wurde »aussätzig wie Schnee«, so daß Moses in seiner Herzenseinfalt zu Jahwe schrie: »Nicht doch! Mach sie doch wieder gesund!« Sieben Tage lang blieb sie vom Lager ausgeschlossen, dann wurde sie wieder aufgenommen. Damit war der Aufstand von Aaron und Mirjam zusammengebrochen, sie sind vor aller Augen degradiert.

So eindeutig diese Episode auf den ersten Blick erscheint, so kompliziert ist sie in Wirklichkeit. Bereits der Streitpunkt, die Prophetie, ist in den Mosesgeschichten ein Fremdkörper. Prophetentum und Prophetenamt wurden in Israel erst um die Jahrtausendwende zur Institution; erst von da an konnte es Streit um den Wahrheitsgehalt solcher Verkündigung geben. Wahrscheinlich haben die Schreiber der Bibel auch hier ein Problem ihrer Zeit in die mosaische Epoche zurückverlegt; dafür spricht auch, daß die Episode ziemlich abrupt beim Bericht über die »Lustgräber« erzählt wird, wo Moses plötzlich und ohne ersichtlichen Grund siebzig Männer von den Ältesten um die Stiftshütte versammelt. Darauf kommt Jahwe in einer Wolke nieder, redet mit Moses »und nahm von dem Geist, der auf ihm war, und legte ihn auf die siebzig Ältesten. Und als der Geist auf ihnen ruhte, gerieten sie in Verzückung wie Propheten und hörten nicht auf.« Auch zwei andere Männer, die im Lager zurückgeblieben sind, geraten in Verzückung, so daß die Bibel Moses sagen läßt: »Wollte Gott, daß alle im Volk Jahwes Propheten wären und Jahwe seinen Geist über sie kommen ließe!« Diese Erzählung des Elohisten, die im Neuen Testament als Vorlage für die Ausgießung des Heiligen Geistes beim Pfingstwunder diente, hat erst recht nichts in den Mosesgeschichten zu suchen.

Offenbar hat sich hier die Erinnerung erhalten, daß auch Mirjam einmal den Aufstand gegen Moses geprobt hat. Von Mirjam berichtet die Bibel nach dem Durchzug durch das geteilte Meer: »Da nahm Mirjam, die Prophetin, Aarons Schwester, eine Pauke in ihre Hand, und alle Frauen folgten ihr nach mit Pauken im Reigen. Und Mirjam sang vor ihnen: Laßt uns dem Jahwe singen, denn er hat eine herrliche Tat getan, Roß und Mann hat er ins Meer gestürzt.« Was lag also näher als anzunehmen, daß sich der Streit zwischen Mirjam und Moses um die Prophetie gedreht hatte, und schon steht die entsprechende Geschichte da. Doch ist es nicht auszuschließen, daß der stammelnde Moses und die Prophetin Mirjam wirklich in Konkurrenz zueinander standen. Andererseits klingt es merkwürdig, daß Mirjam einen Vorwurf macht, der mit Prophetie überhaupt nichts zu tun hat: Mirjam und Aaron greifen Moses an »um seiner Frau willen, der Kuschitin, die er genommen hatte«. Es ist jener einsame Hinweis auf die »Mohrenfrau«, den wir schon bei früherer Gelegenheit kennengelernt haben. Er stammt übrigens vom Elohisten, während der Jahwist vom Streit um die Prophetie berichtet. Offenbar sind auch hier wieder mehrere Überlieferungen zusammengestoßen.

Wir kommen der Lösung näher, wenn wir einmal fragen, was die Bibel mit ihrer Geschichte will, nicht, was ihr Inhalt ist. Es geht um drei Personen, die einen Führungsanspruch stellen. Insofern hätte es in der Tat eine Konkurrenzsituation gegeben, in der sich schließlich Moses durchsetzte. Auffällig ist aber, daß die Bibel Mirjam, Aaron und Moses gelegentlich, aber nicht immer, zu Geschwistern macht. Solche verwandtschaftlichen Beziehungen sind meist nur bildlich gemeint. Der Familienverband wird zum Bild für den Völkerverband, die Ehe drückt die Vereinigung von Völkern aus, Geschwister stehen für einen gemeinsamen Ursprung. Wenn die Bibel nun partout die drei zu Geschwistern machen will, signalisiert sie damit, daß Mirjam, Aaron und Moses von Anfang an zusammen waren und einen gemeinsamen Ursprung hatten. Genau das kann aber nach allem bezweifelt werden. Nie und nimmer war Moses mit dem ganzen Volk aus Ägypten gezogen, vielmehr waren, wie wir gesehen haben, wohl mehrere Gruppen zu verschiedenen Zeiten in Wellen ausgewandert, die sich mehr oder weniger zufällig im Gebiet von Kadesch trafen und im Lauf der Zeit miteinander verschmolzen. Dieses Ergebnis wurde sehr viel später als gemeinsamer Ursprung begriffen und zurückprojiziert. In dieser Zeit erst hat man daher Mirjam, Aaron und Moses zu Geschwistern gemacht. In Wirklichkeit hatten sie nichts miteinander zu tun, sondern waren drei beherrschende Gestalten verschiedener Gruppen, die jeweils ihre eigene Geschichte und Überlieferung hatten. Mirjam hat offenbar nur eine untergeordnete Rolle gespielt, während Aaron und Moses als die eigentlichen Kontrahenten anzusehen sind, die Gott auf verschiedene Weise verehrten. Neben der Geschichte vom Goldenen Kalb werden wir noch einen weiteren Zusammenstoß beim Aufstand der Rotte Korach kennenlernen.

Tatsache ist jedenfalls, daß die Gruppe und ihre verschiedenen Traditionen eines Tages verschmolzen und den Jahwekult mosaischer Ausprägung übernahmen. Darum wird der einst selbständige Aron zum Sprachrohr des Moses gemacht, obwohl von ihm vielleicht sogar der Kult mit der Gotteslade stammt: Sein Name »Aaron« (»Kasten«) könnte für den Aron Jahwe, die Gotteslade, stehen. Darum wird die Prophetin Mirjam geringer eingestuft als der Prophet Moses, ja, sie wird sogar für ihren Widerspruch mit Aussatz bestraft, während Aaron trotz des göttlichen Zorns stets ungeschoren davonkommt.

Die Bibel demonstriert damit eine Vorrangstellung, die Moses damals noch gar nicht hatte, die aber für den Fortgang der Geschichte nötig ist. Denn auf dem Wege vom Sinai nach Kadesch wird von den Kundschaftern berichtet, die Moses nach Kanaan entsandte, um das Gelobte Land zu erforschen. Und das kann und will sich die Bibel nicht anders vorstellen, als daß die unübersehbare Schar der Kinder Israel geschlossen hinter ihrem Führer Moses bereitsteht, das Gelobte Land in Besitz zu nehmen.

Volkswut

Als Moses, der wie die anderen nicht die geringste Ahnung vom Land der Vorväter hatte, mit seiner Schar am Golf von Elat vorbeizog und auf dem Wege nach Kadesch war, schickte er ein rundes Dutzend Kundschafter aus, um das »Sudland«, den Negev, zu erkunden und herauszufinden, ob es gutes Land war oder nicht, ob dort Nomaden oder Seßhafte wohnten; in der Sprache der Bibel: »Zieht da hinauf ins Südland und geht aufs Gebirge und seht euch das Land an, wie es ist, und das Volk, das darin wohnt, ob's stark ist oder schwach, wenig oder viel ist; und was es für ein Land ist, darin sie wohnen, ob's gut oder schlecht ist? und was es für Städte sind, in denen sie wohnen, ob sie in Zeltdörfern oder festen Städten wohnen; und wie der Boden ist, ob fett oder mager und ob Bäume da sind oder nicht. Seid mutig und bringt mir von den Früchten des Landes.«

Während Moses mit seiner Schar nach Kadesch weiterzog, marschierten die Kundschafter durch den Negev nach Norden und erforschten das Land bis hinauf in die Gegend von Hebron. Wieder dauerte es vierzig Tage, also sehr lange, bis sie zurückkehrten und dem staunenden Volk außer Granatäpfeln und Feigen eine so riesige Weintraube (wahrscheinlich einen ganzen Rebstock) mitbrachten, daß sie von zwei Männern auf einer Stange getragen werden mußte. Sie wußten Erstaunliches zu berichten: »Wir sind in das Land gekommen, in das ihr uns gesandt habt; es fließt wirklich Milch und Honig darin, und dies sind seine Früchte.«

Es war also genau das, was sie suchten, aber die Sache hatte einen Haken: »...stark ist das Volk, das darin wohnt, und die Städte sind befestigt und sehr groß.« Es würde Kampf geben, und es war gar nicht so sicher, daß die Israeliten stark genug waren, auch wenn sich einer der Kundschafter optimistisch gab: »Laßt uns hinaufziehen und das Land einnehmen, denn wir können es überwältigen.« Ihm widersprachen die anderen: »Das Land, das wir durchzogen haben, um es auszukundschaften, ist ein Land, das seine Bewohner verschlingt, und alle Leute, die wir darin sahen, sind über alle Maßen groß. Auch sahen wir dort die Riesen, die Söhne Enaks aus dem Geschlecht der Riesen, und wir kamen uns vor wie Heuschrecken, und genauso mußten wir ihnen vorkommen.«

Das war das Ende aller Hoffnungen. Das Volk schrie entsetzt auf und »weinte die ganze Nacht«, wie es bei Luther heißt, dann kamen die üblichen Vorwürfe: »Wären wir doch nur im Ägyptenland oder hier in der Wüste gestorben! Warum will uns Jahwe in das Land da bringen, daß wir durch das Schwert fallen! Unsere Frauen und kleinen Kinder werden ja doch nur zur Beute werden! Wäre es da für uns nicht das Beste, wir kehrten nach Ägypten zurück?«

Und schon kam es zu einem ernsthaften Aufruhr gegen Moses, »und einer sprach zu dem anderen: Wir wollen uns einen Führer bestellen und nach Ägypten zurückkehren.« Mit anderen Worten: Moses sollte abgesetzt werden, er hatte versagt und den letzten Rest an Vertrauen und Autorität verloren. Er hatte das Volk buchstäblich in die Irre geführt. Anstatt in dieser prekären Situation Mut, Entscheidungskraft und Kampfgeist zu zeigen, fielen Moses und Aaron vor der Gemeinde »auf ihr Angesicht« und schwiegen. Josua, der später die Nachfolge des Moses antrat, blieb es überlassen, dem Volk wieder etwas Hoffnung zu machen und das auszusprechen, was eigentlich Moses hätte sagen müssen: »Wenn Jahwe Gefallen an uns hat, dann bringt er uns in dieses Land und gibt es uns, ein Land, das von Milch und Honig fließt. Nur dürft ihr euch nicht gegen Jahwe empören, und ihr dürft keine Furcht vor dem Volke dieses Landes haben. Denn sie werden von uns verschlungen, gewichen ist von ihnen ihr schützender Schatten, während mit uns Jahwe ist. Habt also keine Furcht vor ihnen!«

Doch in seiner Wut wollte das Volk nun auch Josua steinigen, und die Bibel muß die ganze Herrlichkeit Jahwes bemühen, um das Volk abzulenken.

Vergebung und Aufschub

Aber auch Jahwe ist von »seinem« Volk tief enttäuscht und will es vernichten: »Wie lange lästert mich dies Volk? Und wie lange wollen sie nicht an mich glauben trotz all der Zeichen, die ich unter ihnen getan habe? Ich will sie mit der Pest schlagen und sie vertilgen...«

Es ist noch ein sehr irdischer Gott, den die Bibel hier schildert, schnell beleidigt, rachsüchtig, impulsiv und ohne vorausschauende Weisheit. Entsprechend leicht gelingt es daher dem Moses, seinen Gott beim Ehrgefühl zu packen und ihn vor einer möglichen Blamage zu bewahren. Denn wenn Jahwe sein Volk vernichtet, »dann werden's die Ägypter hören; denn du hast dies Volk mit deiner Kraft aus ihrer Mitte herausgeführt ... Würdest du nun dies Volk töten wie *einen* Mann, so würden die Völker, die solch ein Gerücht über dich hören, sagen: Weil Jahwe nicht imstande war, dieses Volk in das Land zu bringen, das er ihnen zugeschworen, darum hat er sie in der Wüste abgeschlachtet.«

Und wie um sein pfiffiges Argument ein wenig abzuschwächen, appelliert Moses an die göttliche Gnade und Barmherzigkeit, die über allen irdischen Berechnungen steht: »So laß nun deine Kraft, o Herr, groß werden, wie du gesagt hast: Jahwe ist geduldig und von großer Barmherzigkeit und vergibt Missetat und Übertretung, aber er läßt niemand ungestraft, sondern sucht heim die Missetat der Väter an den Kindern bis ins dritte und vierte Glied. So vergib nun die Schuld dieses Volkes nach deiner großen Barmherzigkeit, wie du auch diesem Volk vergeben hast von Ägypten an bis hierher.« Und dann die Antwort, die für Moses und sein Volk von entscheidender Bedeutung ist: »Ich habe vergeben, wie du es erbeten hast. Aber so wahr ich lebe und so wahr die ganze Erde voll der Herrlichkeit Jahwes ist: Alle die Männer, die meine Herrlichkeit und meine Zeichen gesehen haben, die ich getan habe in Ägypten und in der Wüste und mich dennoch nun schon zehnmal versucht und nicht auf meine Stimme gehört haben, von denen soll keiner das Land sehen, das ich ihren Vätern zu geben geschworen habe...«

Jahwe hat vergeben und steht weiter zu seinem Volk, aber Strafe muß sein. Gnade und Strafe für die Schuld gehen zusammen, auch wenn das für unser christliches Denken ungewohnt ist. Jahwe straft das Volk für seinen Ungehorsam, aber er vernichtet es nicht.

Es liegt auf der Hand, daß das Gespräch Jahwes mit Moses nur wegen des letzten Absatzes erfunden worden ist. Irgendwie mußte begründet werden, warum der wiederholt versprochene Einzug ins verheißene Land so lange hinausgezögert wurde und warum nicht diejenigen das Land bekamen, denen es beim Exodus zugesagt worden war. Im Grunde straft sich die Bibel mit diesem Kapitel selbst Lügen, denn hier revidiert sie die göttliche Verheißung vom versprochenen Land. In dem Moment, wo das Versprechen eingelöst werden müßte, war gar kein Land da. Überall saßen schon andere, und was für Riesen. Ganz gleich, ob die Israeliten von vornherein das Ziel Kanaan hatten oder die Idee der Landnahme erst unterwegs kam – in jedem Fall hat man wohl geglaubt, man könne ebenso leicht nach Kanaan einwandern wie seinerzeit ins Nildelta. Die Enttäuschung war groß. Sollte man sich das Land erkämpfen oder weiter durch die Wüste ziehen?

Man entschied sich für den Angriff, »denn hier sind wir und wollen hinaufziehen in das Land, von dem Jahwe geredet hat...«, aber Moses warnte: »Warum wollt ihr das Wort des

Herrn übertreten? Es wird euch nicht gelingen. Zieht nicht hinauf – denn der Herr ist nicht unter euch –, daß ihr nicht geschlagen werdet von euren Feinden.« Man zog trotzdem los, aber da die Bundeslade im Lager blieb, stand das Ergebnis fest: Bei ihrem ersten Versuch, das Land Kanaan einzunehmen, wurden die Israeliten geschlagen. Erst vierzig Jahre später sollte es ihnen gelingen. Bis dahin blieben sie bei der Oase Kadesch in der Wüste.

Aufbruch ins Gelobte Land

Warten in Kadesch

Was die Bibel Kadesch oder Kadesch-Barnea nennt, ist ein nahezu hundert Quadratkilometer großes Quellgebiet an der Westseite der Negevberge, das im Dreieck zwischen el-Qusaima, Ejn el-Gedeirat und Ejn Qadeis in einem Nebental des Wadi Arisch liegt. Allein die Quelle von Ejn Gedeirat gibt vierzig bis fünfzig Kubikmeter Wasser pro Stunde. Alle Quellen zusammen bilden die größte und wasserreichste Oase des Sinai.

Die Kurzform »Kadesch« bedeutet »heilig« und ist bis hinauf nach Syrien ein häufiger Ortsname. Sie erinnert an ein Heiligtum und dürfte bei Kadesch-Barnea die Quellen selbst meinen, weil an ihnen Recht gesprochen wurde. Die Bibel redet daher von der »Rechtsquelle« oder von den »Wassern des Rechtsstreits«.

Kadesch-Barnea gilt allgemein als das Gebiet, wo die Kinder Israel nach ihrem mißglückten Eroberungsversuch fast vierzig Jahre lang geblieben sind, bis sie im zweiten Anlauf das Land einnahmen. Allerdings steht das so deutlich nicht in der Bibel. Einmal heißt es nur, sie blieben »lange Zeit in Kadesch«, ein andermal, »das Volk ließ sich in Kadesch nieder« – aber eine genaue Zeitangabe fehlt. Allerdings ist oft genug von einer vierzigjährigen Wüstenwanderung die Rede, und da der Marsch von Ägypten zum Gottesberg, der Aufenthalt dort und die Wanderung nach Kadesch zusammen höchtens anderthalb bis zwei Jahre gedauert haben, bleiben in der Tat nahezu vierzig Jahre übrig. Darum heißt es auch bei der Rückkehr der Kundschafter: »Eure Kinder sollen Hirten sein in der Wüste vierzig Jahre lang.« Nur, das muß nicht unbedingt in Kadesch gewesen sein. Andererseits spricht vieles dafür, daß sich die Mosesschar für »lange Zeit« in Kadesch angesiedelt hat. Dort gab es keine Wasserprobleme, dort konnte man Gerste anbauen und das Vieh weiden, dort gab es Platz.

Doch nicht nur wirtschaftliche Erwägungen sprechen für Kadesch-Barnea. Für die Theologen jedenfalls ist diese Oase von größter Bedeutung, weil sie hier alles unterkriegen können, was sonst nur schwer zu erklären wäre. Hier könnte die kleine Mosesschar, die nur aus wenigen Familien bestanden haben kann, so angewachsen sein, daß sie in der Lage war, ein ganzes Land wie Kanaan zu erobern. Man nimmt nämlich an – obwohl davon kein Wort in der Bibel steht –, daß sich in Kadesch-Barnea mehrere Nomadengruppen getroffen haben, die auf verschiedenen Wegen oder auch zu verschiedenen Zeiten aus Ägypten ausgewandert sind. Im Lauf der Jahre konnten diese Gruppen zusammenwachsen und sich während einer Generation vermehren, so daß die Oase nicht mehr ausreichte. Erst dann wurde die Eroberung Kanaans ernsthaft ins Auge gefaßt, die Moses mit seinen paar Leuten nie hätte wagen können.

Ein längerer Aufenthalt in der Oase von Kadesch-Barnea würde aber auch einige verwirrende Widersprüche der Bibel klären. Ob Nordroute oder Südroute, ob Horeb oder Sinai – beides könnte zutreffen, wenn die verschiedenen Angaben auf unterschiedliche Erlebnisse mehrerer Nomadengruppen zurückgehen. Die einen sind eben direkt nach Kadesch gezogen, die anderen haben einen Umweg gemacht. Als die verschiedenen Gruppen für lange Zeit in Kadesch-Barnea zusammenwohnten, begannen sich die einzelnen Erzählungen zu vermischen, wie sich auch die Gruppen vermischten. Durch ein ähnliches Schicksal geprägt, entstand allmählich das Bewußtsein der Zusammengehörigkeit und der Einheit. Der neue Kult der kleinen Mosesgruppe übertrug sich in Kadesch-Barnea auf das ganze »Volk«, weil man überall das Wirken des Gottes Jahwe erkannte. Gleichzeitig machte die Tradition einen Mann namens Moses zum Heros und Nationalhelden, ohne daß ihm deswegen auch in Zukunft Anwürfe und Streitereien erspart geblieben wären. Kurz: Kadesch als die Keimzelle des Volkes Israel mit dem einen Gott Jahwe.

Aber wie gesagt, das alles sind Schlußfolgerungen und Vermutungen. Die Bibel erzählt davon nichts, sondern berichtet lediglich von Unruhen und Aufständen, die allmählich langweilig werden, auch wenn sich Spektakuläres ereignet wie bei der Rotte Korach, die wegen ihres Widerstandes gegen Moses und Aaron von einer Erdspalte verschluckt wird. Nirgendwo gibt die Bibel genaue Auskunft darüber, was sonst noch alles in den vierzig Jahren geschehen ist und wie man sich arrangiert hat.

In Kadesch stirbt Mirjam, die Prophetin, und wird dort begraben. Als Aaron stirbt, ist das Volk bereits von Kadesch aufgebrochen und auf dem langen Weg nach Kanaan. Als Sterbeort des Aaron nennt die Bibel einen Berg Hor, der »an der Grenze des Landes der Edomiter« liegt. Die Edomiter saßen zwischen der Südspitze des Toten Meeres und dem Golf von Elat östlich der Araba auf dem Gebiet, das heute zu Jordanien gehört, die Lage des Berges Hor ist dagegen nicht bekannt. Allerdings vermittelt die Bibel den Eindruck, der Berg habe in der Nähe von Kadesch gelegen, also an der Westgrenze von Edom. Eine andere Tradition sucht den Berg Hor an der Südgrenze von Edom, wo es in der Nähe der nabatäischen Gräberstadt Petra nicht nur eine Mosesquelle, sondern auch einen Dschebel Harun, einen Aaronsberg, gibt. Wo auch immer, beim Berg Hor erhielt Moses von Jahwe den seltsamen Befehl: »Nimm Aaron und seinen Sohn Eleasar und führe sie auf den Berg Hor und zieh Aaron seine Kleider aus und zieh sie seinem Sohn Eleasar an«, denn Aaron soll dort »zu seinen Vätern versammelt werden und sterben«. Moses tat, wie ihm geheißen, stieg mit den beiden auf den Berg und übergab, durch den Wechsel der Kleidung symbolisch angedeutet, dem Eleasar Aarons Priesteramt. Darauf starb Aaron dort oben auf dem Berg »im vierzigsten Jahr des Auszugs der Kinder Israel aus Ägyptenland am ersten Tag des fünften Monats, als er 123 Jahre alt war«.

Damit war allein noch Moses übrig, um die Israeliten aus der Wüste nach Kanaan zu führen. Es war inzwischen ein alter Mann geworden, und die mit ihm einst ausgezogen waren, werden wie Mirjam und Aaron inzwischen längst gestorben sein. Eine neue Generation war herangewachsen, die alles nur noch vom Hörensagen kannte. Sie war es dann, die nach Darstellung der Bibel das neue Land eroberte.

Start mit Hindernissen

Wenn man den Berichten der Bibel im vierten Mosesbuch (20ff.) und im Buch Josua folgt, dann war der Marsch nach Palästina und die Einnahme des Landes auf beiden Seiten des Jordans eine militärische Aktion von relativ kurzer Dauer. Da die Israeliten bei ihrem Versuch, nach Norden vorzudringen, seinerzeit schon einmal zurückgeschlagen worden waren, versuchten sie ihr Ziel jetzt auf einem Umweg zu erreichen: Moses schickte einen Boten zum König von Edom und ließ anfragen, ob er mit seinen Leuten durch dessen Gebiet ziehen dürfe, denn »nun sind wir hier in der Stadt Kadesch im Grenzbereich deines Gebietes. Gerne möchten wir durch dein Land ziehen, aber ohne die Felder und Weinberge zu durchqueren und Wasser aus den Brunnen zu trinken. Auf der Königsstraße wollen wir dahinziehen, ohne nach rechts oder links abzubiegen, bis wir dein Gebiet durchzogen haben.«

Die Edomiter lehnten die Bitte ab und drohten mit bewaffnetem Widerstand; aber die Israeliten versuchten es noch einmal: »Wir wollen doch nur auf der gebahnten Straße aufwärts ziehen, und wenn wir, ich und mein Vieh, von deinem Wasser trinken, dann bezahle ich es. Es handelt sich nur darum, daß ich zum Durchzug meinen Fuß auf dein Gebiet setzen darf.« Es nützte nichts. Die Edomiter rückten mit schwergerüstetem Kriegsvolk heran, und die Israeliten bogen ab.

Die weiteren Stationen sind, wie so oft in der Bibel, in den einzelnen Überlieferungen so durcheinandergewürfelt, daß man keinen einheitlichen Weg zeichnen kann. Aus mehreren Orts- und Flußnamen, die genannt werden, kann man aber schließen, daß die Israeliten einerseits Edom und Moab östlich umgangen haben, andererseits zwischen dem Gebiet Edom und Moab durchgestoßen sind. Dann zogen sie östlich des Toten Meeres weiter nach Norden, bis sie den Jordan gegenüber Jericho erreichten. Dieser Marsch soll genau ein halbes Jahr gedauert haben.

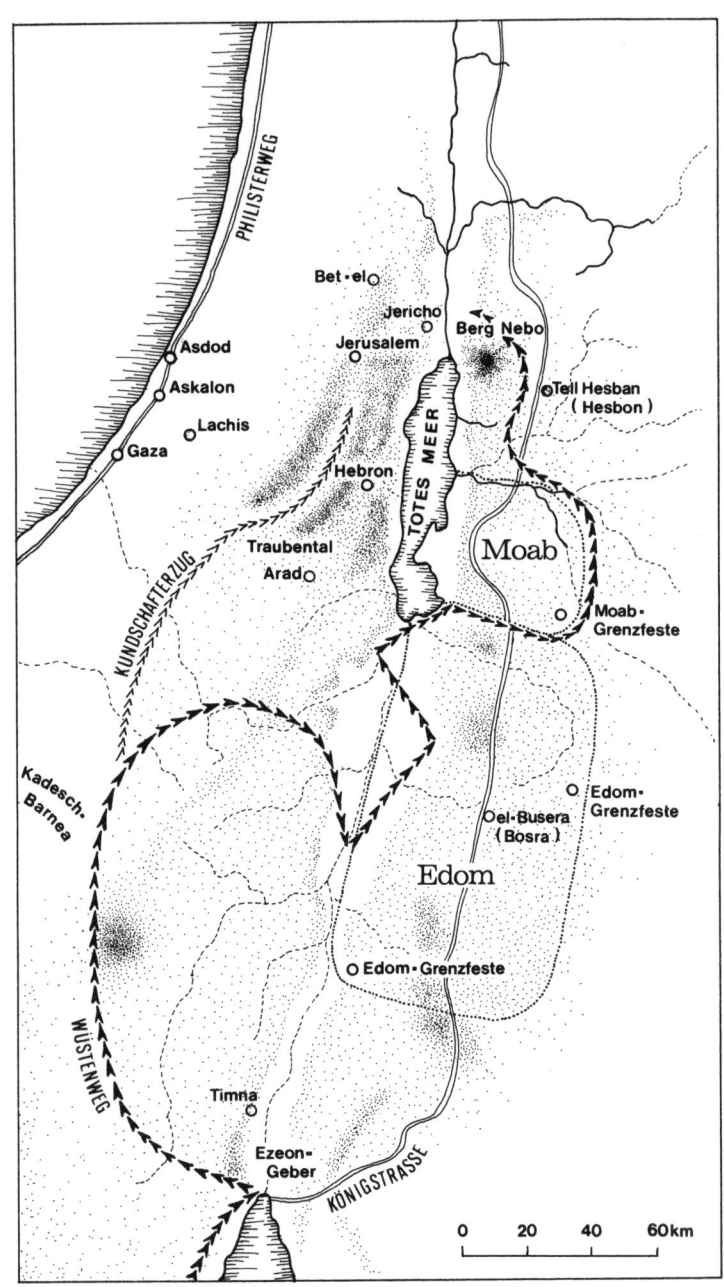

Die Landnahme nach der biblischen Beschreibung

Zwischenspiel: die Eherne Schlange

Nach der neueren archäologischen Forschung passen allerdings die historischen und geographischen Angaben der Bibel nicht so recht zusammen. Die Königsstraße zum Beispiel gab es wirklich, als asphaltierter Wüstenhighway verbindet sie heute Akaba mit Amman und ist Teil der großen Transitstraße zwischen Saudi-Arabien und Europa. Sie war schon vor mehr als zweitausend Jahren neben der Philisterstraße am Mittelmeer die zweite klassische Route zwischen Nord und Süd.

Wenn die Israeliten auf dieser Straße entlangziehen wollten, dann wissen wir also auch heute noch ganz genau, was sie vorhatten, ja, wir haben sogar einen Anhaltspunkt, daß sie tatsächlich dorthin auf dem Weg waren. Die Bibel erzählt nämlich, daß den Kindern Israel etwas Seltsames widerfuhr, als sie in der Nähe des Golfs von Akaba waren, um Edom östlich zu umgehen. Wieder einmal gab es eine Meuterei wegen des Essens. »Da ließ Jahwe die Feuerschlangen gegen das Volk los, die bissen das Volk, so daß viele Leute aus Israel starben«, heißt es. »Daraufhin kam das Volk zu Moses, und sie sprachen: Wir haben gesündigt, daß wir gegen Jahwe und gegen dich redeten. Lege Fürsprache bei Jahwe ein, daß er die Schlangen von uns wende.« Das tat Moses, und Jahwe trug ihm auf: »Fertige dir eine Feuerschlange an und befestige sie an einer Stange! Jeder aber, der gebissen ist und sie anschaut, soll am Leben bleiben.«

Offenbar formte Moses eine solche Schlange, denn wir erfahren aus der Zeit des Hiskija (716–687), daß sie vom Volk verehrt wurde, bis Hiskija »die Eherne Schlange zerschlug, die Moses hatte aufrichten lassen; denn bis zu jener Zeit hatten die Israeliten ihr Rauchopfer dargebracht; man nannte sie Nechuschtan«. Auch heute noch gibt es einen Ort mit diesem Schlangennamen: Es ist das Wadi Nechuschtan in Timna bei Elat mit den sogenannten »Kupferminen Salomos«, und das erklärt auch den Namen: Im Wort »Nechuschtan« steckt sowohl das Wort für »Kupfer« wie für »Schlange«, die beide vom selben Wortstamm abgeleitet sind. »Kupferne Schlange« heißt im Hebräischen »nachásch-nechóschet«.

Genau hier, im Wadi Nechuschtan, fand Beno Rothenberg im März 1969 das Urbild der mosaischen Schlange. Rothenberg erforschte damals die bronzezeitliche Kupferverhüttung, und da er mit seinem Programm etwas früher als geplant fertig war, sah er sich um. »Mir fiel ein«, schrieb er später, »daß es hier in Timna einen Platz gab, der vielleicht eine Kultstätte war und mich schon lange wegen seiner ungewöhnlichen Lage bei den ›Pfeilern Salomos‹ angezogen hatte. Es war die einzige Stelle in Timna, wo es keine Rückstände der Metallindustrie, beispielsweise keine Schlacke, gab. Die Stelle war klein, und ich glaubte, es sei mit wenigen Tagen und einem Suchgraben getan.«

Er sollte sich täuschen. Unmittelbar an der Ostseite der imposanten, von der Natur geformten »Säulen Salomos« machte er die entscheidende Entdeckung. Wo seit Menschengedenken Abertausende von Touristen herumgetrampelt waren, fand er nur wenige Dezimeter unter dem Flugsand einen ägyptischen Tempel der Hathor, der Göttin des Bergbaus. Hier, wo niemand auch nur im Traum Ägypter vermutet hatte, grub Rothenberg einen neun mal sieben Meter großen Tempel aus, eine Nachbildung des Tempels von Serabit el-Chadem. Sein Eingang war nach Osten orientiert, so daß die aufgehende Sonne auf einen Hathorkopf in einem kleinen Tabernakel am Fuß des Felsenpfeilers fiel. Außer Kultsteinen und Altären fand Rothenberg rund um die Tempelfundamente jahrtausendealte rote und gelbe Tuchreste aus schwerem Woll- und Flachsgewebe. Zunächst hatte er keine vernünftige Erklärung für den Stoff, bis er einige mit Steinen ausgelegte Pfostenlöcher fand. Und die brachten ihn auf die Lösung: In den Pfostenlöchern hatten die Tragstützen eines Zeltheiligtums gestanden – »das erste dieser Art, das je entdeckt wurde«. Und weiter Beno Rothenberg: »Es gibt überzeugende Gründe, dieses Zeltheiligtum den Midianitern zuzuschreiben.« Denn »nach Ausweis des Fundmaterials im Tempel scheinen in Timna die ortsansässigen Midianiter und Amalekiter nicht nur Arbeits-, sondern auch Kultpartner der Ägypter geworden zu sein...«

Die ägyptischen Votivgaben – man fand an die 10000 Stück! – hätten sie allerdings später wieder hinausgeworfen und hinter der

Tempelmauer gestapelt, wo man sie jetzt fand. Nur ein Kultgegenstand war in der Nische an Ort und Stelle verblieben, wo ihn Rothenberg fand: Es war eine kupferne Schlange von zwölf Zentimeter Länge mit einem vergoldeten Kopf und Augen aus Blei: das Urbild der Nachasch-nechoschet des Moses.

Dieser Fund erhellt vieles am biblischen Geschehen, was bisher keinen historisch nachweisbaren Zusammenhang hatte: Die Midianiter und Moses' Schwiegervater Jitro, das Zeltheiligtum und die Schlange des Moses, ja, selbst die Schlangenzaubereien am Hof des Pharao fügen sich hier in ein sinnvolles Puzzle; denn das hebräische Wort für »Zaubern« ist mit dem Wort für »Schlange« identisch.

Im Wadi Nechuschtan sind wir offenbar Moses und seinem Kult ganz dicht auf der Spur, und die Bibel hat die Erinnerung daran bewahrt, wenn auch wieder einmal verschleiert: Sie erfindet eine Natternplage, gegen die Moses einen Abwehrzauber macht, indem er eine kupferne Schlange gießen läßt, die an die Himmelsschlange erinnert. Die »feurigen Schlangen« aber heißen in der Bibel Seraphim und sind, wie die Kerubim an der Bundeslade, kosmische Kräfte des Jahwe Zebaot.

Erfundene Gefechte

So erstaunlich genau die Ortsangaben in den Ablauf zu passen scheinen, so falsch sind die Zeitangaben. Moses und seine Schar sind von Elat aus östlich um Edom und Moab herumgezogen, weil die Herrscher beider Länder sie nicht durchlassen wollten. Die Bibel nennt als Hauptstadt von Edom Bozra. Bozra, das »Festung« bedeutet, wurde mit dem heutigen Dorf el-Busera identifiziert, das an der Königsstraße etwa auf gleicher Höhe mit Kadesch-Barnea liegt.

Als Crystal Bennett, die Leiterin der British School of Archaeology in Jerusalem, im Jahr 1971 daranging, in el-Busera zu graben, fand sie denn auch meterdicke Mauern und Reste einer Zitadelle. Zweimal war die Stadt zerstört worden und bis auf den Grund niedergebrannt. Aber nach vier Grabungskampagnen mußte sie einräumen, daß Burg und Mauern nie und nimmer aus der Zeit des Moses stammen. Vor dem Ende des 8. Jahrhunderts v. Chr. hat es in Bozra überhaupt keine Stadt gegeben, ja, nicht einmal eine Siedlung. Bozra war also erst Jahrhunderte nach Moses besiedelt worden. Das hieß, daß der König von Edom eine Erfindung der Bibel ist, denn damals gab es allenfalls kleine Stammesscheichs und die Städte waren einfache Zeltdörfer gewesen.

Zu einem ähnlich fatalen Ergebnis kam um dieselbe Zeit ein amerikanisches Team, das die Hauptstadt von Moab ausgrub. Auch der König von Moab hatte den Kindern Israel den Durchzug verwehrt. Aber als man den Tell Hesban, das biblische Hesbon, sechsundzwanzig Kilometer südlich von Amman an der Königsstraße, bis auf den Grund durchforscht hatte, mußte man auch hier feststellen, daß Hesbon erst in der zweiten Eisenzeitperiode vom Ende des 8. Jahrhunderts an eine Stadt gewesen ist. Vorher hatte es an dieser Stelle eine nur spärliche Besiedlung gegeben. Zur Zeit, als die Kinder Israel vor dem König von Moab zitterten, war der Ort völlig unbewohnt.

Das war für Siegfried Horn, den Leiter der Grabung, eine sehr große Enttäuschung, denn Horn war als Fundamentalist fest davon überzeugt, daß jedes Wort der Bibel wahr sei. Ausgerechnet er mußte nun zugeben, daß hier die biblischen Angaben nicht stimmten, deren Richtigkeit er mit seiner Ausgrabung vor aller Welt hatte beweisen wollen.

Die Konsequenzen daraus machte James Sauer, der Leiter des American Centre of Oriental Research in Amman deutlich, der an der Ausgrabung in Tell Hesban teilgenommen hatte. Das hieß zunächst, daß der biblische Bericht historisch einfach nicht zutrifft. Die Königreiche von Edom und Moab waren erst entstanden, lange nachdem die Israeliten nach Kanaan eingewandert waren. Es kann also gar keine Rede davon sein, daß sie die Gebiete von Edom und Moab meiden mußten. Da diese Reiche sehr spät entstanden sind, bedeutet das weiter, daß zumindest diese Teile der Bibel viel später geschrieben sein müssen, als man zunächst angenommen hatte, nämlich erst im 7. oder 6. Jahrhundert v. Chr. Sie spiegeln nicht die Zeit des Moses wider, sondern die Zeit der Bibelschreiber, die natürlich wußten, daß zu ihrer Zeit ein Reich Edom und ein Reich Moab existierten. Darüber hinaus kann zumindest an diesem Abschnitt der Wanderung keineswegs von einer kriegerischen Landnahme gesprochen werden; es dürfte sich eher um eine friedliche Infiltration von Nomaden gehandelt haben. Wahrscheinlich ist, daß die Israeliten einfach allmählich nordwärts zogen, bis sie zum Jordan kamen.

Man kann einwenden, daß Tell Hesban vielleicht gar nicht das biblische Hesbon ist und daß man woanders eine prachtvolle moabitische Hauptstadt hätte finden können, wenn man nur gewußt hätte, wo. Aber da auch das biblische Bozra zur selben Zeit unbesiedelt war, klingt das Argument ein wenig gesucht. Im übrigen irrt die Bibel selbst an bekannten Orten wie Jericho.

Als in den fünfziger Jahren Kathleen Kenyon im Auftrag der British School of Archaeology in Jerusalem erneut Jericho ausgrub, fand sie heraus, daß Jericho im dritten Jahrtausend eine bedeutende frühbronzezeitliche Stadt gewesen war, deren Mauern nicht weniger als siebzehnmal eingestürzt waren, bis die Stadt im Jahr 2300 v.Chr. durch eine verheerende Katastrophe zerstört worden war. Danach war das Gebiet jahrhundertelang von durchziehenden Nomaden bewohnt, bis die Stadt um 1900 v.Chr. wieder aufgebaut wurde. In der folgenden Blütezeit Jerichos entstanden die berühmten Mauern. Aber auch diese Stadt stand nicht mehr, als die Israeliten sie angeblich eroberten. Etwa um 1550 brannte Jericho erneut nieder und war seitdem nur schwach besiedelt. Es bedurfte keiner Posaunen, um die Mauern zum Einstürzen zu bringen. Was die Kinder Israel eroberten, war vermutlich eine bewohnte Ruinenstadt und blieb es bis zum 7. vorchristlichen Jahrhundert. Erst um diese Zeit war Jericho wieder eine befestigte Stadt, zu einer Zeit also, als auch Edom und Moab entstanden.

Nachdem die Israeliten unter Josua die Stadt Jericho »erobert« hatten, zerstörten sie nach dem Bericht der Bibel als nächstes die Stadt Ai, die in der Nähe des biblischen Bet-el liegt. Im Buch Josua (8) wird der Kampf ausführlich geschildert, bei dem angeblich alle 12 000 Einwohner abgeschlachtet wurden. Dann heißt es weiter: »Josua äscherte Ai ein und machte es zu einem Trümmerhaufen für ewige Zeiten, zu einer Wüstenei, die heute noch da ist. Den König von Ai aber ließ er an einen Baum hängen bis zum Abend...«

Auch davon ist kein Wort wahr. Der Name »Ha-aj« bedeutet zwar »die Ruine«, aber eben deswegen, weil sie schon zu Josuas Zeiten eine Ruine war. Das haben 1964 Ausgrabungen bei et-Tell (»Der Trümmerhügel«) ergeben, der neben Bet-el liegt und mit Ai identifiziert werden konnte. Ai wurde um 2400 v.Chr. von einem unbekannten Angreifer zerstört und blieb bis zum Beginn der Eisenzeit, also etwa um 1200, unbewohnt. Erst danach ließen sich dort wieder Herdenbesitzer und Zeltbewohner nieder.

Des weiteren berichtet die Bibel von einem König von Arad, der gegen Moses loszog. Es kam zum Kampf, einige Isrealiten wurden gefangengenommen, aber dann siegten die Kinder Israel über die »Kanaaniter« und nahmen ihre Städte ein. Als die Negevstadt Arad in den Jahren 1962 bis 1967 ausgegraben wurde, stellte sich heraus, daß auch sie um 2700 v.Chr. zerstört worden war. Erst im 11. Jahrhundert, als die Kinder Israel längst vorbeigezogen waren, entstand dort eine neue Ansiedlung.

Gegen wen wollen Moses und Josua eigentlich gekämpft und gesiegt haben? Magnus Magnusson, Rektor der Universität von Edinburgh und Präsident der Yorker Archäologischen Gesellschaft, resümiert, »daß die Zuverlässigkeit der Bibel als historische Quelle für den Versuch der Israeliten, vom östlichen Jordanufer aus in das Land der Verheißung einzudringen, einer radikalen Kritik unterzogen werden muß«.

Friedliche Besetzung

Zweifellos erzählt uns die Bibel die Geschichte einer Landnahme, die so gar nicht stattgefunden haben kann. Die Hauptstädte von Edom, Moab und Arad waren ebenso zerstört und unbesiedelt wie Jericho und Ai jenseits des Jordan. Die Israeliten konnten mit ihren Herden in ein Land einziehen, das allenfalls schwach mit Nomaden besiedelt war. Vielleicht gab es Streitereien, aber niemals einen regelrechten Feldzug oder Schlachten.

Wie sollte dies auch möglich gewesen sein? Niemand hat bisher auch nur den Ansatz einer Erklärung liefern können, wie aus Viehnomaden plötzlich Krieger geworden waren, die einen Gegner überwinden, der auf militärische Tradition, ganze Heere und Waffenarsenale zurückgreifen konnte. Mit was hätten sie denn gegen die kanaanäischen Festungsstädte angehen sollen, die »bis an den Himmel ummauert« schienen? Selbst Flavius Josephus fragte schon vor zweitausend Jahren, woher die Nomaden überhaupt Waffen gehabt haben sollen, und verfiel auf die naive Lösung, die Kinder Israel hätten sie den im Meer ertrunkenen Ägyptern abgenommen.

Andererseits werden im späteren Verlauf der Landnahme Kämpfe und Eroberungen geschildert, denen auch der archäologische Befund nicht widerspricht. So ist die Königsstadt Hazor in Nordisrael tatsächlich um die Zeit zerstört worden, als die Israeliten dort eindrangen. Man kann sogar eine regelrechte Zerstörungswelle um das Jahr 1200 feststellen, die eine Reihe von Städten und Ortschaften betraf, wobei man natürlich nie sicher sein kann, ob die Kinder Israel daran beteiligt waren, denn andere wichtige Städte blieben unzerstört, die in der Bibel erwähnt werden. Wie paßt das zusammen?

In der Wissenschaft gibt es dazu zwei konträre Auffassungen. Die einen räumen zwar ein, daß man die Bibel nicht einfach als historisch getreues Geschichtsbuch verstehen kann, doch habe die Bibel im wesentlichen recht, wenn sie die Landnahme als eine Eroberung mit der Waffe in der Hand beschreibt. Zu den Vertretern dieser These gehören vor allem israelische Forscher und die Schule um den amerikanischen Bibelarchäologen Albright. Für sie umreißt der israelische Archäologe Yigael Yadin die Position: »Angenommen, wir würden in einem Land wie Israel graben und es gäbe keine Bibel, die uns führt. Was würden wir – archäologisch gesprochen – finden? Wir stehen vor dem Phänomen, daß am Ende der späten Bronzezeit, sagen wir im 13. Jahrhundert vor Christus, verschiedene wichtige Städte durch Feuer zerstört worden sind, es folgt eine kleine Lücke, und dann beginnt auf den Ruinen dieser zerstörten Städte eine halbnomadische Besiedlung. Es ergibt sich ein klares archäologisches Bild:

Auf einen katastrophalen Umbruch folgt eine Besiedlung durch Neuankömmlinge. Nun zweifelt niemand daran, daß die Israeliten zum herrschenden Volk in Palästina wurden. Sie haben also zu irgendeiner Zeit auf irgendeine Weise das Land erobert. Das ist der Ausgangspunkt, die grundlegende Voraussetzung.«

Die anderen – so vor allem deutsche Alttestamentler – gehen von einer im wesentlichen friedlich verlaufenen Landnahme aus. Beim jahreszeitlichen Weidewechsel seien die Israeliten allmählich ins Kulturland eingesickert, allenfalls habe es am Schluß kriegerische Auseinandersetzungen gegeben. Dabei sei den Israeliten das allgemeine Chaos jener Völkerwanderungszeit zustatten gekommen, in deren Verlauf die »Seevölker« den ganzen Mittelmeerraum durcheinanderbrachten. Unter ihrem Ansturm brachen im 13. Jahrhundert ganze Reiche zusammen. Dabei hätten auch die lokalen Herrschaftsbereiche im ohnehin schwachbesiedelten Palästina den Zusammenhalt verloren und seien den israelitischen Eindringlingen ebenso ausgeliefert gewesen wie kurz darauf den Philistern, die dem Land schließlich ihren Namen gaben.

Keines der kanaanäischen Fürstentümer konnte etwas dagegen unternehmen, daß die Israeliten zunächst von den unbesiedelten Gebieten Besitz ergriffen und ihren Einflußbereich allmählich ausweiteten. Oder mit den Worten von Horst Klengel, der in seinem Buch über das vorderasiatische Nomadentum schreibt: »Die Nomaden konnten dabei die günstige politische Situation nutzen: Es fehlte eine starke auswärtige Macht, die – wie etwa die Ägypter – eine strenge Kontrolle ausgeübt hätte; die Scharen der ›Seevölker‹ drangen weiter nach Süden vor, und die kanaanäischen Fürstentümer waren durch innere Zwistigkeiten und Rivalitäten zerstritten.« Daher dürften die Nomaden ohne Kampf in Besiedlungslücken eingedrungen sein, die vor allem im Bergland lagen.

Wanderungswellen

Ein solches friedliches Einsickern setzt voraus, daß die Landnahme ein länger andauernder Prozeß war und daß verschiedene Gruppen zu verschiedenen Zeiten in Kanaan auftauchten, die das Land ganz unauffällig in Besitz nahmen. Das aber widerspricht der biblischen Darstellung, und man müßte diesen Gedanken als hypothetisch fallenlassen, wenn er nicht durch eine Aussage der Bibel gestützt würde. Das Buch der Richter, das die Zeit nach der Landnahme schildert, beschreibt im Gegensatz zum Pentateuch die Landnahme tatsächlich als einen langwierigen und mühsamen Prozeß, bei dem einzelne Stämme oder Sippen unabhängig voneinander in Kanaan Fuß faßten. Da ist keineswegs die Rede von einem ganzen Volk, das ins Land der Väter eindrang, sondern von kleineren Gruppen, die in zeitlichem Abstand vor allem ins Gebirgsland vorrückten, die Bewohner tributpflichtig machten und allmählich so zahlreich wurden, daß sie als »Volk« auftraten und sich auch als Volk empfanden.

Eine Landnahme in mehreren Wellen würde die widersprüchliche Darstellung der Wanderwege in der Bibel auf recht einfache Weise erklären. Jede Gruppe drang auf einem anderen Weg nach Kanaan ein, doch die Erinnerung machte nach bekanntem Muster daraus eine einheitliche Aktion. Ebenso fänden die widersprüchlichen Berichte über die Eroberung von Städten wie die verblüffende Tatsache eine Erklärung, daß offenbar schon vor der Eroberung Josuas Teile des Berglands um Jerusalem in israelitischer Hand waren. Im Buch Josua wird nämlich erzählt, daß Josua nach der »Eroberung« von Ai und Bet-el »ganz Israel ... alle, Fremdlinge, wie Eingesessene« zu einer Dankfeier für Jahwe nach Sichem beorderte, dem heutigen Nablus, etwa fünfzig Kilometer nördlich von Jerusalem. Nun ist nirgendwo zu lesen, daß Sichem eingenommen wurde. Auch nach dem archäologischen Befund ist Sichem in der Spätbronzezeit nicht zerstört worden. Das kann, so Jerry M. Landay, nur bedeuten, »daß Sichem die ganze Zeit über einer Gruppe von Israeliten gehörte, die entweder nie in Ägypten war oder mit einer vormosaischen Wanderungswelle ins Gelobte Land zurückgekehrt war«.

Die entscheidende Frage ist, wann eine solche »vormosaische Wanderungswelle« stattgefunden haben kann. Waren es nur Jahrzehnte, die die Züge trennten, oder muß man in größeren Zeiträumen denken? Hier geben die »Amarnabriefe«, also das Staatsarchiv des Ketzerkönigs Echnaton, eine Auskunft, die sogar eine Datierung erlaubt. In der Regierungszeit Echnatons (1364–1347) beklagte sich Abdihiba von Jerusalem beim Pharao: »Verloren geht das Land des Königs ... jetzt aber nehmen die Habiru die Städte des Königs, es bleibt kein Regent dem König, meinem Herren, alle gehen verloren.« Hier finden wir die »Habiru« wieder, die Hebräer, denen wir schon einmal begegnet sind, und sie scheinen eine große Bedrohung gewesen zu sein, denn Abdihiba schreibt weiter: »Wenn Feldtruppen nicht da sind in diesem Jahr, so gehen verloren alle Länder des Königs, meines Herrn ... Siehe, Turbazu ist getötet im Stadttor von Zilu ... siehe, Zimrida von Lakisch, ihn haben Diener geopfert, welche sich angeschlossen haben den Habiru.« Lakisch, das Lachisch der Bibel, liegt etwa fünfundzwanzig Kilometer westlich von Hebron, und darum fleht Abdihiba in einem nächsten Brief, der Pharao solle etwas gegen die Habiru unternehmen, denn »der König hat gesetzt seinen Namen im Lande von Urusalim [Jerusalem] auf ewig. So kann er nicht im Stich lassen die Länder von Urusalim!«

Auch aus dem fernen Tyrus meldet König Abi-Milki: »Der König von Hazor verließ die Stadt und vereinigte sich mit den Habiru... Der König möge wissen, daß sie [die Habiru] dem Statthalter feindlich gesinnt sind. Des Königs Land fällt in die Hände der Habiru. Der König möge den Hochkommissar fragen, der mit Kanaan vertraut ist.«

Wenn die Habiru mit den Hebräern identisch sind, dann hätte die Landnahme bereits im 14. Jahrhundert v.Chr. begonnen. Dazu meint Horst Klengel in seiner Untersuchung über das Nomadentum, erst um diese Zeit sei durch eine effektivere Produktion im kanaanäischen Kulturland ein Anreiz für die Nomaden geschaffen worden, ihre Lebensweise allmählich zu ändern. Unabhängig von den Amarnabriefen und der Erwähnung der Habiru dort schreibt daher Klengel: »Wenn man nach einem absoluten Datum sucht, an dem dieser Vorgang etwa eingesetzt haben könnte, käme die Zeit um die Mitte des 14. Jahrhunderts in Betracht.«

Die Landnahme hat sich mit seinen Worten so abgespielt: »Der Bereich, in dem sich die Israelstämme im Kulturland aufhielten, scheint vor allem das Gebirgsland westlich des Jordan gewesen zu sein. Es war damals noch mit Buschwerk bestanden und bot in den Tälern und Ebenen zwischen den Bergen zudem die Möglichkeit, in bescheidenem Umfang Ackerbau zu betreiben. Je mehr nun dieser Ackerbau an Bedeutung gewann, desto ungünstiger war das Aufsuchen der Winterweiden und desto weniger wird man Lust und Kraft gehabt haben, diese entfernten Weidegebiete gegen Stämme zu verteidigen, die dorthin nachdrängten.

Auch wenn man – etwa als Bespannung – Rinder zu halten begann, band das an das Kulturland. Zunächst dürfte den wachsenden Landbedarf noch die Rodung befriedigt haben; es mag diesem Stadium der ›Landnahme‹ noch einen im wesentlichen friedlichen Charakter verliehen haben. Zwar gab es gewiß auch schon gelegentlich Zusammenstöße mit den seßhaften Bewohnern Palästinas, doch gewannen diese offenbar erst dann an Schärfe, als – etwa gegen Ende des 2. vorchristlichen Jahrtausends – die letzte Etappe, die eigentliche ›Landnahme‹ begann. Die Expansion erfolgte aus den politisch weniger organisierten Bereichen des Landes in Richtung auf die Zentren der seßhaften kanaanäischen Bevölkerung.«

Man darf sich allerdings keine gemeinsamen Aktionen der Israeliten vorstellen. Gemeinsam haben immer nur einzelne Gruppen gehandelt. Aber – so wieder Klengel – »je heftiger der Widerstand war, den die eingesessene Bevölkerung den Zuwanderern entgegensetzte, desto mehr schlossen sich diese zusammen«. Erst mit der Landnahme entstand demnach ein Volks- und Nationalbewußtsein der Israeliten.

Neue Lage

Das ist nun ein ganz anderes Bild, als es uns die Bibel vermittelt, und es wird verständlich, warum konservativere Gelehrte wie Albright an der biblischen Darstellung und einem Exodus um 1250 festhalten, weil nämlich »ein früheres Datum für die entscheidende Besetzung des Landes nicht möglich scheint, wenn wir nicht die Geschichtlichkeit der hebräischen Überlieferung über die Eroberung des Landes fast ganz aufgeben wollen«. Das aber ist nicht mehr zu retten, und Abraham Malamat konstatiert, die widersprüchliche Darstellung der Bibel »verbietet es uns somit, die literarische Überlieferung der Bücher Numeri, Josua und Richter als einen verläßlichen historischen Bericht oder eine chronologisch einwandfreie Darstellung der Eroberung und Seßhaftwerdung zu akzeptieren«.

Am wahrscheinlichsten ist demnach eine zunächst friedliche Infiltration Kanaans in verschiedenen Wellen, die sich vom 14. bis zum 12. Jahrhundert hinzog und die gegen Ende zu kriegerischen Auseinandersetzungen und Kämpfen führte. Was die Bibel wie mit einem Zeitraffer dramatisch zusammenzieht, war in Wirklichkeit auf einen längeren Zeitraum und auf verschiedene Gruppen verteilt.

Doch wann und wo bringen wir Moses unter? Wenn die Landnahme tatsächlich in verschiedenen Wellen und mit verschiedenen Gruppen erfolgte, kann Moses weniger denn je als *der* historische Führer der Israeliten bezeichnet werden. Er war ein Nomadenführer neben anderen. Im Grunde bestand gar kein Anlaß, gerade ihn zum Helden zu machen.

Bereits in einem anderen Zusammenhang war deutlich geworden, daß die Bibel den Moses bestimmt nicht wegen seiner Führungseigenschaften so stark in der Erinnerung behalten hat, sondern als »Mann Gottes«, der seinem »Volk« einen eigenen Gott als Retter in der Not mitbrachte, mit ihm einen Bund schloß und von ihm die Gebote erhielt. Wir hatten dabei den einen Gott des Moses mit dem Atonkult Echnatons in Verbindung gebracht und den Exodus unter Moses deshalb in der Zeit nach 1350 v. Chr. angesetzt, also rund hundert Jahre früher, als man gemeinhin annimmt. Das hatte seine innere Logik, widersprach aber eindeutig den biblischen Angaben, die von einem Auszug unter Ramses II. berichten.

Wir haben in diesem Kapitel gesehen, wie großzügig die Bibel mit historischen Bezügen umgeht und aus zeitlich hintereinander liegenden Besiedlungswellen einen einzigen Feldzug macht. Nichts hindert uns, auch bei der Beschreibung »des« Exodus die gleiche Großzügigkeit anzunehmen. Danach wäre die Abwanderung aus Ägypten als eine geraffte Zusammenfassung mehrerer Wellen aufzufassen, die wir ohnehin schon vermutet hatten. Ein Auszug mag tatsächlich unter Ramses II. erfolgt sein. Den Exodus unter Moses und die Abwanderung nach den »Plagen« könnten wir getrost früher ansetzen, ohne dem Zeitplan der Landnahme zu widersprechen. Der logische und zeitliche Zusammenhang bliebe gewahrt. Für Moses aber kam das Ende, als die »Sandläufer« zu Seßhaften wurden. Die Legende programmierte den Tod des Helden.

Tod und Verwandlung des Moses

Der Tod des Moses widerspricht allem, was die Bibel bisher über den »Mann Gottes« erzählt hat. Man würde bei ihm, der das Angesicht Gottes gesehen und mit Gott gesprochen hat, einen besonderen Tod erwarten. Er, der das Volk aus Ägypten ins verheißene Land führen sollte, hätte die Erfüllung seiner Wünsche und auch einen Tod im Land Kanaan verdient. Trauer und Verehrung hätten in der Überlieferung eigentlich an den Platz erinnern müssen, wo dieser denkwürdige Mann begraben liegt.

Aber nichts dergleichen erzählt die Bibel. Kurz vor dem ersehnten Ziel wird Moses wegen einer Verfehlung mit dem Tod bestraft. Das Gelobte Land vor Augen, stirbt er auf dem Berg Nebo, Gott selbst begräbt ihn, »...aber niemand hat sein Grab erfahren bis auf den heutigen Tag«. Das Ende ist so legendär wie der Anfang. Aber auch Legenden wollen etwas aussagen.

Der Nachfolger

So dient die Geschichte vom Tod des Moses zunächst einmal dazu, den Nachfolger einzuführen. Die Begründung ist einfach und einleuchtend: Moses ist alt und am Ende seines Lebens. »Ich bin heute einhundertzwanzig Jahre alt, ich kann nicht mehr aus und ein gehen«, läßt ihn die Bibel sagen und fügt den Ausspruch Jahwes hinzu, »den Jordan hier sollst du nicht überschreiten«. Daraufhin ruft Moses Josua, den Sohn Nuns, aus dem Stamme Efraim und übergibt ihm vor dem versammelten Volk die Nachfolge: »Sei getrost und unverzagt; denn du wirst dies Volk in das Land bringen, das Jahwe ihren Vätern zugeschworen hat.«

Man nimmt das so hin, denn nach den Berichten der Bibel hat Josua in der Tat mit den Israeliten den Jordan überschritten und Kanaan eingenommen. Aber seltsam ist es schon, denn wer ist überhaupt dieser Josua? Selbst dem aufmerksamen Bibelleser ist er bisher nur recht sporadisch begegnet. Er wird einmal beim Kampf gegen die Amalekiter bei Refidim als Heerführer erwähnt, dann als Begleiter beim Aufstieg zum Gottesberg und schließlich als einer der Kundschafter ins Land Kanaan, als er noch Hosea hieß; erst von Moses wurde er in Josua umbenannt. Nirgends spielt er eine besondere Rolle oder tritt als designierter Nachfolger des Moses hervor.

Erst im Josuabuch, das die Landnahme beschreibt, gewinnt der Name Glanz. Die Gelehrten vermuten daher auch hier, daß Josua erst nachträglich in die Mosesgeschichten eingefügt worden ist, um ihm Hintergrund und Autorität zu verschaffen. Das hieße aber, daß Moses ursprünglich gar keinen Nachfolger bestellt hat oder doch nicht diesen Josua. Der Bibel geht es hier offensichtlich um die Trennung von geistlicher und politischer Führung, die bei Moses noch in einer Hand vereint war. Nun ist sie aufgespalten: Aarons Sohn steht für die geistliche Herrschaft der Leviten, Josua für Landnahme und Kampf.

Die Todsünde

Die Geschichte verfolgt aber noch eine zweite Absicht. Es heißt, daß Moses uralt war – eigentlich eine ausreichende Begründung für sein Sterben. Statt es nun dabei bewenden zu lassen, daß Moses tragischerweise kurz vor dem Ziel zu seinen Vätern versammelt wurde, erleidet er den Tod wegen einer besonderen Schuld, die nicht einmal genauer erklärt wird. So schreibt der Elohist, Aaron und Moses mußten sterben, weil sie sich inmitten der Israeliten beim Haderwasser von Kadesch in der Wüste Zin gegen Jahwe vergangen hätten, aber worin die Schuld im einzelnen bestand, wird nicht gesagt. Die entsprechende Geschichte fehlt auch in den Kadesch-Erzählungen. Ähnlich ungenau ist der Bericht des Priesterkodex, der den Tod des Moses auf eine sonst nicht geschilderte Widerspenstigkeit des Moses bei Kadesch zurückführt.

Daß das unbefriedigend ist, haben auch die jüdischen Sagen gemerkt, denn sie lassen Moses ausführlich mit Jahwe darüber diskutieren. Moses kann es gar nicht fassen: »Gebieter der Welt! Vergeblich hat also mein Fuß die Wolken getreten, vergeblich rannte ich wie ein Roß deinen Kindern voran; auch mein Ende soll bei den Würmern sein?« Jahwe hält dagegen, daß bisher alle Menschen gestorben seien, auch Adam und die Erzväter, aber das will Moses nicht akzeptieren, denn schließlich hätten sie keine Lehre von Gott empfangen, wohl aber er. Jahwe reagiert darauf unwillig mit dem Befehl: »Es ist genug! Rede kein Wort mehr mit mir!« Aber Moses bettelt ungerührt weiter und will nicht einsehen, weshalb er wegen einer einzigen Sünde vorzeitig sterben soll: »Ich bin einer, und der Kinder Israel sind sechzig Myriaden; wieviel Mal hatten sie Sünde vor dir getan, und jedesmal, wenn ich für sie um Vergebung bat, vergabst du ihnen. Auf sechzig Myriaden sahst du hin, und auf mich siehst du nicht hin!... Gebieter der Welt! Steh auf von dem Stuhl der Strenge und setze dich auf den Stuhl der Milde.« Aber Jahwe bleibt hart: »Der Tod ist den Geschöpfen von alters her bestimmt.«

Daraufhin geht Moses zu den Sternen und den Planeten, zu den Bergen und Höhen und zu den Geistern, aber sie alle können ihm nicht helfen, und Moses hadert: »... das Angesicht, das von dem hehren Schein deiner Majestät widerglänzte, die Hände, die die Lehre von deiner Hand empfangen haben – das soll alles zu Staub werden?« Schließlich fragt Jahwe mitleidig: »Worüber grämst du dich so bitter?« Die Antwort, die Moses gibt, ist rührend einfach. Moses, der große alte Mann, hat ganz einfach Angst vor dem Tod: »Ich fürchte mich vor dem Würgeengel!«

Warum muß die Bibel ihren »Mann Gottes« am Schluß noch mit einer unverzeihlichen Sünde diffamieren, einer Sünde, von der der Jahwist, der älteste Chronist, auch gar nichts weiß? Hätte sie ihn nicht ruhig sterben lassen können, statt ihm noch eine solche »Todsünde« anzudichten?

Der Vatermord

Hier gibt es einen sehr spekulativen, aber höchst interessanten Deutungsversuch, den schon der junge Goethe vehement vertreten hat, ohne ihn beweisen zu können: die Ermordung des

Helden. Das klingt verwegen und scheint auf den ersten Blick keinerlei Rückhalt in der Bibel zu finden. Aber wenn man nach Gründen sucht, die eine solche These rechtfertigen könnten, bietet sich tatsächlich einiges an.

Auffällig ist bereits das gespannte Verhältnis zwischen Moses und seinen Leuten. Wieder und wieder ist das Volk unzufrieden, und nicht nur einmal ist die Rede davon, daß Moses Angst hat, gesteinigt, d. h. umgebracht zu werden. Moses soll abgesetzt und ein anderer Anführer gewählt werden. Warum sollte das nicht eines Tages wirklich passiert sein? Man hatte das Zutrauen in diesen Mann verloren. Entbehrungen, Hunger, Durst und keine Aussicht, irgendwo und irgendwann ein besseres Leben führen zu können, haben die Verzweiflung des Volkes bis zum Mord gesteigert.

So jedenfalls argumentierte Goethe, der in Moses einen »trefflichen Mann«, aber einen Versager sah, »nicht zum Denken und Überlegen geboren«, mit »noch weniger Feldherrn- als Regententalent«, ein »trübsinniger, in sich selbst verschlossener Mann«, der mehr auf dem Angesicht lag, statt auf seinen Füßen zu stehen, weil er »sich wieder einmal nicht zu helfen« wußte. »Und wir müßten uns sehr irren«, schrieb Goethe, »wenn nicht Josua und Kaleb die seit einigen Jahren ertragene Regentschaft eines beschränkten Mannes zu endigen und ihn so vielen Unglücklichen, die er vorausgeschickt, nachzusenden für gut gefunden hätten, um der Sache ein Ende zu machen und mit Ernst sich in den Besitz des ganzen rechten Jordanufers und des darin gelegenen Landes zu setzen.«

Das ist alles, was Goethe zum Mord an Moses sagt. Dabei hätte er als weiteres Indiz für ein gewaltsames Ende leicht die Tatsache anführen können, daß nicht das Volk, sondern angeblich Gott Moses begrub und daß die Israeliten nicht einmal wußten, wo das Grab war: Seinen Befreier behält man anders im Gedächtnis als einen Mann, von dem man sich befreit hat.

Die Erinnerung an einen Helden schmückt dessen Leben in der Regel mit heroischen Details aus und macht es immer prachtvoller. Die Erinnerung an Mord und Schuld dagegen wird verdrängt, und wenn das nicht vollständig gelingt, so wird der

Ermordete zum Schuldigen, indem er negative Züge erhält, die den Mord rechtfertigen. Das könnte erklären, warum die Gestalt des Moses in der Bibel so wenig positiv gezeichnet ist und warum der Tod des Moses mit einer Todsünde verknüpft wurde, die freilich nicht er, sondern andere begangen hätten.

Mit solchen psychologischen Argumenten bewegen wir uns bereits in den Gedankengängen Sigmund Freuds, der ebenfalls, wenn auch aus anderen Gründen, den Mord an Moses für wahrscheinlich hielt. Auch Freud verweist auf die »Kette von ernsthaften Empörungen gegen seine Autorität«, sieht aber das Motiv für den Mord an Moses woanders: »Moses wie Ikhnaton« – gemeint ist Echnaton – »fanden dasselbe Schicksal, das aller aufgeklärten Despoten wartet. Das Judenvolk des Moses war ebensowenig imstande, eine so hochvergeistigte Religion zu ertragen, in ihren Darbietungen eine Befriedigung ihrer Bedürfnisse zu finden, wie die Ägypter der 18ten Dynastie. In beiden Fällen geschah dasselbe, die Bevormundeten und Verkürzten erhoben sich und warfen die Last der ihnen auferlegten Religion ab. Aber während die zahmen Ägypter damit warteten, bis das Schicksal die geheiligte Person des Pharao beseitigt hatte, nahmen die wilden Semiten das Schicksal in ihre Hand und räumten den Tyrannen aus dem Wege.«

Freud interessiert dabei nicht so der aktuelle Anlaß zum Mord, sondern dessen psychische Folgen, die er analog zur Entstehung und Entwicklung der Neurosen aufzeigt. Er geht davon aus, daß die Masse der Menschen ein starkes Bedürfnis nach Autorität hat. Dieses Bedürfnis »ist die Sehnsucht nach dem Vater, die jedem von seiner Kindheit her innewohnt, nach demselben Vater, den überwunden zu haben der Held der Sage sich rühmt«. Und so, wie das Kind den Vater als »großen Mann« sieht und ihm vertraut und alles zutraut, so sieht der Erwachsene wiederum im »großen Mann« den Vater.

Ein solches »gewaltiges Vatervorbild« sei nun auch Moses gewesen, der sich »zu den armen jüdischen Fronarbeiten herabließ, um ihnen zu versichern, daß sie seine lieben Kinder seien. Und nicht minder überwältigend muß die Vorstellung eines einzigen, ewigen, allmächtigen Gottes auf sie gewirkt haben,

dem sie nicht zu gering waren, um einen Bund mit ihnen zu
schließen, und der für sie zu sorgen versprach, wenn sie seiner
Verehrung treu blieben. Wahrscheinlich wurde es ihnen nicht
leicht, das Bild des Mannes Moses von dem seines Gottes zu
scheiden...«

Als die Israeliten sich gegen die Autorität des Moses auflehn-
ten und ihn umbrachten, hatten sie nicht irgendeinen Mann
erschlagen. Der Aufstand gegen Moses, so Freud, war der
Aufstand gegen die Autorität des Vaters, so wie einst in der
Urhorde die Nachwachsenden den wirklichen Vater umgebracht
hatten. Die einen töteten bewußt den Vater, die anderen in
Moses unbewußt das Vaterbild. Mit der späten Reue wurde das
Vaterbild idealisiert und auf Gottvater übertragen.

Es wäre gewiß reizvoll, die Gedanken Freuds weiter zu verfolgen, denn die Geschichte des Mannes Moses dient ihm vor allem
dazu nachzuweisen, daß sich »die Religion auf eine Menschheits-
neurose reduziert und ihre großartige Macht in der gleichen
Weise aufklärt wie den neurotischen Zwang« bei seinen Patien-
ten. Aber das ist ein anderes Feld, und wer will, kann es in
Freuds *Totem und Tabu* und *Der Mann Moses* nachlesen.

Uns kann hier nur Motiv und unmittelbare Wirkung des
Mordes interessieren, wie sie Freud darstellt, wobei das Ganze
ebensowenig beweisbar oder widerlegbar ist wie so vieles, was
wir über das Leben dieses Mannes erfahren oder vermuten. Doch
wenn wir den Mord am Helden für möglich halten und wenn die
Israeliten die traumatische Erinnerung an den Mord verständ-
licherweise unterdrückten und die Schuld nicht bei sich, sondern
bei Moses suchten, dann würde das in der Tat erklären, warum
der Held der Geschichte so viel von einem Antihelden an sich
hat. In den letzten Zeilen über das Leben dieses Mannes läge
dann das Motiv versteckt, warum die Bibel ihn so und nicht
anders geschildert hat. Weil man eine Schuld verdrängte, deutete
man um.

»Die poetischen ausgeschmückten Darstellungen«, schreibt
daher Freud, »die wir dem Jahvisten und seinem späteren Kon-
kurrenten, dem Elohisten, zuschreiben, waren wie die Grabbauten, unter denen die wahre Kunde von jenen frühen Dingen, von

der Natur der mosaischen Religion und von der gewaltsamen Beseitigung des großen Mannes, dem Wissen späterer Generationen entzogen, gleichsam ihre ewige Ruhe finden sollte.« Und so beschreibt der Jahwist den Tod dieses großen Mannes, dessen Leben und dessen Wirken die Menschen nun schon seit dreitausend Jahren beschäftigen: »Und Mose stieg aus dem Jordantal der Moabiter auf den Berg Nebo, den Gipfel des Gebirges Pisga, gegenüber Jericho. Und Jahwe zeigte ihm das ganze Land: Gilead bis nach Dan und das ganze Naftali und das ganze Land Efraim und Manasse und das ganze Land Juda bis an das Meer im Westen und das Südland und die Gegend am Jordan, die Ebene von Jericho, der Palmenstadt, bis nach Zoar. Und Jahwe sprach zu ihm: Dies ist das Land, von dem ich Abraham, Isaak und Jakob geschworen habe: Ich will es deinen Nachkommen geben.

Du hast es mit deinen Augen gesehen, aber du sollst nicht hinübergehen. So starb Mose, der Knecht Jahwes, daselbst im Land Moab nach den Worten Jahwes.

Und er begrub ihn im Tal, im Lande Moab gegenüber Bet-Peor. Und niemand hat sein Grab erfahren bis auf den heutigen Tag...«

Das Gesetz der Wüste

Für die Geschichte des Volkes Israel ist der Tod des Moses eine entscheidende Zäsur. Exodus und Wüstenzeit sind beendet, die Landnahme beginnt. »Moses, mein Knecht, ist tot«, sagt daher Jahwe zu Josua, »nun auf und zieh über den Jordan da, du und dieses ganze Volk...« Fast schwingt so etwas wie Ungeduld mit, als habe Moses die Landnahme bisher verhindert – vielleicht, weil er die Strapazen fürchtete oder dem ganzen Unternehmen keine Chancen gab, vielleicht aber auch, weil er niemals vorgehabt hatte, nach Kanaan zu ziehen.

Denn sooft die Bibel auch im nachhinein vom Gelobten Land Kanaan spricht – Moses selbst hat offenbar nichts getan, um dieses Ziel zu erreichen. Sein Ziel hatte viel näher gelegen. Wenn es stimmt, daß Moses zusammen mit den anderen Geboten auch befohlen hatte »Du sollst kein Haus begehren«, dann war sein Ziel das Nomadenleben in der Wüste und nichts anderes. In die Wüste hatte er seine Schar nach der Flucht aus Ägypten geführt, und dort sollte sie auch bleiben. Es war die Welt, die Moses als Viehhirte in Midian kannte, es war die gleiche Welt, aus der die Kinder Israel einst als »Sandläufer« gekommen waren, bevor sie sich an den Fleischtöpfen Ägyptens niedergelassen hatten.

Als sich dann die einzelnen Gruppen in Kadesch-Barnea sammelten und sich nach langen Jahren mit dem neuen Gott des Moses stark genug fühlten, nach einem bequemeren Leben im Kulturland Ausschau zu halten, muß es zwangsläufig zum Konflikt gekommen sein. »Warum habt ihr die Gemeinde Jahwes in diese Wüste da gebracht, daß wir samt unserem Vieh hier sterben? ... in eine Gegend, wo keine Saat, kein Feigenbaum, kein Weinstock, kein Granatapfel gedeiht...?« meutern sie am Haderwasser bei Kadesch.

Es ist eine der üblichen Rebellionen, wie sie dutzendmal in der Bibel beschrieben werden. Und doch muß dort mehr geschehen sein, denn als Begründung für den Tod des Moses gibt die Bibel an: »Ihr habt euch an mir versündigt unter den Kindern Israel bei dem Haderwasser zu Kadesch in der Wüste Zin, weil ihr mich nicht heiliget inmitten der Kinder Israel.«

Mehr sagt die Bibel nicht. Aber ist es nicht denkbar, daß die Israeliten am Haderwasser drauf und dran waren, gegen das göttliche Gebot des Nomadentums zu verstoßen, indem sie nach Kanaan aufbrachen, um seßhaft zu werden? Solange Moses lebte, war das nicht möglich – ein Grund mehr für den »Vatermord«. Wie auch immer, die Bibel jedenfalls stellt den Tod des Moses in einen engen Zusammenhang mit dem Haderwasser und dem Aufbruch ins Gelobte Land, das Moses gar nicht erreichen wollte, weil er längst angekommen war. Die Aufgabe des Moses hatte sich in der Wüste erfüllt, er hatte bereits sein Ziel erreicht. Nicht Moses, »der ägyptische Mann«, wollte und sollte die Israeliten nach Kanaan bringen; die Israeliten suchten vielmehr nach dem Tod des Moses und gegen sein Gebot dort ihre neue Heimstatt.

Die Tradition freilich hat die historischen Ereignisse auch hier umgedeutet, indem sie alles in einen göttlichen Heilsplan verwandelte und dadurch dem Judentum seine eigene unverwechselbare Geschichte gab.

Moses der Hebräer

Moses ist historische Person und Erfindung zugleich. Wie beim Porträt eines Kubisten geht es in der Bibel nicht um fotografische Treue, sondern um das Charakteristische, dargeboten und verschlüsselt in einer spezifischen Optik. Ein solches Gemälde bildet nicht ab, sondern sagt aus. Es macht den Porträtierten zu einem Geschöpf des Malers, ohne ihm das Einmalige seiner Person zu nehmen. Man erkennt ihn auf dem Bild wieder, aber nicht so, wie er in Wirklichkeit aussieht.

Echt an der Mosesgestalt der Bibel ist sein ägyptischer Name, denn hätten die Israeliten sich ihren Helden erfunden, hätten sie ihm einen jüdischen Namen gegeben, wie ihn angeblich auch seine Eltern trugen. Sicher ist auch, daß Moses keine Israelitin zur Frau hatte, ganz gleich, ob es nun Zippora oder die Kuschitin war: Dem idealen Heros, dem ein Volk seine Identität verdankt oder zuschreibt, hätte man diesen Makel erspart. Die Legendenbildung versucht hier nicht einmal eine Vertuschung oder Korrektur.

Und auch wenn es den Juden nicht recht und den Christen verwunderlich ist: Der Mann Moses war gewiß kein Jude, sondern ein Ägypter. Die Analyse seiner Geburtslegende, der Hinweis auf den »ägyptischen Mann« in Midian, seine Verbindung zu den Leviten, die im Gegensatz zu den anderen Stämmen vom Landbesitz in Kanaan ausgeschlossen waren, sein vom ägyptischen Atonkult geprägtes Gottesbild – das alles ist wie mit Widerhaken in der Geschichte befestigt und spricht für die Richtigkeit dieser auf den ersten Blick verblüffenden These.

Daß dieser für ein jüdisches Nationalepos durchaus ungeeignete Mann dann doch zum Helden wurde, verdankte er seinem neuen Gott Jahwe, dessen Name und Offenbarungsstätte er aus Midian hatte, dessen Charakter er aber vom ägyptischen Kult übernahm und den er nun als den rettenden und schützenden Gott der Väter pries. Mit Gesetz, Bund und Kult gab er seinen Anhängern in der Wüste ein neues Selbstbewußtsein und ein neues Gefühl, trotz aller Widrigkeiten besonders begünstigt und erwählt zu sein. Was diesen Mann auszeichnete, war seine Überzeugung und visionäre Kraft, nicht seine Qualität als Führer in ein neues Land.

Doch die spätere Erinnerung an ihn begann die Gewichte zu verschieben. So wie man die auf längere Zeit verteilten Einwanderungswellen nach Palästina zu einem einzigen Eroberungszug unter Josua verdichtete und aus einzelnen Gruppen gleich ein ganzes Volk machte, so wurden auch die verschiedenen Auswanderungszüge aus Ägypten zu einem großen, gemeinsamen Exodus unter Moses zusammengezogen und die unterschiedlichen Motive vermischt.

Waren die einen wegen der Plagen, die anderen wegen der Fronarbeit und die dritten wegen des neuen, aber verfemten Kults aus Ägypten ausgewandert, so wurde nun alles zu einem großen Ereignis verschmolzen: Die Fron wurde zum Anlaß, die Plagen zum spektakulären Rahmen und der neue Kult zum Ergebnis umgemünzt. Dabei erhielt Moses in der Tradition eine zentrale Stellung. Da sich sein Jahwekult später als das einigende Band der israelitischen Stämme erwies und aus ihnen ein Volk machte, wurde dieses Ergebnis auf Moses zurückprojiziert. Der Verkünder einer neuen Lehre wurde nun auch zum nationalen Repräsentanten und Volksführer.

Je mehr Gestalten sich in ihm vereinigten und je mehr er zur Symbolfigur wurde, desto stärker wurde seine wahre Biographie überdeckt. Nur noch einzelne Erinnerungsfetzen zeigen die Bruchstellen zwischen der tatsächlichen und der fiktiven Geschichte. Der Ägypter Moses wurde allmählich zum Hebräer, so wie sein Jahwe zum Gott der Israeliten geworden war.

Die Legende gab ihm hebräische Eltern, und nun lief alles wie in einem Spiegel seitenverkehrt ab, der historische Moses begann hinter seiner eigenen Legende zu verschwinden. Der verfolgte Anhänger des Atonkults wurde zum Befreier der Israeliten, der Flüchtling wurde zum Volksführer. Und wo er einst entschieden und gehandelt hatte, war es in der biblischen Geschichte nun Gott, der seinem Knecht Moses Anweisungen gab. Nicht Moses hatte unterwegs versagt und war hilflos gewesen, schuld hatte jetzt das Volk, das ihm und seinem Gott nicht vertraute; und Gott, nicht Moses, war an diesem Volk verzweifelt und wollte es aufgeben, und es war Moses, und nicht Gott, der für dieses Volk eintrat und von Gnade sprach.

Wirklichkeit, Legende und Glaube vermischten sich und schufen so einen Befreier und Erretter, den man über die Menschen hinaushob: »Es ist um Moses willen, daß die Welt geschaffen wurde«, heißt es in den jüdischen Sagen, und: »Unser Meister Mose, der der Mann Gottes genannt wird, war von den Hüften abwärts wie ein Mensch, von den Hüften aufwärts aber wie ein Engel Gottes gestaltet.«

Die Gestalt, die wir im Abstand der Jahrtausende heute noch erkennen können, hat freilich andere Umrisse. Auch wenn viele Züge nur Mutmaßungen über Moses bleiben müssen, können wir uns jetzt die Zeit, die Umstände und die Motive des Mannes besser vorstellen, dessen Name unlösbar mit den Zehn Geboten und dem *einen* Gott verbunden ist, der am Anfang des jüdischen Volkes stand und der auch der Gott Jesu war.

ANHANG

Zitatnachweis und Anmerkungen

Bibelzitate werden nach der Abkürzung der Bücher zitiert: 1. Moses = Genesis = Gen; 2. Moses = Exodus = Ex; 3. Moses = Leviticus = Lev; 4. Moses = Numeri = Num; 5. Moses = Deuteronomium = Deut

Die Zahlenangaben verweisen auf die Seiten.

Moses der Ägypter

Der biblische Bericht

Legende und Spiegelbild: der Findling

»Kehat zeugte Amram...«: Num 26,58f
23 »Amram nahm Jochebed...«: Ex 6,20
»Du sollst mit...«: Lev 18,12
»denn sie sprach...«: Ex 2,10. Zum Für und Wider des ägyptischen Namens bei Smend »Mosesbild«, S. 23–25
24 Josefserzählung: Gen 41,43f
25 »als sie ihn...«: Ex 2,3f
26 »Sargon, der mächtige...«: *Ancient Near East Texts,* zitiert nach Freud *Studienausgabe* IX, S. 462
27 »Dem Eroberer, Staatengründer...«: Elisabeth Frenzel *Motive der Weltliteratur.* Stuttgart 1976, S. 344. Ähnlich Rank bei Freud *Studienausgabe* IX, S. 461. (Vgl. Otto Rank *Der Mythos von der Geburt des Helden – Versuch einer psychologischen Mythendeutung.* Leipzig 1922²
»Hier ist die...« und folgende: Freud *Studienausgabe* IX, S. 464ff.
– Thomas Mann gibt in seiner Erzählung *Das Gesetz* eine neue, wenn auch nicht belegbare Variante der vornehmen Abstammung des Moses: Die Pharaonentochter verführt einen Hebräer, »neckt seine Mannheit auf«, bekommt ein Kind, verbirgt es im Schilfkörbchen und tut dann so, als wenn sie es findet; und, so Th. Mann, »seine leibliche Mutter, Pharaos Kind, die ihn ins Schilf geboren, ein zwar lüsternes, aber nicht gemütloses Ding«, gibt das Baby an Jochebed zur Pflege.
30 »Sie wurden nämlich...«: Num 26,62. – Zur wirtschaftlichen und politischen Vorherrschaft der Leviten z.B. G. Cornfeld, G. J. Botterweck *Die Bibel und ihre Welt.* Bergisch Gladbach 1969, II, 1207: »Diese Maßnahme sollte vielleicht verhindern, daß die Leviten eine ähnliche wirtschaftliche und politische Vorherrschaft gewännen wie die ägyptische Priesterschaft.«
»es ist nicht glaubhaft...«: Freud *Studienausgabe* IX, S. 488; vgl. auch IX, S. 466. – Interessanterweise wird Moses im 5. Buch Moses auch nicht als Levit bezeichnet, er segnet aber die Leviten: Deut 33,8–11
31 »viel fremdes Volk«: Ex 12,38

Mord und Flucht
32 »Zu der Zeit...« und folgende: Ex 2,11ff
35 »Warum seid ihr...«: Ex 2,18
»gab Mose seine...«: Ex 2,21
»um seiner Frau willen...«: Num 12,1. – Buber schreibt in seinem *Moses,* S. 200: »ich stimme der Auffassung zu, daß hier ein mit Midian zusammenhängender (Habakuk 3,7) Stamm namens Kuschan gemeint ... ist. Keineswegs aber ist das Wort dahin zu verstehen, daß Zippora, wie Gressmann (Mose, S. 272f, ›Die

Anfänge Israels‹ [in: *SAT* I 2, Göttingen 1922²], S. 96) meint, hier
zugleich mit dem Nebensinn als ›Negerweib‹… geschmäht werde,
denn die am Rande der Welt hausenden, merkwürdigen Äthiopier
sind zwar für die biblischen Schriftsteller ein Anlaß zu Bildern und
Gleichnissen, aber der Volksname klingt nie an ein Schimpfwort
an.« Bubers Hinweis auf Habakuk meint einen dort erwähnten
Stamm, der auch 2. Chronik 14,8–14 und 21,16 erwähnt wird. Das
Lexikon *Die Bibel und ihre Welt* definiert dagegen ohne Einschrän-
kung: »Kusch: biblischer Terminus für Äthiopien, auch für Menschen Südägyptens überhaupt« (II, 1765). Übrigens lag für Ägypten Kusch durchaus nicht so am Rande der Welt, wie Buber
behauptet.

Thomas Mann griff in seiner Erzählung *Das Gesetz* die Geschichte
mit der Kuschitin auf und machte sie als Mohrin zur Nebenfrau
neben Zippora: »In ihrer Art war sie ein prachtvolles Stück, mit
Bergesbrüsten, rollendem Augenweiß, Wulstlippen, in die sich im
Kuß zu versenken ein Abenteuer sein mochte, und einer Haut
voller Würze. Mose hing gewaltig an ihr um seiner Entspannung
willen…« Und als man Moses deswegen Vorhaltungen machte, ist
Thomas Manns Moses entrüstet: »Wie häßlich aber von euch, wie
gar sehr häßlich, daß ihr mir meine Lust mißgönnt und die
Entspannung an meiner Mohrin Brüsten! Denn das ist keine Sünde
vor Gott…«

36 »vierzig Jahre lang…« und folgende: Bin Gorion, S. 428 f und 432 f
38 Söhne des Moses: Ex 2,22 und 18,4. Eleasar: Num 3,17
Reguël, Jitro und Hobab: Neben Jitro wird in Ex 2,16–22 auch
Reguël als Schwiegervater des Moses genannt. Hobab als Schwiegervater in Num 10,29, Richter 1,16 und 4,11. Ein späterer Zusatz
in Num 10,29 macht Hobab dann zum Sohn Reguëls.
41 »Es fällt schwer…«: Smend *Jahwekrieg*, S. 96. Das volle Zitat
lautet: »Es fällt schwer, angesichts dessen die sogenannte Midiani-
ter- oder Keniterhypothese abzulehnen, nach der Jahwe ursprünglich der Gott der Midianiter bzw. Keniter war und durch Mose
zum Gott der aus Ägypten Herausgeführten wurde.« – Ich habe
die Keniterhypothese vorn im Text ausgelassen, da sie nur eine
Variante von Midian darstellt: Hobab, nach Num 10,29 und
Richter 1,16 und 4,11 Schwiegervater des Moses, wird da als
Keniter eingeführt. Wie Keniter und Midianiter zueinander standen, ist unbekannt. Oft werden die Keniter eine Untergruppe der
Midianiter genannt. Die Keniter leiten sich übrigens von Kain ab,
und da Kain als Schmied gedeutet wird (Gen 4,22), wären die
Keniter Schmiede gewesen. Dadurch besteht eine mögliche Verbindung zu den Kupfergruben von Serabit el-Chadem, die Moses auf
der Wüstenwanderung aufsuchte.

»Land der Schasu jhw« wird in den topographischen Listen Ame-
nophes III. und Ramses II. genannt.
»Nach Ausweis des...«: Rothenberg *Timna*, S. 97

Der Auftrag

Der neue Gott

45 Zahlenangaben der jüdischen Sagen: Bin Gorion, S. 431f und 435
47 Achtzehnjähriger Moses: Bin Gorion, S. 427f: Neun Jahre dauerte
die Belagerung, ehe Moses Mohrenkönig wurde, vierzig Jahre war
er König, mit 67 wurde er fortgeschickt; 67–49 = 18
48 »Mose aber hütete...« und folgende: Ex 3,1ff
Dornbusch: Der *Dictamnus albus* ist in Mittel- und Südeuropa
verbreitet, in Deutschland aber nur noch selten auf Trockenhängen
und in lichten Wäldern anzutreffen. Er gilt als Leitpflanze der
Steppenheide. Auch Diptam oder Spechtwurz genannt, gehört er
zu den Rautengewächsen und wird etwa einen Meter hoch. Was
man dagegen »Dornbusch« nennt, ist eine drei bis fünf Meter hohe
Gehölzformation der semiariden Tropen und Subtropen, die keine
entzündbaren Öle abgibt. Das Sinaikloster, das angeblich an der
Stelle des Dornbuschwunders steht, hat sich mit einem Rosen-
strauch aus der Affäre gezogen, der an der Westseite der Kirche
gezeigt wird.
50 »Du sollst den Namen...«: Ex 20,7
51 »Ich werde sein, der ich sein werde«: Ex 3,14
52 Gottesname »Jah« oder »Jo«: Auerbach *Moses*, S. 44f
HWH/Wehen: so Wellhausen und Duhm. Auch Daniel Völter
Jahwe und Mose im Licht ägyptischer Parallelen, S. 7. – Immanuel
Velikovsky *Welten im Zusammenstoß*. Neuausgabe Frankfurt
a.M. 1978, S. 97ff, führt den Namen »Jahwe« auf ein unerklärliches, beängstigendes Geräusch zurück, das er mit kosmischen
Ereignissen und/oder Erdbeben in Verbindung bringt. Im Donnern
einer Eruption hätte man den Namen des Gottes gehört. Velikovsky bringt dazu zahlreiche Beispiele, daß der Name »Jahu« oder
ähnlich zu dieser Zeit in allen Teilen der Welt plötzlich auftauchte
(vgl. hier in diesem Buch die Kapitel »Die Katastrophentheorie«,
S. 113–117, und »Thera und die Plagen«, S. 117–119).
»Diese Parallelen machen...«: Albright *Bibel im Lichte...*, S. 95

Die zwei Götter der Bibel

55 *Jura Israelitarum*...: Einzelheiten bei Kraus, S. 84ff
56 »Die Wissenschaft befriedigt...«: an Eduard Reuss 15.4.1837,
zitiert nach Kraus, S. 224
64 »E steht viel näher...«: Smend *Entstehung...*, S. 40. – Die Richtigkeit dieses Satzes ist vor kurzem durch eine Computeranalyse

nachgewiesen worden. Wissenschaftler der Technischen Hochschule in Haifa hatten unter Professor Jehuda T. Radday den Text des 1. Mosesbuches nach den Eigenheiten des sog. »Idiolekts des individuellen Sprachverhaltens« der einzelnen Quellen aufgeschlüsselt und 54 Merkmale gefunden. Die 20000 Wörter der Genesis wurden per Computer nach diesen 54 Merkmalen aufgeschlüsselt. Ergebnis in den Worten von Radday: »Das erste Resultat ist, daß die Wahrscheinlichkeit, daß J und E aus derselben Quelle stammen, 82 Prozent beträgt. Die Wahrscheinlichkeit, daß J und P aus derselben Quelle stammen, ist ein Millionstel Prozent und genauso zwischen E und P.« (Zitiert nach *Allgemeine jüdische Wochenzeitung* [Düsseldorf] vom 14. Mai 1982). Daß Radday angesichts dieses Ergebnisses zu der Schlußfolgerung kommt, die Genesis sei nicht auf verschiedene Quellen zurückzuführen, sondern sei ein homogenes Gebilde eines einzigen Schreibers, mag damit zusammenhängen, daß er sich »bei aller Objektivität ... mit der jüdischen Tradition identifiziere«, die eben einen Verfasser voraussetzt. »Dieser eine Verfasser kann, muß aber nicht, Mosche Rabbenu gewesen sein.« Radday gibt zu, daß andere Fachkollegen dieser Schlußfolgerung ablehnend gegenüberstehen.

Jahwe und El: weitere typische Unterschiede zwischen Jahwe und El: Elohim ist der Gott der Ackerbaugesellschaft und eng mit dem Matriarchat verbunden. Jahwe ist der Nomaden- und Kriegsgott, der schon viele Ziele des Patriarchats vertritt. Diese unterschiedlichen Tendenzen lassen sich bis in die Schöpfungsgeschichte hinein nachweisen und machen die in der vorhergehenden Anmerkung referierten Schlußfolgerungen Raddays um so unwahrscheinlicher.

65 »das Werden Israels...«: *Reclams Bibellexikon*, S. 234
66 »Der Weg, auf dem...«: Smend *Jahwekrieg...*, S. 87
»man kann auch...«: Erich Seeberg in: *Neue Propyläen-Weltgeschichte.* 1940, I, S. 378

Moses der Stammler

68 »Siehe, sie werden...«: Ex 4,1f
»Ach, mein Herr...«: Ex 4,10f
69 »Pharao ließ nunmehr...«: Bin Gorion, S. 419f
70 »Herr! Weite mir...«: Koran, Sure 20, 25, Übersetzung von Paret.
»durch unkoordinierte...«: *Meyers Neues Lexikon.* Mannheim 1980
71 »Weißt du denn...«: Ex 4,14
72 »Er soll dein...«: Ex 4,16
»nur so aufnehmen...«: Seebass, S. 23. – Möglicherweise gibt auch schon der Name »Aaron« einen Hinweis auf die eigenständige Rolle, die Aaron gespielt hat. Aron – in gehobener Schreibweise

»Aharon« – heißt »Kasten, Sarg«. Bei aller Einfalt totemistischer Namensgebung der Viehnomaden – der schöne Name »Rahel« heißt auch nur »Mutterschaf« – ist es unwahrscheinlich, daß Eltern ihr Kind »Kasten« oder »Sarg« nennen. Der Name könnte dagegen eine Art Personifizierung eines heiligen Gegenstandes sein, der mit ihm verbunden ist: Die Bundeslade, in der die Gesetzestafeln transportiert wurden, heißt »aron-berit«, »Kasten des Bundes«. So stammt vielleicht die Tradition des Goldenen Kalbes und der Bundeslade von eben jenem Aaron ab. Daß Aaron auch in der Bibel unterschiedlich eingeschätzt wird, zeigt das Deuteronomium, das ihn negiert und nur seine Verfehlungen und sein Begräbnis erwähnt (Deut 9,20; 10,6; 32,50). Hinzu kommt, daß auch zwei der Aaronsöhne, nämlich Nadab und Abihu, wegen eines anderen Opferritus von Gott getötet werden; sie »starben vor dem Herrn, als sie fremdes Feuer opferten vor dem Herrn in der Wüste« (Num 3,4).

73 »mit aller Deutlichkeit...«: H. Seebass, S. 28
Parallele im fünften Mosesbuch: Deut 33,16
SNH: ausführlich bei E. Auerbach *Moses*, S. 32 f

74 »geistreiche Spielerei«: Schmid *Mose*, S. 29
»Die Leute sind...« und folgendes: Ex 4,19 f
»Als Moses unterwegs...« und folgende: Ex 4,24+25 f

75 Berührung der Scham: Schmid meint in *Mose*, S. 33, Moses sei gemeint; Auerbach in *Moses*, S. 55, meint, es sei das Kind gemeint. Die jüdische *Hagada*, eine Sammlung von Geschichten, berichtet, Moses sei schon beschnitten zur Welt gekommen, und versucht damit den Makel eines unbeschnittenen Moses auszulöschen.
Herodot und die Beschneidung: Herodot, *Hist.* II,36: »Andere lassen die Schamglieder, wie sie sind, wo sie nicht die ägyptische Weise angenommen haben; die Ägypter werden beschnitten.« – II,37: »Die Schamglieder beschneiden sie um der Reinlichkeit willen, die sie der Schönheit vorziehen.« – II,104: »... weil allein unter allen Menschen die Kolcher, Ägypter und Äthiopier von alters her die Scham beschneiden. Die Phönizier hingegen und die Syrer in Palästina gestehen selbst, daß sie dieses von den Ägyptern gelernt haben...« – Zum Thema Beschneidung im allgemeinen: J. M. Sasson »Circumcision in the Ancient Near East«, in: *Journal of Biblical literature* 85 (Philadelphia 1966), S. 473–476
Für Freud ist diese Beschneidungsszene ein neuer Beweis, daß Moses ein Ägypter war: »Wenn Moses den Juden nicht nur eine neue Religion, sondern auch das Gebot der Beschneidung gab, so war er kein Jude, sondern ein Ägypter, und dann war die mosaische Religion wahrscheinlich eine ägyptische...« In: *Der Mann Moses*, Freud *Studienausgabe* IX, S. 478 – Der Elohist verlegt die

Beschneidung übrigens ebenfalls nach Ägypten: Josua 5. Die Priesterkodex projiziert sie in die Erzväterzeit (Gen 17,10–14).

Der Exodus

Die Habiru und die Fronarbeit

79 Zum Thema »Israel in Ägypten« gibt Helmut Engel in seinem 1979
erschienenen Band *Die Vorfahren Israels in Ägypten* einen umfas-
senden forschungsgeschichtlichen Überblick, der auch für Nichttheologen verständlich ist. Für weiterführende Fragen und Informationen sei daher auf diesen Band verwiesen.
»Alle Viehhirten sind…«: Gen 46,34
»Das Land Ägypten..«: Gen 47,6
80 Begriff »Herrscher der Fremdländer«: Die Formulierung stammt
von F. L. Griffith »Notes«, in: *Proceedings of the Society of
Biblical Archaeology* 19 (London 1897), S. 293–300. Einzelheiten
zu »Hyksos« bei Engel, S. 191. Nach neueren Forschungen fand
die Infiltration der Hyksos nach Ägypten eher auf friedlichem
Wege statt. Einzelheiten bei Walther Wolf, S. 90ff und die dazugehörigen Literaturangaben dort S. 264
81 »manche Forscher nehmen…«: Jerry M. Landay, S. 101
»Da kam ein…«: Ex 1,8
»Ich habe auferbaut…«: Landay, S. 101. Die Inschrift befindet
sich am Tempel von Istabl Antar, von den Griechen Speos Artémi-
son genannt, in der Nekropole von Beni Hassan.
82 Eisodos- und Exodustermine: Einzelheiten und Gegenargumente
bei Engel, S. 191–196. Auch Werner Keller (Ausgabe 1976), S. 106
Die biblische Angabe von 430 Jahren in Ägypten steht Ex 12,40
Habiru: Die Schreibweise ist nicht einheitlich. Dem babylonischen
Wort »Chabiru« entspricht das ugaritische »prm« und das ägyptische »prw«, das von den Forschern nun unterschiedlich übertragen
wird. Über die Bedeutung des Wortes »Hebräer« ist man nicht
einig. Einleuchtend ist die Ableitung von dem hebräischen Wort
für »vorübergehen«, womit die Nomaden gemeint wären.
Stellung der Habiru im 14. Jahrhundert: siehe Ben-Sasson, S. 52;
Engel, S. 179f; Abraham Negev in Praegers *Archäologisches Lexikon zur Bibel*, S. 121; G. Cornfeld, G. J. Botterweck *Die Bibel
und ihre Welt*, II, 1145
Kampf gegen die Philister: Samuel 1
»Man verteile Getreiderationen…«: Papyrus Leiden 348, zitiert
nach Ben-Sasson, S. 53
»Man setze Fronvögte…«: Ex 1,11
84 »wo man angenehm lebt« und folgende: Papyrus Anastasi III,
zitiert nach W. Keller, S. 124, und Bietak, S. 31. – Die Fayencekacheln der Residenz sind heute im Louvre.

86 Tanis: Bietak »Tell el-Dab'a...« schreibt auf S. 25: »Die Residenz
im Delta heißt ab der Zeit der 21. Dynastie nicht mehr Piramesse,
sondern Djanet (Tanis). Beide Residenzen sind in einem Papyrus
aus der 21. Dynastie (Onomastikon Amenope) unabhängig voneinander genannt.« – Literatur zu Tanis/Avaris bei Walther Wolf,
S. 143, Anm. 151

87 »Zu den Nachbardisziplinen...«: Bietak »Tell el-Dab'a...«, S. 24

88 »Wir haben die...«: Papyrus Anastasi IV, zitiert bei Ben-Sasson,
S. 52

»Denn wenn ein...« und folgende: Ex 1 ff

90 »Wir sterben vor...« und folgende: Papyrus Turin 42,2–3, 46–47,
zitiert nach Pierre Montet, S. 196

»daß ich sie...«: Ex 3,8

Moses und die Plagen

91 »Der Gott der...«: Ex 5,3 f

92 »Man drücke die...«: Ex 5,9

»Warum verfährst du...«: Ex 5,15 f

93 »vom Pharao weggingen...: Ex 5,20 f

»Jahwe, warum hast...«: Ex 5,22

»Nun sollst du...«: Ex 6,1

»Ich will euch...«: Ex 8,24

»Wer von euch...« und folgende: Ex 10,8 f

95 Plagen als Häufung von Naturkatastrophen: Neuerdings hat dies
Greta Hort in der *Zeitschrift für die alttestamentliche Wissenschaft*
69 (1957, Heft 1/4, herausgegeben von Otto Eißfeldt und Johannes
Hempel, versucht, wobei sich die Herausgeber in einer Anmerkung von den Ergebnissen distanzieren: »Wir veröffentlichen diesen Aufsatz, so weit er auch von den herrschenden Anschauungen
abweicht..., da uns von sachkundiger naturwissenschaftlicher Seite versichert wird, daß die geologischen und mikrobiologischen
Angaben ›richtig‹ sind.« Der englisch geschriebene Aufsatz »The
Plagues of Egypt« der tschechischen Autorin versucht dann, jede
Plage auf ein genau datierbares Naturereignis zurückzuführen,
wobei die erste Plage im Juli/August beginnt und die zehnte im
folgenden Frühjahr stattfindet.

»Die Volksphantasie...«: Auerbach *Moses*, S. 57 ff

96 »Laß uns nun...«: Ex 5,3

97 »...als er seinem...«: Psalm 78,50

»Nun weiß ich...«: Ex 18,11

»wird euch von...«: Ex 11,1

98 »Und Mose sprach...« und folgende: Ex 11,4 f

»Dann nehmt einen...«: Ex 12,22 ff

99 »Es war Mitternacht...« und folgende: Ex 12,29 ff

117 »alle Ströme und…«: Ex 7,19
»echt ägyptisches Lokalkolorit« und folgende: W. Keller, S. 128.
Wie Greta Hort (vgl. Anm. 95) führt er die rote Farbe auf Roterde
und eine Nilüberschwemmung zurück. Die Idee mit der Rotfärbung durch Schmelzwasser stammt dabei offensichtlich von einem
anderen Fluß, der mit dem Nil nichts zu tun hat. So brachte die
Bevölkerung von Byblos (im heutigen Libanon) die Rotfärbung
ihres Flusses im Frühjahr mit dem alljährlichen Tod des Gottes
Adonis zusammen. Lukian berichtet von diesem »Wunder«: »Ein
von dem Gebirge Libanon kommender Fluß mündet hier ins Meer;
er heißt Adonis. Er wird alljährlich blutrot und fällt, nachdem er
seine Farbe verloren hat, ins Meer, färbt den größeren Teil der See
rot und gibt den Bybliern das Zeichen zu ihren Trauerfeiern. Sie
erzählen aber, daß in diesen Tagen Adonis auf dem Libanon
verwundet wird und daß sein in das Wasser fließendes Blut den
Fluß verändert und der Strömung ihren Namen gibt.« Als Lösung
bietet Lukian an: »Der Libanon aber ist sehr gelberdig. Da nun in
jenen Tagen dauernd rauhe Winde wehen, tragen sie die meist
mennigfarbene Erde in den Fluß, und sie macht ihn blutfarben.«
(Lukian De Syria Dea § 8; zitiert nach Eißfeldt »Adonis und
Adonai«, S. 10)
Blutiger Regen durch Vulkanasche: vgl. Zitate bei Velikovsky
Welten im Zusammenstoß, S. 58 ff
»daß er über…«: Ex 9,9
118 »sehr großen Hagel…«: Ex 9,18
»Jahwe warf große…«: Josua 10,11
Talmud und jüdische Kommentare: z.B. Babylonischer Talmud,
Traktat Brachot 54 b
»Denn der Herr…«: Ex 12,23
119 »viel fremdes Volk«: Ex 12,38

Widerspruch und Lösung

121 »weit eher Glaubensbekenntnis…«: Magnusson Auf den Spuren
der Bibel. München 1978, S. 63
122 »ein Haufe heldenhafter…«: Bin Gorion, S. 440 f
123 »Laßt uns Jahwe…«: Ex 15,20
»Mit starkem Arm…«: Psalm 77,16
»Er holte wie…«: Psalm 78,52
»er dräute dem …«: Psalm 106,9
124 »der Israel herausgeleitet…«: Psalm 136,11 f
»da gedachten sie…«: Jesaja 63,11
Aufschlüsselung des Textes: nach Auerbach Moses, S. 64. Text nach
Auerbach und Jerusalemer Bibel. Vgl. Eißfeldt Hexateuch-Synopse, die etwas anders aufschlüsselt.

132 »Warum hast du…«: Ex 14,11+12

Der Zug durch das Schilfmeer
134 »sie nicht den…« und folgendes: Ex 13,17+18. – Der Philisterweg
hat verschiedene Bezeichnungen: Horusweg, Via maris; heute
Darb el-Sultan (Sultanstraße) oder Darb el-Arisch.
»durch die Wüste…«: Ex 13,18
135 »bei Pi-Hahirot…«: Ex 14,2
Lage des Schilfmeers: andere Angaben z. B. bei 1. Könige 9,26 und
Jeremia 49,21
»das große Grüne«: Pierre Montet, S. 223
136 »sehr starken Westwind«: Ex 10,19
Schilf- und Papyrusdickicht: In Frage kommt auch der Menzale-
See, der schon in alten ägyptischen Quellen »Tjouf« genannt wird,
woraus dann das hebräische »Suf« wurde. Näheres Ben-Sasson,
S. 56
138 »Mitten durch das Meer«: Bin Gorion, S. 460. Der kappadokische
Kirchenschriftsteller Gregor von Nyssa (4. Jahrhundert) behauptet
in seiner Moseserzählung *Der Aufstieg des Moses:* Das Meer »spal-
tete sich daraufhin auf, und wie es bei Glas zu gehen pflegt, daß,
wenn an einer Seite das Brechen anfängt, es geradewegs bis zur
anderen Seite durchläuft, so lief es auch hier…« (Gregor von
Nyssa *Der Aufstieg des Moses.* Freiburg 1963, S. 37).
Baal Zafon: in der Mitte der oft kaum 200 Meter breiten Nehrung
erhebt sich ein Hügel von über 30 Meter Höhe, den die Griechen
»Kasiosberg« nannten, wie es heute noch in dem Ortsnamen Ras
Qasrun fortlebt. Einen Kasiosberg gab es aber auch im syrischen
Ugarit (Ras Schamra), der dort als Sitz des »Herrn des Nordens«
galt. Die semitische Übersetzung für »Herr des Nordens« ist aber
»Baal Zafon« und damit genau jener Name, den die Bibel nennt.
Da ein Brief den »Gott Baal Zafon und alle Götter von Tachpanches« erwähnt, spricht vieles dafür, den Mons Kasios mit Baal
Zafon gleichzusetzen, denn »Tachpanches« wurde mit dem Ort
Daphne identifiziert, dem heutigen Tell ed-Defenne im Südosten
des Menzale-Sees, also in der Nähe des Mons Kasios. Einzelheiten
dazu bei Eißfeldt »Baal Zaphon…«, S. 30ff. – Nach dem Sechsta-
gekrieg von 1967 hat Dr. Moshe Dothan mit einem Archäologen-
team die Nehrung erforscht und bei Mons Kasios Besiedlungsspuren bis ins 12. Jahrhundert v. Chr. festgestellt. Eine noch frühere
Besiedlung ist möglich. Eine Kultstätte wurde unter den Sandmas-
sen bisher noch nicht gefunden, wohl aber eine etwa vier Hektar
große »Stadt«. Dazu Jerry M. Landay, S. 108: »Mochte der Ort zu
Moses' Zeiten bestanden haben oder nicht – den Herausgebern des
Buches Exodus war er sicher bekannt, die seinen Namen vielleicht

anachronistisch benutzten, um der Leserschaft ihrer Zeit den Orts-
ansatz zu erleichtern.« – Auch Martin Noth meint, das Meerwunder sei sekundär an den Sirbonischen See verlegt worden (M. Noth
»Der Schauplatz des Meerwunders«, in: *Festschrift Otto Eißfeldt
zum 60. Geburtstag 1947*, S. 181–190). – Vgl. A. Lauha »Das
Schilfmeermotiv im Alten Testament«, in: *Supplements to ›Vetus
Testamentum‹* (VT) 9 (Leiden 1963), S. 32f.

139 Fluchtweg nach Bietak: Bietak, S. 135f

140 »Dergleichen kommt auch...«: Strabo *Geographia* XVI, 578, zitiert nach Eißfeldt »Baal Zaphon...«, S. 62

141 »So stürzte der...«: Ex 14,27
»schütteln«: z.B. Schmid *Moses*, S. 52: »Sie sprangen von den
Streitwagen..., oder fielen von den ungleichmäßig eingesunkenen
Fahrzeugen herunter. Auf diese Weise ›schüttelte‹ sie Jahwe ›mitten ins Meer‹, dessen Wasser zurückströmten.« – Eine andere
Theorie, die auch ohne Ebbe und Flut auskommt, aber gleichwohl
am Sirbonischen See spielt, geht auf ein Detail zurück, das sonst
nur schwer unterzubringen ist. In einer anderen Version heißt es
nämlich in der Bibel als Grund für den Untergang der Ägypter,
Jahwe habe einen »Schrecken über ihr Heer gebracht« (Ex 14,25),
indem er die Räder ihrer Wagen hemmte und machte, »daß sie nur
schwer vorwärtskamen«. Damit könnten die trügerischen Salz-
sümpfe gemeint sein, die es in Nordafrika gibt. Diese Schotts sind
ein Brei aus Salz und Flugsand, der wie fester Boden aussieht, aber
nicht trägt. Das Zitat des griechischen Historikers Diodorus –
1. vorchristliches Jahrhundert – wird seit alters auf die Lagunen des
Sirbonischen Sees bezogen: »So sind schon viele von denen, die die
Eigentümlichkeit der Gegend nicht kannten, hier mit ganzen Hee-
ren untergegangen, indem sie den rechten Weg verfehlten, denn der
Sand gibt, sobald man ihn nur eben betreten hat, nach, und täuscht
die Darübergehenden...« Es wäre dann so gewesen, daß die
Kinder Israel mit mehr Glück als Verstand zufällig auf festem
Boden flüchteten, während die Verfolger versanken. Was dieser
Theorie aber fehlt, ist das sonst stets erwähnte Wasser links und
rechts des Weges. Auch schwer vorstellbar, daß die ägyptischen
Grenzwachen die Lage der Schotts nicht gekannt haben sollen.
»Mit starkem Arm...«: Psalm 77,16

142 »Und die Wolkensäule...«: Ex 14,19
»Der Herr hat...« und folgende: Ex 13,3; 14,31; 15,6; 15,12+16

143 »Ich bin Jahwe...«: Psalm 81,11
»Ein furchtbarer Komet...«: Plinius *Historia naturalis* II,91, zitiert nach Velikovsky *Welten im Zusammenstoß*. Frankfurt a.M.
1978, S. 85

Das Gesetz

In der Wüste

149 »murrte das Volk...« und folgende: Ex 15,24; 16,3; 17,4
»weinend vor sich...«: Tacitus *Hist.* 5,3

150 600000 Mann: Ex 12,37; Num 1,46 und 26,51. Die Multiplikation auf Volksgröße nach Auerbach *Moses,* S. 76. – Man hat versucht, das hebräische Wort für »tausend« – elef – als »Sippe« zu deuten, aber das bringt auch keine vernünftigen Zahlen. Bei Ben-Sasson, S. 55, die Bemerkung, daß es nur wenige gewesen sein können, da sich eine Massenflucht sonst sicher auch in außerbiblischen Quellen niedergeschlagen hätte.
»Wer selber in...«: Gerster, S. 70

151 »In dem Jahrhundert...«: Auerbach *Moses,* S. 77

152 »um eine ganz...«: Bardtke *Von Nildelta...,* S. 16
»verschiedene, ursprünglich...«: Rothenberg *Sinai,* S. 23
»Von Mara zogen...«: Num 33,9 f

153 Reiseführer: *Blaue Führer Ägypten.* Wien 1981, S. 690; Emma Brunner-Traut *Ägypten.* Stuttgart 1982⁴, S. 787. Dagegen Gerster, S. 88
»Wir hatten von...«: Karl Graul *Reise nach Ostindien.* Leipzig 1854, Bd. II, S. 197

154 »Und sie kamen...«: Ex 15,27; 16,1

160 Mafkat/Türkis: Daß Mafkat Türkis war, war lange unklar. Man schwankte zwischen Türkis, Kupfer oder Malachit. Die eindeutige Zuordnung ergab sich aus einer ägyptischen Erzählung (Papyrus Westcar, in: W. K. Simpson *The Literature of Ancient Egypt.* New Edition. Yale University Press 1973, S. 21), in der ein Mädchen sein Amulett aus »neuem Mafkat« verlor. Das »neue« Mafkat ergibt nur bei Türkis Sinn, wenn man weiß, daß der Sinai-Türkis im Laufe der Zeit seine blaue Farbe und damit an Wert verliert (dementsprechend eine Inschrift auf Stele NR. 90 in Serabit el-Chadem, wo wiederholt gesagt wird, Mafkat müsse von der »richtigen Farbe« sein). Hathor, die Göttin von Serabit, hieß die »Göttin der guten Farbe«.

161 Industriegebiet: genaue Lage und Beschreibung bei Rothenberg *Sinai,* S. 151 ff und 164. Auch Walther Wolf *Funde in Ägypten.* Göttingen 1966, S. 171

162 »Und Jahwe sprach...«: Ex 17,14
»Sie übernahmen...«: Herodot V,58
Gardiners Vortrag hieß: »The Egyptian Origin of the Semitic Alphabet« und wurde 1917 gedruckt.

164 Moses als Erfinder des Alphabets: so in dichterischer Freiheit Thomas Mann in der Erzählung *Das Gesetz.* Da erfindet Moses

»feurigen Kopfes in loser Anlehnung an die Marken der Sinaileute« Zeichen für die Laute der Sprache, wobei ihm vor Begeisterung war, »als gingen ihm Strahlen vom Kopf, als träten ihm Hörner oben aus der Stirn vor wünschender Anstrengung und einfacher Erleuchtung«.
»Wenn er aber...«: Ex 17,8 ff

165 Amalekiter und Kadesch: Gen 14,7; Num 13,29; 14,43+45. Vgl. 1. Samuel 15,1; 27,8; 30,1
Entfernung Gottesberg: Deut 1,2 – Die Entfernung beträgt ca. 230 Kilometer Luftlinie.

Am Gottesberg

167 »Ich bin Jahwe...«: Ex 20,1

168 »Du sollst eine...«: Deut 23,13
»Bei Tage lernte...«: Bin Gorion, S. 481

169 »Diese Worte redete...«: Deut 5,22
Geschichten um den Gottesberg: Ex 18; 19–20; 24

170 »Und Jitro, der...« und folgende: Ex 18,1 ff

172 »nahte sich Mose...«: Ex 20,21
»im dritten Monat...«: Ex 19 und 20,19–21. Nach Eißfeldt *Hexateuch-Synopse* und *Jerusalemer Bibel*. Freiburg 1968

174 Vierte Besteigung und 70 Älteste: Ex 24,1+2. Details bei Schmid *Mose*, S. 65 ff

175 »Da stiegen Mose...«: Ex 24,9–11
»Urgestein der Tradition...«: Auerbach *Moses*, S. 166

176 Bundesschlüsse: mit Abraham: Gen 15; mit Josua: Josua 24; mit David: Psalm 89 – Da ein Bund eine Art Vertrag voraussetzt, hat man in den Zehn Geboten einen »Vasallenvertrag« erkennen wollen, der nach der Art hethitischer Verträge Eröffnungsformel (»Ich bin Jahwe...«), Vorgeschichte des Vertrags (»Ich habe dich aus Ägypten geführt«), Grundsatzerklärung (»Ich bin dein Gott«), Einzelbedingungen (Gebote), Segen und Fluch enthält. G. Fohrer bestreitet in *Geschichte der israelitischen Religion*, S. 69, den Zusammenhang, denn es »besteht die Parallelität in Wirklichkeit gar nicht und ist die Sinaiüberlieferung nicht nach dem Vertragsmodell gestaltet«. Bei Fohrer auch weiterführende Literatur dazu.
»alle Worte des...«: Ex 24,4+7

177 »eine so komplizierte...«: M. Noth *Überlieferungsgeschichte*, S. 33, Anm. 115

178 »Und Jahwe sprach zu Mose...«: Ex 24,12 f
»die zwei Tafeln...«: Ex 32,15 f
»Auf, mach uns...« und folgendes: Ex 32,1 f

179 »entbrannte sein Zorn...«: Ex 32,19
»Pack mich doch...«: Koran, Sure 20,94

»Was hat dir...«: Ex 32,21 f

»daß er ihn...«: Deut 9,20

»Morgen ist ein...« und folgende: Ex 32,5 ff

180 »Du sollst dir...«: Ex 20,4

»Sieh die Ägypter...«: Bin Gorion, S. 483

181 »Für die Schar...«: Buber, S. 179

182 »Mache uns einen...«: Ex 32,23

183 Jahwes Altar mit Hörnern: 1. Könige 2,28 und Amos 3,14
Stiersymbolik: vgl. J. Lehmann *Die Hethiter*. München 1975,
S. 284 ff

185 »der flüchtigen Schlange...«: Jesaja 27,1 – Auch in der ägyptischen
Literatur ist vom »Stier des Himmels« die Rede, so in der sog.
»Himmelfahrt des Unas« (auch als ›Kannibalenspruch‹ bezeich-
net), die in der Pyramide des Unas (ca. 2355–2325 v. Chr.) gefun-
den wurde. Text in Erik Hornung *Meisterwerke altägyptischer
Dichtung*. Zürich 1979², S. 59 ff

186 Vulgataübersetzung: Dort heißt es »cornuta« statt »coronata«. Daß
das Wort »cornu« auch im Lateinischen eine überhöhte Bedeutung
hat, zeigt der Vorname Cornelius: »Hörnchen«. – Die jüdischen
Sagen reden von »Hörnern des Lichts«, bilden also eine Mischvor-
stellung: »Moses faßte die Tafeln an der einen Seite und die
göttliche Majestät an der anderen Seite, und so gewann Moses die
Strahlenhörner« (Bin Gorion, S. 490)

187 »Das ist dein...«: Ex 32,4. Vgl. auch 1. Könige 12,28
»Stier ist Jahwe«: von den Ostraka von Sichem mit dem Eigennamen »Egel-jah«, d. h. »Stier ist Jahwe«. Einzelheiten bei A. Jeremias, S. 439 f

188 »Warum bist du...«: Koran, Sure 20,83 nach Paret
»Komm mit uns...«: Num 10,29 f. Hier ist zwar nicht von Jitro die
Rede, sondern von seinem Schwager »Hobab, dem Sohn Reguëls«.
Man ist sich aber einig, daß mit Hobab eigentlich Jitro gemeint ist,
der in Num 10,29, Richter 1,16 und 4,11 als Schwiegervater des
Moses geführt wird.
»Wer für Jahwe...« und folgende: Ex 32, 26 ff
»schwermütiger Deutlichkeit«: Buber, S. 182

189 »Siehe, du hast...«: Ex 33,12 f
»von Angesicht zu...« und folgende: Ex 33,11; Num 12,8; Ex
33,20 f

Die Gebote

191 »Haue dir zwei...« und folgende: Ex 34,1 ff – Wie die Tafeln
aussahen, und aus was sie bestanden, weiß man nicht. Die jüdischen
Sagen berichten: »Die zwei ersten Bundestafeln waren Gottes Werk,
und wiewohl aus Saphir, ließen sie sich rollen wie eine Schriftrolle

aus Pergament« – oder, noch poetischer: »Die Tafeln waren aus dem Gold des Sonnenballs gehauen« (Bin Gorion, S. 490).

192 »erglänzte des Heiligen...«: J. Lehmann *Buddha*. München 1980, S. 190

»Da erscholl eine...«: Johannes 9,35, Matthäus 17, Markus 9

»Als aber Aaron...«: Ex 34,30; vgl. symbolische Deutung bei Paulus 2. Korinther 3,1–18

»gebot er ihnen...«: Ex 34,32f

194 Kultischer Katalog nicht von Moses: in »Zwo wichtige bisher unerörterte biblische Fragen zum ersten mal gründlich beantwortet von einem Landgeistlichen in Schwaben« hat auch J. W. Goethe 1773 die Frage der Zehn Gebote behandelt. Zwar durchaus nicht gründlich, aber dafür mit wirrem Schwung fragte er: »Was stund auf den Tafeln des Bundes?« und antwortete: »Nicht die zehen Gebote, das erste Stück unseres Katechismus!« Goethe meinte, Gott habe den kultischen Katalog gegeben, denn es sei ein Irrtum, »es habe der partikularste Bund auf Universalverbindlichkeiten (denn das sind doch die meisten der sogenannten Zehn Gebote) gegründet werden können«. – Zur Frage der zwei Dekaloge: Buber, S. 153ff. Einen Überblick über den Stand der Forschung im Dekalogstreit gibt Smend »Mosesbild...«, S. 10ff

200 Vorschlag Auerbachs: *Moses*, S. 202ff

»Wir trinken keinen...«: Jeremias, 35,6f

»Es ist ein Gesetz...«: Hieronymus von Kardia (ca. 350–260 v.Chr.), zitiert bei Diodorus XIX,94

201 »der klarste Beweis...«: Auerbach *Moses*, S. 203

202 Dekalog nach Auerbach: *Moses*, S. 198 – Andere Urdekaloge bei Smend »Mosesbild...«, S. 11

203 »die Auffassung, daß...«: Aharoni in: David Ben Gurion *Die Juden in ihrem Land*. Berlin 1967, S. 34 – Ähnlich Auerbach *Moses*, S. 194

»die Mosaität des...«: Smend »Mosesbild...«, S. 13. Dort auch S. 10ff Stand der Forschung zum Thema

204 »Wenn es richtig...«: Eichroth »Religionsgeschichte Israels«, in: *Historia Mundi* II, 1953, S. 385

»wenn überhaupt, dann...«: Buber, S. 102

»lapidare Sprache«: Paul Volz, S. 23

205 Codex Hammurabi: 1902 in Susa gefunden, heute im Louvre. Schwarzer Diorit, Höhe 2,25 Meter

»Ich habe kein...«: Erik Hornung *Meisterwerke altägyptischer Dichtung*. Zürich, 1979², S. 63ff. Dort weitere Angaben, S. 94

206 »Ich habe den Gott...«: ebenda, S. 69

207 »Ich habe das Lot...«: ebenda, S. 64ff

»Das Ewig-Kurzgefaßte...«: Thomas Mann in seiner Erzählung

Das Gesetz (in: *Sämtliche Erzählungen*. Frankfurt a.M. 1963, S. 684)

Echnaton und der Eine Gott des Moses

208 »ohne seinesgleichen« und folgende: M. Sandman »Texts from the Time of Akhenaton« 7,7, in: *Bibl. Aegyptiaca* 8 (1938), zitiert bei Erik Hornung *Der Eine und die Vielen*. Darmstadt 1971, S. 244

210 Manetho: nach Flavius Josephus *Contra Apionem* I,14 und I,26. Vgl. Eusebius *Praeparatio evangelica* 10,13. Deutsche Auszüge in: A. Jeremias, S. 393 ff. Dort weitere Angaben.

211 Unreine und Aussätzige: so bei Trogus *Historiae Philippicae* 10, 212, zitiert bei A. Jeremias, S. 394 und Flavius Josephus *Contra Apionem*, nach A. Jeremias, S. 393
Tacitus: *Hist.* 5,3
Anderer Autor: Diodorus Siculus, 40, zitiert bei A. Jeremias, S. 392

212 Zitat Wellhausen: Julius Wellhausen *Israelitische und Jüdische Geschichte.* 1914⁷, S. 31, Anm.
Götternamen Athene-Jupiter: Herodot, *Hist.* II,50: »Es sind fast alle Namen der Götter aus Ägypten nach Griechenland gebracht worden«, was er aus dem Alter der ägyptischen Kultur schließt. – Die vergleichende Religionswissenschaft kann nachweisen, daß Götternamen auch mit gewissen Eigenschaften weiterwandern, und jeweils innerhalb der indoeuropäischen oder semitischen Sprachen ist dies allemal der Fall. Der Göttername Athene gehört aber offenbar dem vorgriechischen Spracherbe an, und griechische Deutungsversuche, wie sie z.B. im *Kleinen Pauli* gesammelt sind, überzeugen daher nicht. Für die Beziehung Aton–Athene tritt Greenberg ein, zitiert bei Brackmann *Sie fanden den goldenen Gott*. Bergisch Gladbach 1978, S. 246. Auf die Beziehungen Jahwe–Jovis hat Freud hingewiesen (*Studienausgabe* IX, S. 495, Anm.)
Adonai: Hans Bauer/Pontus Leander *Historische Grammatik der Hebräischen Sprache des Alten Testaments.* 1922, Bd. I, S. 16 und 469. – Ähnlich Rudolf Meyer *Hebräische Grammatik*, 1952², S. 111. Allerdings fehlt dieser Hinweis bei Meyer dann in der 3. Auflage 1969.
Ras Schamra: O. Eißfeldt »Adonis und Adonai«, S. 25. – Die dort gefundene Endung -ai ist nach Eißfeldt ein emphatischer Affirmativ. Faßt man dagegen Adonai als ein nach hebräischen Regeln gebildetes Wort auf, dann würde es »meine Herren« heißen, wobei vor allem die Pluralform keinen Sinn ergibt. Ansonsten weist Eißfeldt darauf hin, daß Anredeformen wie »Madame«/»Meine Dame« später »die Dame« bedeuten kann.

214 »hat [sonst] je...«: Deut 4,36
215 »Schma jisraél...«: Num 15,37; Deut 6,4 und 11,13

Das Volk
Das neue Heiligtum
219 Aufenthaltsdauer am Gottesberg: Ex 19,1 und Num 10,11
Nomadenleben: Num 31,25 f und Horst Klengel *Zwischen Zelt und Palast.* Leipzig 1972, S. 148
220 »Die Kleider an...«: Deut 29,4
»Wurden denn den...«: Bin Gorion, S. 500
221 »mit Kunstsinn, Einsicht...«: Ex 35,31 f
222 Lade bei Philistern: 1. Samuel, 4–6
223 »Und David... tanzte...«: 2. Samuel 6,14 f
»es war nichts...«: 1. Könige 1,9. Vgl. auch 1. Könige 8,21
»Macht eine Lade...«: Ex 25,10 ff
Tod Josefs: Gen 50,26
224 Bundeslade: Deut 10,1 f; 31,9; 31,25 f
»Sie sollen mir...«: Ex 25,8 f
Kapporet/Sühneplatte: Ex 25,17; 25,21
»Und du sollst...«: Ex 25,18 f
225 »dort will ich...«: Ex 25,22
»wenn Moses hinausging...«: Ex 33,8 ff
Urim und Tummim: Deut 33,8 und 1. Samuel 14,41 f
227 »Und als er...«: Gen 3,24
»Inmitten der Lebewesen...«: Ezechiel, 1 und 10
228 »Lade Jahwes Zebaot«: 1. Samuel 4,4
»Lade, die benannt...«: 2. Samuel 6,2
»Ihr Gott ist...«: 1. Samuel 4,7
»Jahwe, steh auf...«: Num 10,35. Über Jahwe als Kriegsgott: Einzelheiten bei Smend »Jahwekrieg...«, S. 56–70

Widerstand und Empörung
230 »nur solange der...«: Buber, S. 105
231 Beno Rothenberg: B. Rothenberg *Sinai*, S. 128
»Lustgräber«: Num 33,16
»Daher heißt die...«: Num 11,34 – Die Bedeutung des Wortes »Lustgräber«: Die *Jerusalemer Bibel* übersetzt »Gräber der Ta'awat«; Noth deutet sie als »Gräber an der Landmarke« (Noth *Überlieferungsgeschichte...«*, S. 129, 137). Alter, Lage und Wiederentdeckung der Gräber: B. Rothenberg *Sinai*, S. 119 ff; auch Lipschitz *Sinai*, S. 75 f
234 »denn es ist...«: Num 11,14. Auch die folgenden Zitate aus Num 11
Manna: Nach regenreichen Wintern gibt es um den Juni herum für

drei bis sechs Wochen Manna. Einzelheiten bei W. Keller, S. 132–135 und Lipschitz *Sinai*, S. 17
»Warum verfährst du…« und folgende: Num 11

235 »wo es jeden…«: J. W. Goethe in: *Noten und Abhandlungen zu besserem Verständnis des westöstlichen Diwans*. Weimarer Ausgabe VII, S. 170, oder Artemis Gedenkausgabe bei dtv III, S. 507f

236 »Redet denn Jahwe…« und folgende: Num 12

237 »und nahm von…«: Num 11,25
»Wollte Gott, daß…«: Num 11,29
»Da nahm Mirjam…«: Ex 15,20
»um seiner Frau…«: Num 12,1

239 »Zieht da hinauf…« und folgende: Num 13,17ff+14

Aufbruch ins Gelobte Land

244 Rechtsquelle: Gen 14,7 und Num 27,14
»Eure Kinder sollen…«: Num 14,33

246 Rotte Korach: Num 16. Es geht dabei um den Anspruch der Leviten auf das Priestertum, das durch eine Art Gottesgericht für Moses entschieden wird: »Ihr geht zu weit, ihr Söhne Levis!«
Mirjams Tod: Num 20,1
Aarons Tod: Num 20,23 und 33,37. Berg Hor: Num 21,4 gegen Deut 10,6
»Nimm Aaron und…«: Num 20,25ff
»im vierzigsten Jahr…«: Num 33,38

247 »nun sind wir…« und folgende: Num 20,16ff
Dauer des Marsches: Num 33,38 und Deut 1,3

249 »Da ließ Jahwe…«: Num 21,6ff
»die Eherne Schlange…«: 2. Könige 18,4

250 »Mir fiel ein…«: Landay, S. 110. Einzelheiten der Ausgrabung bei B. Rothenberg *Timna*, S. 134ff
»das erste dieser…« und folgende: B. Rothenberg *Timna*, S. 163 und 197. – M. Noth (*Überlieferungsgeschichte…*, S. 133) ist der Meinung, die Schlangengeschichte sei jüngeren Datums und stamme aus der kanaanäischen Umwelt.

251 Ausgrabung von el-Busera (Bosra): Magnus Magnusson *Auf den Spuren der Bibel*. München 1977, S. 75

252 Ausgrabung Moab: ebenda, S.76

253 »Josua äscherte Ai…«: Josua 8,28f

254 König von Arad: Num 21,1f
»daß die Zuverlässigkeit…«: Magnus Magnusson *Auf den Spuren der Bibel*. München 1977, S. 79

255 »bis an den Himmel ummauert«: Deut 1,28
Flavius Josephus: *Altertümer* II,16,6
»Angenommen, wir würden…«: zitiert bei M. Magnusson *Auf*

den Spuren der Bibel. München 1977, S. 99. – Vertreter einer friedlichen Landnahme sind u. a. Wellhausen, Alt, Noth, Aharoni.

256 »Die Nomaden konnten...«: H. Klengel *Zwischen Zelt und Palast*. Leipzig 1972, S. 182 und 77
Wellentheorie: Ben-Sasson, S. 68
»ganz Israel... alle...«: Josua 8,33
»daß Sichem die...«: Landay, S. 128

258 »Verloren geht das...« und folgende: A. Jepsen *Von Sinuhe...*, S. 103f nach J. A. Knudtzon *Die el-Amarna-Tafeln*. Leipzig 1910 (Vorderasiatische Bibliothek, 2. Stück)
»Der König von...«: zitiert bei Yigael Yadin *Hazor*. Hamburg 1976, S. 18
»Wenn man nach...«: H. Klengel *Zwischen Zelt und Palast*. Leipzig 1972, S. 181

259 »Der Bereich, in...« und folgende: ebenda, S. 182

260 »ein früheres Datum...«: Albright *Die Bibel im Lichte...*, S. 98
»verbietet es uns...«: Ben-Sasson, S. 64

Der Tod des Moses

262 »Ich bin heute...« und folgende: Deut 31,2ff; Parallelstelle des Priesterkodex: Num 27,12ff
Josua: Ex 17,8f; Ex 24,13; Num 13,16

263 Haderwasser: Deut 32,51 und Num 27,14

264 »Gebieter der Welt!...« und folgende: »Bin Gorion, S. 529–533. Auch Deut 3,25 bittet Moses, ins Gelobte Land zu dürfen.
Jahwistenerzählung: Deut 34,4 fehlt jede Andeutung einer Schuld.

265 »trefflichen Mann« und folgende: J. W. Goethe *Noten und Abhandlungen zu besserem Verständnis des westöstlichen Diwans*, in Artemis Gedenkausgabe bei dtv 266 III, S. 507–514

266 »Kette von ernsthaften...«: Freud *Studienausgabe* IX, S. 497. – Freud bemerkt dazu, er sei von Eduard Sellins Arbeit *Mose und seine Bedeutung für die israelitisch-jüdische Religionsgeschichte* angeregt worden. Sellin glaubt, man könne den Mosesmord auch in Texten bei Hosea nachweisen.
»Moses wie Ikhnaton« und folgende: Freud *Studienausgabe* IX, 496; IX, 556; IX, 504 und IX, 511.

268 »Und Mose stieg...«: Deut 34,1
»Moses, mein Knecht...«: Josua 1,2
»Warum habt ihr...«: Num 20,4
»Ihr habt euch...«: Deut 32,51

270 Historischer Moses und literarische Fiktion: Schon 1807 erklärte der Alttestamentler de Wette, die Mosesgeschichten hätten vielleicht einen historischen Kern, seien aber selbst Dichtung und keine Geschichtsschreibung. Anfang unseres Jahrhunderts meinte Hugo Winckler,

Moses sei eine Erfindung, da König David zur Legitimierung seiner Herrschaft über ganz Israel die Legende von der Vergangenheit seines Volkes habe niederschreiben lassen. Dabei sei ein altorientalischer Heldenmythos verwendet worden, der nichts mit Moses zu tun habe. Vor einigen Jahrzehnten war es dann die Schule um Martin Noth, die erst gar nicht mehr versuchte, ein Mosesbild durch die Reduktion auf historische Fakten zu finden, sondern die meinte, man könne Moses bestenfalls in der Tradition wiederfinden. Noth unterschied dabei die Themenkreise. 1. Herausführung aus Ägypten, 2. Offenbarung am Sinai, 3. Führung in der Wüste und 4. Hineinführung in das palästinensische Kulturland. Diese Themenkreise seien ursprünglich voneinander unabhängig gewesen und erst später von der Tradition dadurch miteinander verkittet worden, daß man Moses als durchgehend tragende Figur einführte. »Im Unterschied von den ›Erzväter‹Gestalten gehört Mose offenbar nicht zum Kerninhalt eines der Pentateuchthemen, sondern erst zur erzählerischen Ausgestaltung« (Noth *Überlieferungsgeschichte*..., S. 191). Damit war Moses zur genealogischen Symbolfigur geworden wie Adam und Eva. Er wurde zur »literarischen Fiktion«. Lediglich die Tradition vom Grabe des Moses hielt Noth für das »Urgestein eines nicht mehr ableitbaren geschichtlichen Sachverhaltes« (*Überlieferungsgeschichte*..., S. 190). Da aber das Grab unbekannt ist, hat die Sache so viel Wert wie das berühmte Messer ohne Griff, an dem die Klinge fehlt. »Es fällt schwer, Noth darin zu folgen, daß die Tradition vom Grabe Mose das ›ursprünglichste noch erhaltene Element der Moseüberlieferung‹ sein könnte«, schrieb daher Rudolf Smend (*Jahwekrieg*..., S. 88), und der Bochumer Alttestamentler Siegfried Herrmann bezweifelte den Ansatz Noths überhaupt: »Überlieferungen machen nicht selbst Geschichte, sondern sind abhängig von Geschichte« (Herrmann *Geschichte Israels in alttestamentlicher Zeit*. München 1973, S. 110). Gressmann kam bereits 1913 (»Mose und seine Zeit«, S. 40) zu dem »zwingenden Schluß: Die Berufung Moses zum Befreier Israels konnte nur dann erzählt werden, wenn er wirklich sein Volk aus der ägyptischen Herrschaft erlöst hat«. Die meisten anderen Alttestamentler – nach Smend »die überwältigende Mehrzahl« – sind mit Wellhausen der Ansicht, daß die Person vor der Idee und vor der Masse stehe und daß infolgedessen Männer Geschichte machen, vor allem am Anfang der Geschichte. Rudolf Smend faßt diesen Trend mit den Worten zusammen: »Man ist einhellig der Auffassung, Mose müsse erfunden werden, wenn die Tradition nichts von ihm meldete...« (Smend »Mosesbild...« S. 27). Etwas verschmitzter formulieren es die Juden: »Moses hat vielleicht nicht existiert, aber dann hatte er mit Sicherheit einen Vetter namens Moses.«

Hinweise zur Literatur

Eine regelrechte Mosesbiographie, die alle in der Bibel erwähnten Details kritisch sichtet und zu einem Bild zusammenordnet, gibt es nicht und kann es auch nicht geben. Die verschiedenen Erzählfäden mit ihren Widersprüchen, die legendären Züge und die offensichtlichen Versuche, alles mögliche auf eine Zentralfigur zu vereinigen, lassen nur Annäherungen zu, die bei manchen Autoren auch noch vom Zweifel durchdrungen sind, es könne sich überhaupt nur um eine fiktive Figur handeln.

Allerdings gibt es mehr oder weniger umfangreiche Versuche, Leben, Werk und Bedeutung Moses' an bestimmten Details deutlich zu machen. An »Mosesbildern« ist daher kein Mangel. Rudolf Smend hat sie 1959 in seinem sehr klaren und übersichtlichen Band *Das Mosesbild von Heinrich Ewald bis Martin Noth* zusammengestellt und gesichtet. Ähnliches hat Eva Osswald 1962 mit ihrem Buch *Das Bild des Mose in der kritischen Alttestamentlichen Wissenschaft seit Julius Wellhausen* unternommen, während Carl A. Keller 1957 über *Stand und Aufgabe der Moseforschung* berichtete.

Während die theologische Fachliteratur zu einzelnen Aspekten der Geschichte Israels und Moses' nahezu unübersehbar und für den Nichttheologen auch nur schwer lesbar und oft kaum verständlich ist, gibt es im deutschen Sprachraum immerhin drei Monographien, die in letzter Zeit versucht haben, das Leben und die Bedeutung des Moses an entscheidenden Etappen seiner Biographie auch dem Laien verständlich zu machen. Es ist dies Martin Bubers *Moses* aus dem Jahr 1948, der den jüdischen Standpunkt immer wieder deutlich macht und ihn daher auch gelegentlich gegen die christliche Theologie verteidigt. Am leichtesten lesbar, weil am flüssigsten geschrieben, und sehr anregend, weil außerhalb der üblichen Bahnen alttestamentlicher Argumentation, ist der Band *Moses* von Elias Auerbach aus dem Jahr 1953. Die rororo-Bildmonographie *Moses* von dem Franzosen André Neher ist dagegen wenig ergiebig, da sie sich dem Thema eher aphoristisch nähert und Teilaspekte überbetont und eigenwillig beleuchtet.

Unter den allgemeinen Werken über die Frühgeschichte Israels, die sich naturgemäß auch mit Moses und seiner Zeit beschäftigen, seien vor allem die *Geschichte des jüdischen Volkes,* herausgegeben von Haim Hillel Ben-Sasson, und die *Geschichte Israels* von Martin Noth erwähnt, die 1969 bereits in 7. Auflage erschien. Für die Zeit Israels in Ägypten und den Exodus gibt Helmut Engel SJ einen ausgezeichneten forschungsgeschichtlichen Überblick in dem Band *Die Vorfahren Israels in Ägypten.* Der Band enthält außerdem eine nahezu vollständige Bibliographie zum Thema seit dem Jahr 1849 sowie zahlreiche Quellenbelege.

Das Thema *Geschichte der israelitischen Religion* ist auch für den Laien verständlich und übersichtlich von Georg Fohrer dargestellt worden. Die reiche Fachliteratur ist dabei kapitelweise zusammengestellt, so daß eine weiterführende Orientierung leicht möglich ist.

Die Einflüsse des Orients von Ägypten bis Babylon sind in überreicher Fülle in dem in Details überholten Standardwerk *Das Alte Testament im Lichte des Alten Orients* von Alfred Jeremias gesammelt und verarbeitet.

Die neueste archäologische Forschung im Bereich der Sinaihalbinsel findet sich in dem Band *Sinai* von Beno Rothenberg.

Für Einzelaspekte sei auf die folgende Literaturauswahl hingewiesen.

Literaturauswahl

Studien zu Moses

Asch, Schalom *Moses.* Zürich/Stuttgart 1953
Auerbach, Elias *Moses.* Amsterdam 1953
Beer, Georg *Moses und sein Werk.* Gießen 1912
Bock, Emil *Moses und sein Zeitalter.* Stuttgart 1935
Buber, Martin *Moses.* Heidelberg 1952²
Budde, Karl »Goethe zu Mose's Tod«, in: *Zeitschrift für die alttesta-mentliche Wissenschaft* 50 (Gießen/Berlin 1932), S. 300ff
Fleg, Edmond *Moses.* Kuppenheim 1948 (Übersetzung des französi-schen Originals *Moïse.* 1928)
Freud, Sigmund *Der Mann Moses und die monotheistische Religion.* Amsterdam 1939 (hier zitiert nach Fischer-Studienausgabe, Bd. IX, Frankfurt 1974)
Gregor von Nyssa *Der Aufstieg des Moses.* Übersetzt und eingeleitet von Manfred Blum. Freiburg/Br. 1963
Gressmann, Hugo »Mose und seine Zeit. Ein Kommentar zu den Mose-sagen«, in: *Forschungen zur Religion und Literatur des Alten und Neuen Testaments,* NF 1, Göttingen 1913
Gunkel, Hermann »Mose«, in: *Religion in Geschichte und Gegenwart (RGG)* 1930²
Haam, Achad »Moses der Prophet«, in: *Moses.* Berlin 1905
Hufnagel, Wilhelm Friedrich *Moseh, wie er sich selbst zeichnet in seinen fünf Büchern Geschichte.* Frankfurt a.M. 1822
Jeremias, Joachim »Moses«, in: *Theologisches Wörterbuch zum NT.* Herausgegeben von Gerhard Kittel. Bd. 4. Stuttgart 1942
Keller, Carl A. »Von Stand und Aufgabe der Moseforschung«, in: *Theologische Zeitschrift* 13 (1957), S. 430–441
Kittel, Rudolf »Mose«, in: Kittel *Gestalten und Gedanken in Israel. Geschichte eines Volkes in Charakterbildern.* Leipzig 1925, S. 21–46
Lauth, Franz Joseph *Moses der Ebräer. Nach zwei ägyptischen Papyrus-Urkunden in hieratischer Schriftart zum ersten Male dargestellt.* Leipzig 1869
Leist, Fritz *Moses, Sokrates, Jesus. Um die Begegnung mit der biblischen und antiken Welt.* Frankfurt a.M. 1959
Mann, Thomas *Das Gesetz.* New York 1943 (englisch); Los Angeles 1944 (deutsch); seitdem zahlreiche Ausgaben. Hier zitiert nach *Ge-sammelte Werke,* Bd. VIII, Frankfurt 1960

Neher, André *Moses – in Selbstzeugnissen und Bilddokumenten*. Hamburg 1964 (rororo-Bildmonographie)

Noerdlinger, Henry S. *Moses und Ägypten*. Mit einer Einführung von Cecil B. de Mille. Heidelberg 1958

Osswald, Eva *Das Bild des Mose in der kritischen alttestamentlichen Wissenschaft seit Julius Wellhausen*. Berlin 1962 (Jenaer Habilitations-Schrift von 1955)

Pearlman, Moshe *Aus der Wüste brachen sie auf – Auf den Spuren des Moses*. Olten/Freiburg 1973 (englische Originalausgabe Tel Aviv 1973)

Philo von Alexandria »Über das Leben Mosis«, in: *Philo von Alexandria. Die Werke in deutscher Übersetzung*. Bd. I herausgegeben von Leopold Cohn. Breslau 1908

Rad, Gerhard von »Mose«, in: *Wege in die Bibel*, 3 (Göttingen 1940)

Schmid, Herbert »Der Stand der Moseforschung«, in: *Jud* 21 (1965), S. 194–221

Schmid, Herbert *Mose – Überlieferung und Geschichte*. Berlin 1968

Schoeps, Hans-Joachim »Moses«, in: Schoeps *Gottheit und Menschheit – die großen Religionsstifter und ihre Lehren*. Stuttgart 1950, S. 25–42. Neuauflage unter dem Titel *Die großen Religionsstifter und ihre Lehren*. Darmstadt/Genf 1954

Seebass, Horst »Mose und Aaron, Sinai und Gottesberg«, in: *Abhandlungen zur Evangelischen Theologie* 2 (Bonn 1962)

Sellin, Ernst *Moses und seine Bedeutung für die israelitisch-jüdische Religionsgeschichte*. Leipzig 1922

Smend, Rudolf »Das Mosebild von Heinrich Ewald bis Martin Noth«, in: *Beiträge zur Geschichte der biblischen Exegese*. Herausgegeben von Oscar Cullmann u. a. Tübingen 1959

Spiegel, Yorick (Hg.) *Psychoanalytische Interpretation biblischer Texte*. München 1972

Susman, Margarete »Die biblische Mosesgestalt«, in: Susman *Deutung biblischer Gestalten*. Stuttgart 1955, S. 9–54

Völter, Daniel *Wer war Mose?* Leiden 1913

Volz, Paul *Mose und sein Werk*. Tübingen 1932 (= 2. Aufl. des Buches *Mose. Ein Beitrag zur Untersuchung über die Ursprünge der israelitischen Religion*. Tübingen 1907)

Wiesenhütter, Eckhart *Religion und Tiefenpsychologie – Echnaton – Moses – Christus – Freud*. Gütersloh 1977

Wilms, Franz-Elmar »Die Frage nach dem historischen Mose. Der Stand der Moseforschung«, in: *Theologische Quartalsschrift*, herausgegeben von den Professoren der katholischen Theologie an der Universität Tübingen, 153 (1973), S. 353–363

Überlieferungsgeschichte und Entstehung des Alten Testaments

Eißfeldt, Otto *Hexateuch-Synopse. Die Erzählung der fünf Bücher Mose und des Buches Josua mit dem Anfang des Richterbuches. In vier Quellen zerlegt und in deutscher Übersetzung dargeboten samt einer in Einleitung und Anmerkungen gegebenen Begründung.* Leipzig 1922

Fohrer, Georg *Geschichte Israels – von den Anfängen bis zur Gegenwart.* 2. durchges. und erw. Aufl. Heidelberg 1979

Fohrer, Georg »Überlieferung und Geschichte des Exodus. Eine Analyse von Ex 1–15«, in: *Zeitschrift für die alttestamentliche Wissenschaft*, Reihe 91 (Berlin 1964)

Jepsen, Alfred/Hanhart, Robert »Untersuchungen zur israelitisch-jüdischen Chronologie«, in: *Beihefte zur Zeitschrift für die alttestamentliche Wissenschaft*, herausgegeben von Georg Fohrer (Berlin 1964)

Kraus, Hans Joachim *Geschichte der historisch-kritischen Erforschung des Alten Testaments von der Reformation bis zur Gegenwart.* Neukirchen (Kreis Moers) 1956

Noth, Martin *Überlieferungsgeschichte des Pentateuch.* Stuttgart 1948. Neuauflage Darmstadt 1960

Rendtorff, Rolf »Das überlieferungsgeschichtliche Problem des Pentateuch«, in: Berlin 1977

Resenhöfft, Wilhelm »Die Geschichte Altisraels. – Die Quellenschriften der Bücher Genesis bis Könige im deutschen Wortlaut isoliert von…«, 2 Bde., in: *Europäische Hochschulschriften*, Reihe XXIII, Theologie, Bd. 81 (Bern 1977)

Sellin, Ernst *Einleitung in das Alte Testament.* Völlig neubearbeitet von G. Fohrer. Heidelberg 1965[10]

Smend, Rudolf (Hg.) *Biblische Zeugnisse – Literatur des alten Israel.* Frankfurt a.M. 1967

Smend, Rudolf »Die Entstehung des Alten Testaments«, in: *Theologische Wissenschaft, Sammelwerk für Studium und Beruf,* herausgegeben von Andresen, Carl u.a., Bd. I. Stuttgart 1978

Außerbiblische Quellentexte

Beyerlin, Walter (Hg.) *Religionsgeschichtliches Textbuch zum Alten Testament.* Göttingen 1975

Bin Gorion, Micha Joseph *Die Sagen der Juden.* Frankfurt a.M. 1913–1927, 5 Bde. Neu herausgegeben und mit einem Nachwort versehen von Emanuel Bin Gorion, Frankfurt 1962 (eine Auswahl daraus erschien 1980 als Insel-Taschenbuch)

Galling, Kurt *Textbuch zur Geschichte Israels.* In Verbindung mit Elmar Edel, Dr. Riekele Borger, herausgegeben von Dr. Kurt Galling. 3. durchges. Aufl. Tübingen 1979 (1950¹)

Gardiner, Alan Henderson *The Admonitions of an Egyptian Saga from a hieratic Papyrus in Leiden.* Leipzig 1909

Gressmann, Hugo *Altorientalische Bilder zum Alten Testament, gesammelt und beschrieben.* 2. völlig umgestaltete und stark vermehrte Aufl. Berlin 1926 (= *Altorientalische Texte und Bilder zum Alten Testament* in 1. Aufl.)

Jepsen, Alfred (Hg.) *Von Sinuhe bis Nebukadnezar – Dokumente aus der Umwelt des Alten Testaments.* Stuttgart/München 1975

Paret, Rudi (Übersetzer und Hg.) *Der Koran.* Stuttgart 1980²

Pritchard, James Bennett *Ancient Near Eastern Texts Relating to the Old Testament.* Princeton 1955²

Biblische Archäologie

Albright, William Foxwell *Die Religion Israels im Lichte der archäologischen Ausgrabungen.* München/Basel 1956

Albright, William Foxwell *Die Bibel im Licht der Altertumsforschung – Ein Bericht über die Arbeit eines Jahrhunderts.* Stuttgart 1957 (Original: *Recent Discoveries in Bible Lands.* New York o.J.)

Archäologisches Lexikon zur Bibel. Herausgegeben von Abraham Negev, deutsche Bearbeitung von Joachim Rehork. München 1972

Bardtke, Hans *Bibel, Spaten und Geschichte.* Leipzig 1967 (Lizenzausgabe Göttingen 1971²)

Benzinger, Immanuel *Hebräische Archäologie.* 3. neubearb. Aufl. Leipzig 1927 (1894¹)

Keller, Werner *Und die Bibel hat doch recht.* Revidierte Neuausgabe Düsseldorf 1978 (1955¹)

Landay, Jerry M. *Schweigende Städte – Heilige Steine. Archäologische Entdeckungen im Lande der Bibel.* Bergisch-Gladbach 1973 (englische Originalausgabe London und Jerusalem 1971)

Reclams Bibellexikon. Hg. v. Klaus Koch, Eckart Otto, Jürgen Roloff, Hans Schmoldt. Stuttgart 1978

Wright, George Ernest *Biblische Archäologie.* Göttingen 1958

Moses und die geistige Umwelt des Alten Testaments

Ebers, Georg *Ägypten und die Bücher Mose's. Sachlicher Commentar zu den ägyptischen Quellen in Genesis und Exodus.* Leipzig 1868

Eißfeldt, Otto »Adonis und Adonaj«, in: *Sitzungsberichte der sächsi-*

schen *Akademie der Wissenschaften zu Leipzig, philol.-historische Klasse,* Bd. 115, Heft 4 (Berlin 1970)

Jeremias, Alfred *Das Alte Testament im Lichte des Alten Orients.* 4. völlig erneuerte Aufl. Leipzig 1930

Rowley, Harold Henry »Mose und der Monotheismus«, in: *Zeitschrift für die alttestamentliche Wissenschaft* 69, (Gießen/Berlin 1957), S. 1 ff

Scholz, Anton *Die Ägyptologie und die Bücher Mosis.* Würzburg 1878

Tellenbach, Hubertus (Hg.) *Das Vaterbild in Mythos und Geschichte – Ägypten, Griechenland, Altes Testament, Neues Testament.* Stuttgart 1976

Völter, Daniel *Ägypten und die Bibel. Urgeschichte Israels im Licht der ägyptischen Mythologie.* Leiden 1909[4] (1898[1])

Völter, Daniel *Jahwe und Mose im Licht ägyptischer Parallelen.* 2. völlig neubearb. Aufl. Leiden 1919

Allgemeine Geschichte Israels

Auerbach, Elias *Wüste und Gelobtes Land. Geschichte Israels.* 2 Bde. Berlin 1932 und 1936

Baeck, Leo *Aus drei Jahrtausenden. Wissenschaftliche Untersuchungen und Abhandlungen zur Geschichte des jüdischen Glaubens.* Tübingen 1958

Ben-Sasson, Haim Hillel (Hg.) *Geschichte des jüdischen Volkes.* Bd. I: Von den Anfängen bis zum 7. Jahrhundert. München 1978 (Original-ausgabe: *History of the Jewish People.* London/Tel Aviv 1969)

Ehrlich, Ernst Ludwig *Geschichte Israels von den Anfängen bis zur Zerstörung des Tempels (70 n. Chr.).* Berlin 1958

Eißfeldt, Otto *Einleitung in das Alte Testament unter Einschluß der Apogryphen und Pseudoepigraphen.* 3. neubearb. Aufl. Tübingen 1964

Eißfeldt, Otto »Die ältesten Traditionen Israels – Ein kritischer Bericht über C. A. Simpson's The early Traditions of Israel«, in: *Beihefte zur Zeitschrift für alttestamentliche Wissenschaft* 71 (Gießen/Berlin 1950)

Fohrer, Georg *Geschichte der israelitischen Religion.* Berlin 1969

Friedländer, Michael *Die jüdische Religion.* Basel 1971 (unveränderter Nachdruck der Ausgabe von 1936. Frankfurt a. M. 1922[1])

Gunneweg, Antonius Hermann Josef *Geschichte Israels bis Bar Kochba.* 3. neubearb. Aufl. Stuttgart 1979

Helling, Fritz *Die Frühgeschichte des jüdischen Volkes.* Frankfurt a. M. 1947

Kittel, Rudolf *Geschichte des Volkes Israel.* 3 Bde., Gotha 1909–1929

Noth, Martin *Geschichte Israels.* Göttingen 1969[7] (1950[1])

Roth, Cecil *Geschichte der Juden von den Anfängen bis zum neuen Staate Israel.* Stuttgart 1954

Sellin, Ernst *Israelitisch-jüdische Religionsgeschichte*. Leipzig 1933
Sellin, Ernst *Geschichte des israelitisch-jüdischen Volkes*. 2 Bde. Leipzig 1924 und 1932, 1935²

Ägypten und der Exodus

Auer, Theodor Wilhelm *Die Pharaonen des Buches Exodus*. Regensburg 1951
Bardtke, Hans *Von Nildelta zum Sinai*. Berlin (Ost) 1968
Bietak, Manfred, »Tell el-Dab'a II – Der Fundort im Rahmen einer archäologisch-geographischen Untersuchung über das ägyptische Ostdelta«, in: *Österreichische Akademie der Wissenschaften, Gedenkschriften der Gesamtakademie*. Bd. IV Wien 1975
Eißfeldt, Otto »Baal Zaphon, Zeus Kasios und der Durchzug der Israeliten durchs Meer«, in: *Beiträge zur Religionsgeschichte des Altertums* VII (Halle 1932)
Engel, Helmut SJ »Die Vorfahren Israels in Ägypten. Forschungsgeschichtlicher Überblick über die Darstellungen seit Richard Lepsius (1849)«, in: *Frankfurter Theologische Studien* 27 (Frankfurt a. M. 1979)
Galanopoulus, A. G. »Die ägyptischen Plagen und der Auszug Israels aus geologischer Sicht«, in: *Zeitschrift f. d. klassische Altertum* 10 (1963), S. 131–137
Herrmann, Siegfried *Israels Aufenthalt in Ägypten*. Stuttgart 1970
Montet, Pierre *Ägypten – Leben und Kultur in der Ramses-Zeit*. Neu herausgegeben von Rudolf Scheer. Stuttgart 1978 (völlig neu übersetzte und bearbeitete Ausgabe, die 1960 in Stuttgart unter dem Titel *So lebten die Ägypter vor 3000 Jahren* erschienen war)
Otto, Eberhard *Der Weg des Pharaonenreiches*. Stuttgart 1966⁴
Stechow, Eberhard »Santorin-Katastrophe und ›ägyptische Finsternis‹«, in: *Forschungen und Fortschritt* 26. Heft 13/14 (Berlin 1950), S. 174
Strobel, August *Der spätbronzezeitliche Seevölkersturm – ein Forschungsüberblick mit Folgerungen zur biblischen Exodusthematik*. Berlin/New York 1976
Wolf, Walther *Das alte Ägypten*. München 1978² (1971¹)

Sinai und die Wüstenwanderung

Gerster, Georg *Sinai – Land der Offenbarung*. Zürich/Freiburg 1970²
Lipschitz, Ora *Sinai*. Tel Aviv 1978 (englisch)
Rothenberg, Beno (Hg.) *Sinai. Pharaonen, Bergleute, Pilger und Soldaten*. Bern 1979

Rothenberg, Beno *Timna – das Tal der biblischen Kupferminen.* Bergisch-Gladbach 1973
Samuel, Rinna *The Negev and Sinai.* Jerusalem 1973
Seebass, Horst »Mose und Aaron, Sinai und Gottesberg«, in: *Abhandlungen zur ev. Theologie* 2 (Bonn 1962)
Smend, Rudolf *Jahwekrieg und Stämmebund – Erwägungen zur ältesten Geschichte Israels.* Göttingen 1963
Weippert, Manfred »Die Landnahme der israelitischen Stämme in der neueren wissenschaftlichen Diskussion«, in: *Forschungen zur Religion und Literatur des Alten und Neuen Testaments* 92 (Göttingen 1967)

Register

Fotonachweis

Der Abdruck der Satellitenaufnahme nach Seite 160 geschieht mit freundlicher Genehmigung der United States International Communication Agency. Die übrigen Aufnahmen stammen aus dem Archiv des Autors.

Harald von Mendelssohn
Jesus – Rebell oder Erlöser
Die Geschichte des frühen Christentums.
316 Seiten, gebunden.

»Mendelssohn hat ein politisches Buch verfaßt über die Geschichte des frühen Christentums, das sich gegen das Judentum und gegen heidnische Strömungen verschiedenster Art zu behaupten hatte. Dieser Existenzkampf hat Auswirkungen auch auf die Jünger gehabt, die sich zerstritten und auseinanderlebten. Der Autor konzentriert sich dabei weniger auf Petrus als vielmehr auf den agilen, gebildeten und somit eigentlichen politischen Kopf des Christentums der ersten Stunde: ›Paulus ist keineswegs eine eindeutige Persönlichkeit. Er erinnert an gewisse moderne Revolutionäre, die eine Ideologie vorgefunden haben, sie nach eigenem Bedürfnis umgestalten und in die Tat umsetzen, ohne daß sie selber oder ihre Anhänger gewahr werden, wie sehr die Ideologie und ihre Voraussetzungen hierdurch verändert werden …‹
Neben der Darstellung von Personen, die die Ausbreitung des Christentums bewirkt haben, untersucht der Autor ebenso fundiert und die zugänglichen Quellen nutzend auch die sozioökonomischen Verhältnisse im damaligen Römischen Reich.«

Badisches Tagblatt

»Mancher Christ mag der Herausforderung dieses Buches dadurch begegnen, daß er selbst noch einmal in den Quellen nachliest oder in den Texten von christlichen Theologen und Historikern. So könnte man denn die Wirkung dieses neuen Jesus-Buchs, das im übrigen detailliert vieles Unumstrittene über die Frühzeit und die Entwicklung des Christentums bietet, nur loben.«

dpa-Literaturdienst

Hoffmann und Campe

Yohanan Aharoni / Michael Avi-Yonah

Der Bibelatlas

Die Geschichte des Heiligen Landes 3000 Jahre vor Christus bis 200 Jahre nach
Christus.
172 Seiten, 264 Karten mit kommentierendem Text, Leinen.

»Der ›Atlas‹ zeigt mit großer Eindringlichkeit, wie sich Israel und
Juda immer wieder des Zugriffs fremder Mächte zu erwehren hatten, in deren Einflußsphäre beide Länder lagen: der Aramäer, Edomiter, Moabiter, Philister und andere Völkerschaften ebenso wie
der Großmächte der Alten Welt. In Karten und ausgezeichneten
Kommentaren wird ersichtlich, wie diese Eroberer in das Land ein-
fielen und es aufteilten, aber ebenso der Widerstandskampf des
Jüdischen Krieges mit dem Ende des Kochba-Aufstands. Besonders hervorzuheben ist, daß die Herausgeber sich nicht nur auf
biblische Aussagen allein beschränkten, sondern auch außerbiblische Dokumente mit heranziehen.«

DIE PRESSE, Wien

»Dieser Atlas ist ein ausführliches und umfassendes Nachschlage-
werk, wichtig für alle, die sich intensiv für die jüdische Geschichte
und das frühe Christentum interessieren.«

DER TAGESSPIEGEL, Berlin

»Wandlungen und historische Prozesse im biblischen Land sichtbar zu machen, war die Absicht der beiden Universitätsprofesso-
ren, die diesen einzigartigen Atlas in jahrelanger Arbeit geschaffen
haben.«

STUTTGARTER NACHRICHTEN, Stuttgart

Hoffmann und Campe